英語を学ぶ・
教える前に
知っておきたいこと

英語とつきあうための50の問い

杉野俊子 監修

田中富士美／野沢恵美子 編著

明石書店

はじめに

　もう半世紀前にもなりますが、筆者が中学生の時に、奈良・興福寺の阿修羅像を実際に拝観して大変強い感銘を受けました。ご存知のように阿修羅像は正面の憂いを帯びながら凛とした表情の他に左右に一つずつ、合わせて三つの顔を持っています。それぞれのお顔の特徴は専門家の説明に任せるとして、このように、一つの仏像から三つの面を見ることができることが非常に衝撃的でした。

　その中学生時代に私の英語の学習が始まりました。当時は現代のように簡単に海外に行けたり、YouTube や CD やネットの普及で英語が日常生活に溢れていたりする時代ではなかったので、私が育った地方の街中で英語が聞こえてくることはほぼ皆無でした。そんな中で、英語がなんたるものかもわからず英語学習が始まったのです。当然、私は落ちこぼれ、泣きたい日々が続きました。そんな中で私が興味を持ったのは音楽です。いわゆる洋楽を通して英語を聞くようになり、その音楽性と歌詞が持つ意味に夢中になりました。英語の成績は相変わらずぱっとしませんでしたが、英語が聞きたくて、レコードやラジオから録音した音楽の歌詞カードを自作し、その後、当時はめずらしかったアメリカへの留学という機会に恵まれました。人種問題、ベトナム戦争、大規模な学生運動などアメリカ人と共に社会問題を肌で感じ、日本に帰ってきてから英語を生業として参りました。

　最近の日本は、当時とは比べものにならない程、英語熱が高くなってきたように思います。その大きな要因の一つは「グローバル化」が英語教育と関連付けられて論じられ、国際競争に追い付いていくために英語力が必要という経済界から圧力があり、そのために英語を教育言語とする大学や、英語の授業は英語でという中学校・高校の授業や、小学校の英語導入などが考えられます。インターネットの普及や多くの語学学校の宣伝など、英語は街中にあふれています。日常にこんなに英語が溢れているのでさぞかし大学生の英語力が上がっているのだろうと毎年楽しみに授業に臨んでいますが、英語力の差が広がっているものの、全体の英語力が上がっている実感はあまりありません。一方では、全教科を英語だけで教える授業に対応できる英語力を持つ留学経験のない多数

の日本人学習者。他方では、2018 年の文系 1 学年の授業で、「ゴリゴリ長文を訳すという授業ばかりやってきたので、リスニングは今まではほとんど力を入れてこなかった」とコメントした学生や、「この授業で初めて英語が『人が話すための言語』であるという感覚を持てたので、言語として英語に触れたいと思った」という学生もいた程、その差は歴然だと感じています。

　学習者は一般的に、「英語ができれば国際人になれる」、「英語を学習すれば考える力がつく」、「英語は経済的利点を与えてくれる」、「アジア人女性など、英語だと男性と対等に話せる」など、阿修羅像の「憂いを持ちながら凛とした」英語の正面の顔しか見ていないような気がします。英語には実際は別の顔があるのです。「英語は経済的社会的格差を生む」、「英語はエリートだけのもの」という顔のほか、「English Only」の言語政策を施行して、経済的にも社会的にも格差を生んでいるほか、「英語は少数言語を抹殺している」など、第二第三の顔が垣間見られます。

　本書に原稿を寄せてくださった先生方は、教育現場で英語や英語以外の外国語教育に長らく携わってきた先生方です。監修者・編著者を含め、我々は常に熱心にまた真摯に語学学習や学習者に取り組んできた中で、いつも何か釈然としない気持ちを抱いてきました。それはたぶん英語の「違う顔」を知ってしまったことと、それを、自分の学生や政策側や経営側にどのように伝えることができるのだろうかとジレンマを感じていたからではないでしょうか。毎月の研究会で議論を重ねてきた結果、自分たちも学習者だったころの経験をもとにし、そして自分たちの専門性を活かしつつ、日頃から自身が疑問に思っていたことを、どうしても皆様にお伝えしたいという気持ちになりました。

　それぞれの専門的見地から書きますと、各項目が 1 冊の本になる程なのですが、ここでは質問を想定してそれに答えるという形をとることで、広範囲の読者の皆様にとり読みやすい本になるよう専心しました。また、理論的な内容だけではなく、実践授業の例も載せ、実践面からも読む意義を感じてもらえるように心がけました。さらに、各項目の執筆者は、それぞれの質問に答えながら、言語のありかたや考え方についても示唆をしています。上記の研究者仲間の思いを届けるため、そして読者の皆様には「英語とは何だろう」と考えたり共感したりしていただけるように、執筆者一同は簡潔で分かりやすく、また心砕いて本書を書いたつもりです。

　目次をご覧になっていただくとわかりやすいと思いますが、第1章は「世界で話されている英語」と、5つの質問で英語話数のデータや用語の説明をしています。また、English は一つではないという意味で、World Englishes やリンガフランカとしての英語、アジア英語などが生まれた歴史や経済的背景や現在の言語状況を説明しています。第2章の 「英語の成立と世界への広がり」は5項目で、英語がどのように言語として成り立っていったか、どのように世界に広がって行ったのかなどをわかりやすく説明しています。

　第3章は「日本での英語の受容と広がり」を、明治・大正・昭和・平成と、英語教育がどのように行われたのか、特徴のある教授法などを紹介しています。(Q13飯野担当)では、グローバル化した日本での英語教育を論じる中で、「米国、英国を中心とした母語話者英語を崇拝し、同化しようと努力することは子どもたちに英語を使える自信を与えているのでしょうか、それとも心の植民地化を植え付けてしまっていないでしょうか。」と問題提起しています。

　第4章の「英語習得の社会的な意味」の6項目は、バイリンガルやグローバル人材や経済効果について様々な示唆をしています。(Q14蒲原担当)「この言語と社会的地位が密接に関連している事実は、様々な形態の『バイリンガル教育』について考えるときに、より深く関わってきます。」、(Q17三村担当)「『象徴的資本』について考えることは、英語を習得するとどんな良いことがあるのかを考える一つの材料になるはずです。」、(Q18波多野担当)「なぜ英語を学ばなければならないかという問いにぶつかったとき、『英語は世界の共通語だ』と鵜呑みにする前に、どのような場所で、どんな時に英語を使用するのか、自らの将来像と照らし合わせながら考えていく必要があるでしょう。」などの示唆があります。

　第5章は「日本で英語を教える・学ぶ」の中で、母語や多文化理解や教養としての英語などについて考える機会を提供しています。第6章の「言語教育の様々なアプローチ」の中では様々な言語教育法について述べています。第7章の「『多様な英語』への理解を促す教育実践」で、世界の様々な英語や言語をめぐる格差や不平等についても考える中で、(Q29杉野担当)「教科書が言語や教育政策に特化していなくても、ことある毎に教師が言語を意識する授業を行うことは、ますます重要になってきている。」と提案しています。また、(Q30)で、田中は「英語学習とともに、英語使用者になることの目的、意義を知ることは

とても重要なので、コミュニケーションを図る相手も大いに意識した高度な英語の運用のために、英語教育を位置づけることが理想ではないか。」と論じています。

　第8章は「日本の英語教育における多様性・テクノロジー化」では、外国にルーツをもつ生徒、夜間定時制や聴覚障害の生徒の語学教育の問題点を明らかにしています。（Q33 森谷担当）では、「日本の中の多様性と単一言語主義のせめぎあいが、夜間定時制教育における英語教育では意識せざるを得ない状況となっているのです。このせめぎあいをどのように捉え、乗り越えていけるのかは今後の英語教育の課題です。そしてこれは、今後多言語化が進むと思われる日本の小中学校、そして夜間定時制高校を含む高校においても取り組むべき課題でしょう。」や（Q35 波多野担当）「『英語教育』として考えたときには、単に実用的な英語運用能力を養成するということだけでなく、日本語とそれ以外の外国語を比較することで、豊かな言語感覚を磨いたり、他の文化を学んだりすることもできます。」と示唆しています。

　第9章「世界における言語をめぐる格差」では、アフリカ、アジア、アメリカの先住民、ヒスパニックと黒人英語の例を出しています。（Q37 野沢担当）「この言語資本へのアクセスは社会階層や、都市と地方など地域間で大きく異なり、それが不均質な教育システムの中で増幅され、さらなる不平等を生み、固定化しているという一面にも、十分目を向け理解する必要があります。」と提示しています。最後の第10章「多言語社会に向けて」では、欧州の複合主義、言語の消滅と復興、日本の多言語主義などについて紹介して、多言語状況の加速化とそれへの対応を呼びかけています。最後に、「日本人は英語にどう向き合うべきですか」（Q50 波多野担当）の中で、「自分にとって英語とは何か？」という問いに対して、飽くなき「対話」を続けていくことの大切さと、なぜ英語を教えるか、教え子に何を学んでほしいのか、教員としての自己説得的言説を自らのことばで語ることができる人材になることの重要性を強調しています。さらに日本人は英語にどう向き合うべきなのかと問いかけています。

　このように、各項目の疑問に答える形、あるいは答えのヒントになるようなものを読者が引き出すことができるような内容になっています。

　この本の筆者たちは、日本語を外国にルーツを持つ学生に教えていても、英語教育に携わっていても、各自英語の学習者であったことと、英語の使用者で

もあります。したがって、バンスとフィリプソン（Bunce, P. and Phillipson, R.）他が *Why English? Confronting the Hydra* という本の中で述べているように、英語そのものに対して反対というわけではないのです。我々が問題にしているのは、英語の使われ方、特に英語使用の裏にある構造的かつ思想的な（権）力なのです。バンスとフィリプソンが主張しているように、現在往々にして失われつつある、あるいは政策で少数派になってしまった少数言語を、英語にとって代えるのではなく、少数言語に英語を足していくという姿勢も支持しています。

　1992 年の国際言語学者会議で、「言語が消滅することは、それがいかなる言語であっても、人類にとって取返しのつかない損失である」との宣言を受けて、国際的には、2019 年を国連は国際先住民言語年（The International Year of Indigenous Languages）とし、世界中で多くの先住民族言語が存続危機にあることへの意識付けを行うとしています。つまり英語の強大な力の陰にある言語と言語状況を考えてほしいというのが、本書を上梓する動機・目的の一つとなっています。

　また、国内的には、2020 年から、小学 3・4 年生では外国語活動が、5・6 年生では外国語教科が始まり、日本の英語教育の大きな転機が訪れようとしています。ますます多くの英語学習者が増えるだけでなく、ますます多くの先生が英語教育活動に巻き込まれることになります。そんな中で、本書が、無批判な英語教育一辺倒議論に終わるのではなく、「英語とはなんだろう」、「なぜ英語を勉強するのだろう」、「自分にとって英語とは何だろうか」、「なぜ英語を教えるのだろう」、「生徒に英語を通して何を学んだり感じてほしいのか」、というような根本的な質問を英語の多面性に焦点を当てながら考える際に、本書が貴重な一石を投じることになれば、執筆者一同誠に幸いと思う次第です。

　2020 年 2 月 23 日

杉野俊子

目　次

用語・術語解説

＊アイウエオ順

アイデンティティ（identity）
同一であること、正体、身元、主体性、独自性。

イデオロギー（ideology）
社会のあり方などに対する考え方、理念。

イマージョン（immersion）教育
多数派言語話者の生徒が母語以外の対象言語で授業を受ける教育。目標とする言語を学ぶだけでなく、教科もその言語で学ぶという、浸り切った（immersion）状態で言語習得を目指す。

EMI（English Medium Instruction）
例えば日本や中国や北欧などの教育機関で、学位や単位のために、英語を教育言語として使用して様々な教科を教えることを指す。

EFL（English as a Foreign Language）
外国語として使用している地域の英語。

ENL/ESL
英語を母語とする地域の英語を English as a Native Language（ENL）。English as a Second Language（ESL）は英語以外の言語の母語話者を対象にした英語教育とそのプログラムを指す。

ELF（English as a Lingua Franca）
リンガフランカとしての英語。様々な母語を話す人たちが英語を彼らの共通言語として使うこと。

ELT（English Language Teaching）
英語教育の総称。

Ethnologue Language of the World（世界の民族語）
キリスト教系の少数言語の研究団体、国際 SIL の公開しているウエブサイトおよび出版物。

英語中心性（Anglocentricity）
英語や、英語圏の文化を基準として他の文民を見ること。英国中心主義ともいう。

Ｌ１ <small>エル</small>
第一言語（first language）。人が幼年期に一番初めに身に付けた言語。

Ｌ２ <small>エル</small>
第二言語（second language）。人がある言語を第一言語として習得した後に学習した言語。

英語変種（variety of English）
同一言語内における特定の集団によって話されている様々な言語バリエーション（例：ピジン英語、黒人英語、マレー英語やインド英語などの世界英語他）。

クレオール（creole）
ピジン言語の話者の子ども世代が、語いや文法がより発達したピジン語を母語として使いこなす言語のことを指す。

グローバル化（globalization）
「政治・経済・交通・文化・情報、またはヒト・モノ・カネ」が国境（国民国家）や境界を越えて移動することを意味する。グローバル企業によるビジネスの画一化を称してマクドナルド化（McDonaldization）や、グローバル軍事大国になぞられてアメリカ化（Americanization）とも言われる。

コードスイッチング（code-switching）
二つ以上の言語あるいは言語変種（方言）などを使い分けず、混ぜこぜにして使うこと。

コミュニカティブ アプローチ（communicative approach）
外国語教授法の一つ。コミュニケーション能力を育成し、情報の格差を埋めることがコミュニケーションの本質であると規定している。

コミュニカティブ・シラバス
シラバス（syllubus）は、教師が学生に示す講義・授業の授業計画のこと。コミュニカティブ・シラバスはコミュニケーションを重視した授業計画を指す。

コンテクスト（context）
文脈、脈略、状況と訳す。コミュニケーションの基盤となる文化の共有度合。

自民族中心性（ethnocetricity）
自分の文化を基準として他の文化を判断する傾向。

象徴的資本（symbolic capital）
一般的な資本（capital）ではなく、正統な能力（legitimate competence）とみなされているもの、そしてそこに威信と名誉が付随するもの。

超国家語（Transnational languages）
国家間の貿易や情報伝達での、言語の上での障害が取り除かれるように国境を越えた言語。

ディスコース（discourse、言説）
社会や文化の底流として流れる考え方と密接に結びついた言語表現、言語の使い方、またはその内容を指す。

TOEIC (Test of English for International Communication)

ビジネスや日常生活の場面における英語能力を計るための私的機関国際英語能力試験。日本を含めアジアでの受験が多い。

TOEFL (Test of English as a Foreign Language)

アメリカ合衆国の NPO である教育試験サービスが主催し、英語を母語としない人々を対象とした国際基準の英語能力測定試験。主にアメリカ留学の際に、英語力考査に使われる。

ネイティブスピーカー (母語話者)

母語を話す人は誰でも母語話者となるが、日本ではネイティブとも称され、英語の母語話者を指すことが多い。

バイリンガル

二か国語（二言語）を操ること、あるいは二言語を自由に話せる能力があること。

バイリンガル教育

学校、あるいはそれを目的としたプログラムで、第一言語と第二言語を同時期に学習できるような教育をすること。

非ネイティブ (スピーカー) (non-native speaker)

ある言語の母語話者ではないという意味だが、英語の場合、英語を外国語あるいは第二言語として使っている話者を指す。

ピジン言語 (pidgin language/pidgin)

意思疎通ができない欧米の貿易商人と現地人の間で自然に作り上げられた通商言語。文法や語いが簡素化されている。

普遍英語 (universal English)

誰にでも合う均一サイズの標準化された英語。

ラテンアメリカ

カナダ、アメリカ合衆国を除く北アメリカと南アメリカの諸地域、すなわち、メキシコと、それ以南の地域を指す。

リンガフランカとしての英語 (English as a Lingua Franca)

英語以外を母語とする者同士がコミュニケーションに使う英語。英語以外の多様な言語を使用する人々の間で共通語として英語が使用されること。

World Englishes

世界諸英語（インド英語、マレー英語、シンガポール英語のような）。世界で発達した様々な形態の（複数形の）英語。

参考資料

イギリス帝国主義的膨張（1763 ～ 1920 年）

『日本大百科全書　ニッポニカ』小学館（イギリス帝国主義的膨張、地図の画像 https://www.bing.com/images/
search?）より作成。

イギリスの植民地一覧

アジア	イエメン、イスラエル、イラク、イギリス領インド帝国（インド、パキスタン、セイロン（スリランカ）、バンクラディッシュ）、ビルマ（ミャンマー）、オマーン、九龍半島（きゅうりゅうはんとう）、シンガポール、香港、マレーシア
アフリカ	ウガンダ、エジプト、ガーナ、ガンビア、ケニア、ザンビア、シエラレオネ、ジブチ、ジンバブエ、スワジランド、スーダン、タンザニア、ナイジェリア、ナミビア、ブルンディ、ボツワナ、マラウイ、ルワンダ、レソト
北米大陸	アメリカ 13 植民地、英領カナダ
カリブ海	アンティグア・バーブーダ、グレナダ、ジャマイカ セントクリストファー・ネイビス連邦 セントビンセント・グレナディーン諸島、セントルシア ドミニカ、トリニダード・トバゴ、バルバドス、バハマ（現在のイギリス領：アンギラ、ヴァージン諸島、英領モントセラト、ケイマン諸島、タークス・カイコス諸島）
中・南米大陸	ガイアナ、フォークランド諸島、ベリーズ（英領ホンジュラス）
オセアニア	オーストラリア、ニュージーランド、パプアニューギニア

Former British Colonies より（https://www.worldatlas.com/articles/former-british-colonies.html）

第1章

世界で話されている英語

Q1
世界で英語を日常的に話す人はどのくらいいますか

原 隆幸

1．世界で話されている 10 大言語

　最初に、2017 年版 Ethnologue をもとに、第一言語話者と第二言語話者数のランキングをまとめました。第一言語と第二言語に関しては、次の Q2 で詳しく説明してありますので、ここでは簡単に述べます。第一言語とは「人が幼年期に一番初めに身に付けた言語」のことです。それに対して、第二言語とは「人がある言語を第一言語として習得した後に学習した言語」のことです。

表 1　第一言語と第二言語話者数のランキング

順位	言語	合計（人）	内訳	
			第一言語話者（人）	第二言語話者（人）
1	中国語	10 億 9000 万	8 億 9700 万	1 億 9300 万
2	英語	9 億 8200 万	3 億 7100 万	6 億 1100 万
3	ヒンドゥスターニー語（ヒンディー語とウルドゥ語を含む）	5 億 4400 万	3 億 2900 万	2 億 1500 万
4	スペイン語	5 億 2700 万	4 億 3600 万	9100 万
5	アラビア語	4 億 2200 万	*2 億 9000 万	1 億 3200 万
6	マレー語（インドネシア語とマレーシア語を含む）	2 億 8100 万	*7700 万	2 億 400 万
7	ロシア語	2 億 6600 万	1 億 3500 万	*1 億 1300 万
8	ベンガル語	2 億 6100 万	2 億 4200 万	* 1900 万
9	ポルトガル語	2 億 2900 万	2 億 1800 万	1100 万
10	フランス語	2 億 2900 万	7600 万	1 億 5300 万

Ethnologue 20th edition 2017 等をもとに筆者作成
一部は 2017 年以外のデータが含まれている（* 印）

　この表を見ると、世界で話されている言語話者数の 1 位はやはり人口が多い中国語ということになります。中国では様々な中国語の方言や少数民族の言語が話されているので、共通語として中国語を学んでいる人もいます。2 位は世界共通語とも言える英語が続きます。母語話者よりも第二言語として英語を使用している人が多いことがわかります。3 位はヒンドゥスターニー語で、インドではヒンディー語、パキスタンではウルドゥ語と呼ばれていますが、言語学的には同じ言語の方言と位置付けられています。4 位はスペインの公用語であり、ラテンアメリカで国際語となっているスペイン語です。5 位は近年需要が伸びてきているアラビア語と続きます。アラビア語は中東諸国やエジプトなど北アフリカの国々で用いられています。6 位のマレー語はマレーシア以外にシンガポールでも話されています。マレー語はインドネシアではインドネシア語、マレーシアではマレーシア語と名づけられていますが、言語学的には同じ言語の方言と位置付けられています。7 位のロシア語はロシアだけではなく、旧ソビエト連邦を構成していた国々でも使用されています。8 位のベンガル語はバングラデシュやインドの西ベンガル州とその周辺で話されています。9 位と 10 位は合計では同じですが、ここでは第一言語話者数が多いポルトガル語を 9 位としています。9 位のポルトガル語は、ポルトガル以外に、ブラジルの公用語であり、マカオでも公用語として用いられています。また、旧ポルトガルの植民地であったアフリカの国々の一部でも用いられています。10 位のフランス語は、フランス以外に、スイス、ベルギー、旧フランスの植民地であったアフリカの国々などで話されています。

2．英語を日常的に話す人の数

　世界には英語を日常的に話す人はどのくらいいるのでしょうか。さきほどの 2017 年版 Ethnologue と *The Cambridge Encyclopedia of the English Language*（第 3 版）(2019, p. 113) によりますと、英語がどのように習得され使用されているかによって三つのグループにわけられるとしています。様々な基準があるので数値には若干幅がありますが、一つ目のグループは、アメリカ、イギリス、アイルランド、カナダ、オーストラリア、ニュージーランドなどで、英語を第一言語としているグループで、3 億 7100 万～ 3 億 8800 万人います。二つ目の

グループは、シンガポール、インド、マラウイなどで国の主要な機関で用いられたり、多言語の状況で英語を第二言語として使用したりしているグループで、6億1100万～8億8500万人います。三つ目のグループは、国際語としての英語の重要性を認識し、英語圏の国々に過去に植民地にされた経験がなく、言語政策において英語に特別な地位を与えておらず、外国語として英語が教えられている国のグループで、10億人以上いると記されています。つまり、このことからも、英語を第一言語として話している人よりも、第二言語や外国語として話している人の方が圧倒的に多いということがわかります。

主要参考文献

Crystal, D. (2019). *The Cambridge Encyclopedia of the English Language* (3rd Ed.). Cambridge, U.K.: Cambridge University Press.

Gary, F. Simons & Charles, D. F (Eds.) (2017). Ethnologue 20th edition Retrived from: https://www.ethnologue.com/ethnoblog/gary-simons/welcome-20th-edition

Q2
ネイティブスピーカーや L1 ／ L2 や ESL ／ EFL とはなんですか

原　隆幸

　英語教育について話す時に出てくるのが、ネイティブスピーカーや L1 ／ L2 などの用語です。ネイティブスピーカーとは、母語話者（native speaker）のことで、ある言語を母語として話す人のことを指します。別の言い方をすると、ある言語を子どものときに習得し、それを主要言語として流暢に使い続ける人のことを指します。母語話者は、その言語を文法的に流暢に、かつ適切に使い、その言語が話されている社会と一体化され、さらに言語の構造や正誤の意味について明確な直観を持っていると言われています。英語の場合、英語の母語話者や英語のネイティブスピーカーと言います。母語を持っていれば誰でも母語話者になるのですが、日本では「ネイティブ」というと、英語の母語話者を指すことが多々あります。

　次に L1 ／ L2 ですが、L1 とは第一言語（first language：L1 と略）の意味です。これは一般的に「人が幼年期に一番初めに身に付けた言語」のことで、母語ということもあります。「母語（mother tongue、native language）」とは、「生まれてから（家庭内で）一定期間触れて自然に身についた言語」のことを指します。習得の環境に関わりなく、最初に習得したという意味で第一言語と同じ意味で使用されることが多いです。多言語社会では、子どもが主に使う言語はある言語から他の言語へと徐々に変わっていくことがあるので、その場合は、その人にとって最も楽に使いこなせる言語とも言い表すこともあります。それに対して、L2 とは第二言語（second language：L2 と略）の意味です。こちらは、「人がある言語を第一言語として習得した後に学習した言語」のことです。別の言い方をすると、二番目に習得された言語、能力が劣るほうの言語、より使用頻度の低い言語、母語ではない言語とも言えます。バイリンガルの子どものように、言語環境によっ

ては第一言語と第二言語を同時期に学習することもあります。しかし、外国語と対比された場合、特定の国や地域で重要な役割を果たしている言語を言うこともあります。例えば、英語は、インド、シンガポール、フィリピンといった国の多くの人にとって第二言語であり、その社会で生き残るために必要な言語となっています。

　現在、英語には様々な分け方や呼び方があります。ここでは、次の四つに分けて見ていきます。

①英語の多様性：アメリカ英語（AmE）、イギリス英語（BrE）、アジア英語、ピジン英語、クレオール英語、エボニックス（黒人英語）など
②英語の広まり：World Englishes、ENL、ESL、EFL など
③英語の位置付け：リンガフランカとしての英語、国際語としての英語
④英語の教え方：ESL プログラム、バイリンガル教育、イマージョン・プログラム、CLIL、EMI

　①英語の多様性は、アメリカ英語（AmE）やイギリス英語（BrE）や地域変種など、英語が話されている地域や文化・歴史背景から見ることができます。また、英語はアジアの言語となってきています。英語は政治、経済、貿易、刊行、留学などの分野で重要な役割を果たしています。英語による出版物は年々増え、その需要も拡大しています。英語による高等教育機関の設立や国際イベントの開催も後を絶ちません。アジアは世界でも最大の英語地域と言えます。アジア諸国では英語を国内言語、あるいは国際言語として認識しており、英語教育に力を入れています。また ASEAN でも英語の重要性を強調しています。このアジア諸国で、他言語に接触し、それぞれの地域の特色を帯びた形態に発達した英語は、アジア英語と呼ばれます。アジアで広まった英語は、欧米とアジアとの交易に使われたピジン英語と呼ばれる、非母語話者（非ネイティブスピーカー）の国の言語に英語を取り込んだシンプルな英語でした。ピジン英語は、世代が変わるごとに次第に定着していき、後にそういった英語の変種を日常的に使いこなす世代を生み出した例もあります。そのような英語変種はクレオールと呼ばれています（詳しくは、Q5 の「アジア英語（Asian Englishes）とはなんですか」の項目を参照）。さらに、

エボニックスという呼び方がありますが、African American English の別名で、日本では黒人英語と言われてきました。特に、アメリカの言語変種を指して使われています。

②の英語の広がりから、英語を World Englishes、ENL、ESL、EFL をわけることができます。現在、世界のおよそ4分の1の人口がなんらかの形で英語を使用しているといわれています。イギリスで話されていた英語は世界中に広まり、英語は新しい環境・他言語に接触し、それぞれの地域の特色を帯びた形態に発達していきました。近年はイギリスやアメリカの英語だけを正当な英語とするのではなく、世界で発達した様々な形態の英語たちも尊重しようとする考えが強まってきました。この世界で発達した様々な形態の英語たちを世界英語（World Englishes）と言います。この考えを推進した社会言語学者のカチュルー（Kachru）は、英語の使用状況を、母語とする地域の英語を English as a Native Language（ENL）、第二言語もしくは公用語として使用している地域の英語を English as a Second Language（ESL）、外国語として使用している地域の英語を English as a Foreign Language（EFL）の三つにわけました（詳しくは、Q3 の「いろいろな英語（World Englishes）はどのように定着するのでしょうか」の項目や Q9 の「英語の広がりについて研究者はどのように考えていますか」の項目を参照）。

③英語の位置付けとしてわけると、リンガフランカとしての英語と国際語としての英語があります。最近では、世界のあちこちで英語が話され、ネイティブスピーカー同士の共通語としてだけではなく、非ネイティブスピーカー同士の共通語としても広く使われています。こうした状況をあらわすのがリンガフランカとしての英語（English as a Lingua Franca）です（詳しくは、Q4 の「リンガフランカとしての英語」の項参照）。また、英語が世界の第二言語としてその位置を占めること、国際ビジネス、貿易、旅行、コミュニケーションなどで使用される最も一般的な言語であるという地位を表す用語として、国際語としての英語（English as an International Language: EIL）という表現があります。

④英語の教え方でわけると、ESL プログラム、バイリンガル教育、イマージョン・プログラム、CLIL、EMI などがあります。ESL プログラム（English as a Second Language Program）とは、第二言語としての英語プログラムを指していて、英語圏の国で、他言語話者に英語を教えるプログラムのことです。ESL プ

ログラムは、特定の教授法に基づいて、言語技能を教えます。この中には、バイリンガル教育（Bilingual Education）が含まれます。バイリンガル教育とは、第二言語や外国語を使って、学校で教科内容を教えることです。バイリンガル教育の一つにイマージョン・プログラム（Immersion Program）が含まれます。イマージョン・プログラムとは、言語的多数派の生徒に対して行われ、小学校や中学校の少なくとも 50％を第二言語や外国語を用いて教えるようなプログラムについて言います。CLIL（Content and Language Integrated Learning）とは、内容言語統合型学習のことで、内容中心の指導法を指します。主にヨーロッパで行われてきましたが、最近では日本の学校教育でも注目されています。最後にEMI（English Medium Instruction）ですが、これは英語を教育言語として使用し、様々な教科を教えることを指します。

注）カチュルー（Kachru）の表記は様々ありますが、本書ではカチュルーに統一します。

主要参考文献
酒井志延、朝尾幸次郎、小林めぐみ編（2017）『社会人のための英語の世界ハンドブック』大修館書店
リチャーズ J. C. ／シュミッツ R. 編（高橋貞雄、山崎真稔、小田眞幸、松本博文訳）（2013）『ロングマン　言語教育・応用言語学用語辞典　増補改訂版』南雲堂

Q3
いろいろな英語（World Englishes）とはなんですか

田中富士美

1．World Englishes の定着について

　ここまでの項で World Englishes という言葉を目にしてきました。この概念はあとの項でも「カチュルーの三心円」と共に説明されますが、ここで少し述べておきます。

　English のように、通常言語は単数形で表されます。しかし、この World Englishes の概念では、あえて複数形で Englishes としています。日本語では「世界諸英語」と訳され、英語が多種あることを意味します。18 世紀の産業革命と共に英国が植民地を拡大し、英語は世界に広まっていきました。その土地で定着を見せると、それぞれの地域の言語の影響を受けた発音のバリエーションが登場し、語いの拡大が起き、文法の変容が生まれ、さらには話者文化的な特質も盛り込まれていきました。

　World Englishes となって英語が「変種」となり「移植」されていく状態を、エドガー・シュナイダーが 5 段階にわけて説明しました。「Schneider's Dynamic Model of Postcolonial Englishes」と呼ばれ、World Englishes の定着を説明するものとして知られています。以下にその要約を示します。

第一段階——出発点・基盤づくり

　英語が新しい土地に長い時をかけて入っていく最初の状態。この段階では先住の人たちの言語と英語の二つの言語が運用されている。英語はその地の入植者となる人々の独自のアクセントで話されるようになり、後にその土地の英語の形となる。この段階ではある一定数、先住民にどちらの言語にも長けた人が存在し通訳の役割を果たす。地名や動植物の呼称はそのまま現地語で話される。

第二段階——外基準的定着（英国の英語使用基準に従っていること）

この段階では英国などからの入植者が英国統治の政治で動くようになる。英語使用が突出して増える。口語においては、植民地で話される入植者の英語の要素も増えていくが、英国で話される英語の規範を守るような努力がなされる。現地語の語いが基本英語の会話に入っていく度合が増す。先住民のバイリンガルが増え続け、英語を話せることがその人たちの資産となっていく。

第三段階——英語のネイティブ化

入植者が自分たちの入植地での生活環境や状況から新しいアイデンティティの確立を認めるようになる変わり目がある。この段階までに先住民は入植者の中で育った英語を第二言語として受け入れていくようになる。英語が現地の社会政治的背景や文化に対応して新しく定着していく姿となる。

第四段階——内基準的定着（自前の英語使用基準をもつこと）

現地における言語的自立性や独自性に押されて、英語が地域の規範で運用されるようになっていく。この段階までに入植者と先住民は英国からの独立した国家の樹立というプロセスで切り離せない関係性をもっている。現地の英語（地域変種）はこの新しいアイデンティティを体現するものとなる。新しい語いも増えていく。

第五段階——英語変種化

時を経て、新しい世代に変わり、入植者と先住民の差異が段階的に薄れていき、アイデンティティの動態に変化が起きる。時は言語にも変化を及ぼし、新しい英語は変種の様相を見せるようになる。

2．言語エコロジーという観点

そこで、言語は人類の大切な遺産であり地球資源であるからその保護に努めていく視点を持とうとする言語エコロジーという観点が出てきました。入植者が入って、植民地となって国家となった国々においては残念ながら現地語使用

が薄れ、さらにはその言語が消滅の危機に立たされることがあります。しかし、現地の言葉が話されなくなったとしても、先住民のアイデンティティは英語によって完全に消滅させられるわけではありません。そこに新たに入って来る強い言語はそのままでは生き続けず、新しいアイデンティティが形成され、現地語の要素も取捨選択しながら新しい種類となって定着していくことがわかります。英語の拡大はこのような形となり、このようにいろいろな英語を産み出しました。

主要参考文献

Schneider, E. (2007). *Postcolonial English: Varieties around the world*. Cambridge UP. Chapter 3.

Q4
リンガフランカとしての英語
（English as a Lingua Franca） とはなんですか

田中富士美

1.「リンガフランカとしての英語（ELF）」の定義

　ここまでの項で、現在世界では約 20 億の人々が英語を使用し、英語を学習に
よって身につけた非ネイティブスピーカーはネイティブスピーカーの数を大き
く上回ることをみてきました。英語を使ったコミュニケーションの中に必ずし
もネイティブスピーカーが存在するわけではなく、様々な言語を話す人々が英
語を唯一の共通語として使用している場合があるということを理解する必要が
あります。「リンガフランカとしての英語」は、非ネイティブスピーカー同士の
英語でのコミュニケーションに関心を寄せたところから始まります。もちろん
非ネイティブスピーカーとネイティブスピーカー両者を含む英語での交流にも
注目をしますが、もともとは、英語以外の多様な言語を使用する人々の間で共
通語として英語が使用されている現象が世界中で増加していることを表現しよ
うとしたものです。

　この「リンガフランカとしての英語」の研究の先駆者の一人でもあるウィー
ン大学のサイデルホッファー（Seidlhofer）は、以下のように「リンガフランカ
としての英語」は、異なる第一言語を持つ人々が、コミュニケーションをとる
ための選択肢として、多くはそのための唯一の手段として、英語を使用するこ
とだとその定義を述べています。これは、前述した英語使用の現象を簡潔に述
べ、「リンガフランカ " としての英語」を説明する上で最も引用される定義だと
思います。イギリスの言語学者ジェンキンス（Jenkins）が、「リンガフランカと
しての英語（English as a Lingua Franca）」という英語の考え方を最初に提唱し
てから 20 年ほどが経ち、その名前は英語学の研究者の間では段々と定着して
きたように思います。しかし、「英語が世界の共通語である」という考え方は、

ジェンキンズやサイデルホッファーが 20 年前に初めて思いついたという訳ではありません。それよりもっと前から英語は世界に広がり共通語として使用されていましたし、学者たちも世界で共通語として英語が認識されている事実に注目していました。では、それまですでに確立していた「英語が世界の共通語である」という考え方と、20 年前に現れた「リンガフランカとしての英語」という考え方には、どのような違いがあるのか、考えてみたいと思います。

2．「リンガフランカとしての英語（ELF）」から見る「英語」とは

　そもそも「リンガフランカ」とは、どういう意味でしょう。この「リンガフランカ」という言葉は、元はイタリア語に由来し「違う言語を話す人々が共有する言語」という意味を持つ言葉です。その昔、地中海の国々の人々が、イタリア語に、フランス語やギリシャ語、スペイン語、アラビア語など様々な言語の要素が混じった言語をリンガフランカと呼び、共通語として話しながら貿易や外交をしていた、という歴史的な話もあります（Knapp, 2002）。この「様々な言語の要素からなる混成語」である共通語としての役割を英語に当てはめて考えたのが、「リンガフランカとしての英語」です。だからといって研究者たちは、例えば、各国で話されている英語のそれぞれの特徴を足して割った「リンガフランカとしての英語」という新しい英語を創り出そうとしているわけではありません。むしろ、英語のことを具現化したり体系化したりすることを避けようとしている傾向にあります。大切なのは、多様な言語を話す人々が英語を使って交流をする場合、その人々から発される英語は、発音や文法などに第一言語の影響が残っているのを、その人のアイデンティティとして受け容れるということです。世界の共通語としての英語のかたちは一つでなくても多様であって構わない、多様であるべきだという考え方が、それまで確立していた「標準化された英語が世界の共通語である」という考え方とは異なり、「リンガフランカとしての英語」研究者達が新しく持った視点です。

3．ELF から見る「英語」と、今までの「英語」

　世界の共通語としての英語は多様であるべきだというのは、どういう意味でしょうか。逆に考えれば、英語が「多様であるべき」と訴えているということ

は、今まで英語が「多様ではなかった」ということを示唆します。まずは多様でない英語について考えてみましょう。それを知れば「リンガフランカとしての英語」が求める「英語」の姿がより明らかになってきます。

　「英語は世界の共通語だ」という言葉はよく耳にします。ただ一つ注意したいのは、大概の場合、この「英語は世界の共通語だ」という言葉の中にある「英語」が、たった一つのカタチの英語しか指していないことがほとんどだということです。言うまでもなく、それはネイティブスピーカーが使うカタチの英語です。今までの英語観では、英語というと私たちは常にネイティブスピーカーの話す英語を想像し、その英語にできるだけ近い英語を話すことを求めてきました。発音、語いや文法、修辞など英語に関する様々な面において「ネイティブはこう言う」と教わり、学んできました。このように、今まで世界の共通語として認められてきた「英語」の姿はネイティブスピーカーが使用する英語のみで、それは多様な英語とは言えない状況でした。しかし、これまで述べてきたようにネイティブスピーカーでない英語使用者が多い現在、英語の姿はネイティブスピーカーが話す英語一つだけでなくても良いはずです。

４．ELF から見る「正しい英語」と「きれいな英語」

　ネイティブスピーカーが使うカタチの英語しか知らなければ、私たちは、共通語として英語を使用する場合、発音が「きれい」でなければ、文法が「正しく」なければと、悩みの種が多くなります。しかし、この「きれい」や「正しい」という発想自体を「リンガフランカとしての英語」研究者たちは疑問視しています。アメリカ英語やイギリス英語でなければ「きれい」な英語ではないのでしょうか。例えばドイツ語の影響を得た英語や、タイ語の影響を得た英語は「きれい」ではないのでしょうか。「正しい」英語というのも、例えば日本人である自分がドイツ人とタイ人と留学先で英語を使って会話をしていて、修辞や語順はアメリカ英語・イギリス英語に則していなくても互いに意味がしっかりと理解できて会話が完全に成立している場合、それでも３人の英語は「正しい」と言ってもらえないのでしょうか。先の項で述べられたように、世界の英語話者の大部分は英語を母国語としない人々です。その中で、英語の「正しい・正しくない」や「きれい・きれいでない」を決めることができるのは、い

まだに英語話者全体の一部となった英語ネイティブスピーカーだけなのでしょうか。

5．ELF から見る「英語話者」

　ここまで「英語の広がり」と、様々な英語（Englishes）が世界に存在することも見てきました。例えば、シンガポール英語などは、その長い歴史の中で英語が、政治的・経済的・軍事的などいろいろに複雑な理由でその地域に広がった例の一つです。発音や語いなどの言葉の要素において、その国の色が存分に出た英語を確立しています。その地域ごとに発展したそれぞれの英語の存在は、とても興味深いものがあります。

　少し唐突に聞こえるかもしれませんが、前述した、「シンガポールの人々が話すシンガポール英語」という考え方、そもそも「シンガポールの人々」とはどのような人々でしょうか。シンガポールでなくても、「あの人は、○○人」と、個人を示す時、その定義は一体何でしょうか。例えば、シンガポールという国の中に居る人であれば、みな「シンガポール人」なのでしょうか。

　このような例はどうでしょう。ある女性は、両親がベトナム人で、生まれた時から家庭ではベトナム語で育ち家庭内言語はベトナム語ですが、両親がドイツに移住をしたため本人はドイツ生まれドイツ育ち、家より外の環境では学校も含めてドイツ語を第一言語として育ちました。K-POP が大好きで韓国語を流暢に話し、服装やメイクなどの文化的要素は全て韓国の人に対して憧れを抱いています。これは、実際に筆者の知り合いの学生の言語・文化背景ですが、筆者は彼女とは英語で会話をします。それではこの場合、彼女の話す「英語」を「○○人の英語」と表現したかったら、○○○の部分に一体どこの国を入れるのでしょう。世界に目を向けて見ると、彼女のように複雑に絡む多様な言語・文化・アイデンティティを持つ人々は少なくありません。そのような多言語・多文化の背景を持つ人々も、リンガフランカとして英語を使い、互いにコミュニケーションを図ります。そう考えると、国際化が進み国境を越えて人や文化や経済が複雑に行き交う現代、世界に広がる英語という言語と英語話者を、国や地域だけを頼りに区別していくのは、単純すぎる気がしてくることも確かです。私たちも含め、世界で「リンガフランカとして英語」を使う話者は、多種多様

な言語・文化背景をそれぞれに体現しているのです。

6．ELF から見る「英語話者」の「英語」でのコミュニケーション

　世界に多く存在する英語話者、個人によって、その言語背景や言語経験は様々です。英語と一口に言っても、語いの種類など言語レパートリーと呼ばれる言語の引き出しの数や大きさは、人によって違います。ですが、それぞれにその英語の引き出しを最大限に活用し、相互理解をしようとするのです。

　もとは英語以外の言語を話す人たちが、第一言語ではない英語の引き出しを開けて、その状況にあった英語を使いながら、互いに会話をする。ネイティブ英語のみを規範とした従来の英語の考え方では、そのように英語を第二、第三言語として話す人々は、例えば英語の語いの数が少なかったり発音に制限があったりと、「知らない・できない」立場に置かれていたと、ウィドウソンは指摘しています。しかし逆に言えば、むしろそのような人々は、2言語以上を話すということです。多様な言語を知っている分、語いや音に関してもより多様に知っているということなのです。自分たちの言語の知識をそれぞれに持った人々が集まって、互いを分かち合うために英語を使って会話をする、「正しい・正しくない」の域を超えた非常に自由な英語が生まれるのです。そのような英語話者間で行き交う自由な形の英語には、確かに誤解や相違も生じるかもしれません。その時は、相互理解の為に互いに尊敬し合いながら英語を使って自分たちで修正しようとするのです。聞き直したり、言い換えたりしながら、理解しようとします。また、多様な言語を話す人々が、英語を使えば面白い化学反応が生じる時もあります。英語を話しているときに、自分の言語やその他の言語の語いやことわざも使う、言語の引き出しを使いたい放題使いながら英語で会話するのです。

　ドイツとスペインから来た観光客にそれぞれ街を案内するとき、台湾とベトナム、アメリカから来た人と勉強を教えあうとき、そのほとんどの場合、リンガフランカとしての英語が使用されています。話す相手が違ったり、話す状況が違ったりすれば、行き交う英語もまたカタチを変えていきます。「リンガフランカとして英語」は姿形がその時々で変わりゆく、流動的で多様なものなのです。

　言語の後ろには、その国の文化や政治・経済、歴史など様々な要素が何層に
も重なって存在しています。多様な言語を話す人々と接するということは、言
語を取り囲む様々な要素も垣間見るということです。リンガフランカとして英
語を使いながら表現し、誤解し、誤解を乗り越え、相互理解する。リンガフラ
ンカとしての英語は英語の「運用」に重きを置きます。多言語・多文化間のコ
ミュニケーションは多種多様、その多彩さに本質的な価値を置くのが「リンガ
フランカとしての英語」研究者たちです。

主要参考文献

Jenkins, J. (2014). *Global English*: *A Resorce Book for Students*. 3rd Edition. Routledge.

Knapp, K. (2002). *Tha fading out of the non-native speaker. Native speaker dominance in lingua-franca-situations*. In Knapp & Meierkord. (eds.), pp.217-244.

Seidlhofer, B. (2011). *Understanding English as s Lingua Franca*. Oxford: Oxford University Press.

Widdowson, H. G. (2003). English as an international language. *Defining issues in English language teaching*. Oxford University Press. (5) 45-59

Q5
アジア英語（Asian Englishes）とはなんですか

江田優子ペギー

1．アジア英語が広がった背景

　一般的に、「英語」というと思い浮かべるのはアメリカ人やイギリス人、とりわけ白人の話者をイメージすることが多いのではないでしょうか。しかしイギリスやアメリカはご存知のように多民族国家ですから、白人はもとよりアジア人を含むいろいろな民族が英語を話しています。この項では日本人にとって比較的身近なアジア英語（アジア地域で話される英語）について知識を深めてみましょう。

　そもそもアジアで広まった英語は、欧米とアジアとの交易に使われたピジン英語（ピジンの語源はビジネス）と呼ばれる、英語が母語でない国の言語に英語を取り込んだ単純な英語でした。ピジンは当時、現地の人々が英語の標準的な発音ではなく、例えば「ビジネス」を「ピジン」と、少し異なった形で表現していたということでほぼ理解できると思います。ピジン英語は、世代が変わるごとに次第に定着していき、後にそういった英語の変種を日常的に使いこなす世代を生み出した例もあります。そのような英語変種はクレオールと呼ばれています。

　クレオールはピジンより多くの英語的要素（語い、文法など）を取り込んだ一方で、英米の文化とは異なった、その地域独自の文化を融合させながら発達し広まっていきました。例えば、標準英語で "I have not seen you for a long time."（「お久しぶりです」）と表す文を "Long time no see." のように表現し、今ではネイティブスピーカーの会話でも使われています。後者はシンプルで、英語の構造という観点からすれば何が主語なのかさえも不明ですが、それなりに相手に意味内容が伝えられます。

　17世紀以降、イギリスが本格的に植民地政策に乗り出すと、植民地として占

領された都市や地域ではイギリス政府による英語を主体とした教育施設が数多く設立されていきました。目的は、宗主国であるイギリス政府が植民地を統轄しやすくするためだけでなく、現地の識字率をあげて欧米型のエリートを輩出するため、さらには欧米の自由主義思想を広めるためでもありました。

2．インド英語

　アジア英語の中でも特に歴史が古いのはインド英語で、1600年にイギリスが東インド会社を設立してから現在までに英語が広く浸透しました。多言語国家であるインドでは、英語は第二言語であり、異なる民族の人々の間でコミュニケーションに使われるリンガフランカでもあります。現在、英語はヒンディー語やベンガル語、タミル語など17の公用語と並び、補助公用語という位置付けを保っています。彼らはしばしば、そして流暢に英語を話しますが、英語といっても必ずしもいわゆる標準英語を話しているというわけではありません。

　標準英語に比べてインド英語らしい特徴は数多くあります。例えば "motorcar" は "r" を強く発音するため「モートルカール」、"Wednesday" は文字通り発音するため「ウェドネィスデー」と聞こえることがあります。また "It's Monday today, correct?"（「今日は月曜日ですよね？」）のように、文末に標準英語には見られない付加疑問文を付けることもあります。語いでは "intermarriage"（異なるカースト間の結婚）、"rains"（雨季）、"nonveg"（非菜食主義者）など、インド文化に結びついたものもあります。

　植民地を背景に考えると、民族の言葉とかけ離れた英語が公用語であることに反発を覚える感情がある反面、彼らは英語の話者であることのメリットも認識しています。とりわけ近年ではインドの人々によるIT分野での活躍は目覚ましく、世界中で技術開発に参加していますが、彼らの英語力の高さがその一因であると推測できます。

3．シンガポール英語の功罪

　他にも、英領植民地という歴史を持つ国や地域は、マレーシア、香港、パキスタン、ミャンマーなどがあります。次に、同じく英領植民地であったシンガポール英語に注目して、もう少しアジア英語を掘り下げてみましょう。シンガ

ポールは多民族多言語国家で、それぞれの民族は異なった言語背景を持ちます。彼らの話す英語もまた第二言語であり、異なった民族間のリンガフランカという役割を担っています。

　それに加えて、1965 年にシンガポールを独立に導いた初代首相のリー・クアンユーは、英語と各民族語を組み合わせた二言語政策を行い、四つの公用語（英語、普通話 – 標準中国語、マレー語、タミール語）を制定しました。彼の構想は英語を武器として国際社会にシンガポールを送り出そうとしたことです。その一環として幼稚園から大学までの教育を英語で貫き、それが功を奏してシンガポールは国民一人当たり GDP で、2019 年時点でアジアのトップに君臨しています。近年、この国の英語はすでにクレオールという位置付けを通り越して、限りなく母語にシフトされてきているという見方もあります。それだけ国民の間に英語が浸透したということです。

　ではシンガポール英語の特徴を見てみましょう。インド英語でも触れましたが、シンガポール英語もいわゆる標準英語とは異なっています。最初に挙げるのは助動詞 "can" の使い方です。"Can you change the schedule?"（「スケジュール変えてもらえますか？」）に対する答えが標準英語では "Yes, I can."（「はい、いいですよ」）となるところを "can."（「了解」）または "can, can."（「全く問題ないよ」）と助動詞のみで独立させて答えます。また "Today hot hot."（「今日は暑くて仕方ない」）のように単語を繰り返すことで強調の意味を持たせること、Be 動詞の省略などが頻繁に起こります。シンガポール人以外の外国人にとって一番耳に残りやすいのは文章の最後に付けられる文末詞（日本語の助詞に似た働き）です。文末に "lah"、"neh"、"ha" などを加え、微妙な感情を表現します。例えば、"Thank you, lah."（「ありがとうね！」）のように親近感を表すことができます。全般的に標準英語とは異なったアクセントや語い使いなどがあります。ただし、多くの人が標準英語に近いフォーマルな英語から、親しい間柄で話す、くだけて独特のアクセントの強い英語までを使い分けて、場面、状況、相手などに相応しい会話を行っています。

　シンガポール英語が国民に行き渡り、人々が英語を自由に使いこなせるようになったことは、シンガポールのような小国では国家的な成功と言えます。その一方で、二つの負の側面も露呈しています。一つはアイデンティティの喪失

です。シンガポールはもともと多民族の集合国家ですから、国民一人ひとりが主にアジアの自分のルーツ（言語、文化、外見など）を受け継いで現在に至っているわけです。ところが自分のルーツの言葉（例えば福建語やマレー語など）ではなく英語ばかりを話すうちに「自分は何者なのか？」と疑問がわいてきたのです。

　シンガポールでは国民の 4 分の 3 ほどが中国系で華人と呼ばれていますが、その人々は、公的場面、ビジネスの交渉のみならず、教育に使用される言語も日常会話もほとんど英語を使用しています。ところで、英語はそもそもイギリスだけでなく、アメリカやヨーロッパ諸国の影響を受けた西洋文化的土台の上に成立している言語です。華人たちは、日常的に西洋文化の染み込んだ英語を使用することで、知らず知らずのうちに、東洋人（中国系）でありながら、考え方や生活様式は西洋人という矛盾や違和感を抱え込むことになりました。

　例えば、日常生活では挨拶一つを取っても中国語ではなく "Hello" がごく普通です。このように西洋文化が生活に浸透すると、華人一人ひとりの心中に、自分は中国人でもなく、だからといってヨーロッパ人でもないという、不確定、不安定な状態が蔓延していきます。こういった精神状態が、いわばアイデンティティの崩壊ということです。言語がいかに我々のアイデンティティと深く関わっているかをあらためて思い起こさざるを得ません。

　もう一つの負の側面は、シンガポール政府が英語の普及を急ぐあまり、いささか強引に教育言語を英語中心（学校で使用する言語は基本的に英語）で押し進めた結果、1970 年代には、英語はもとより自民族の言葉（中国語、マレー語、タミル語など）もまともに使いこなせない落ちこぼれの生徒を多数輩出したという事実です。その後、政府は何度も教育政策の改善策を打ち出して問題解決を目指すだけでなく、国際情勢にも対応できる教育改革に取り組むことを余儀なくされました。

　総じて言えば、アジアの英語は、それぞれの民族の特徴（発音、語い、構造、文化）を有し、国民のリンガフランカとして役立っているだけでなく、アジア諸国の発展や国際化に貢献しています。ただし、英語を公用語やビジネス言語として使用しているアジア人がアイデンティティ崩壊を起こす危険性もあり、英語教育も慎重さを欠くと重大問題になりかねないという副作用を心に留めて

おきたいものです。

主要参考文献

Marlina, R., Giri, R. A. (2014). *The Pedagogy of English as an International Language: Perspectives from Scholars, Teachers, and Students*. Switzerland: Springer International Publishing.

第2章

英語の成立と世界への広がり

Q6
英語はどのように言語として成り立っていったのですか

杉野俊子

1．英語はいつから存在していたのですか

　現在の世界では、どこを見ても英語であふれていますが、英語は一体どこからきて、どのように現代の英語のようになったのでしょうか。もちろん、英語史の区分は、学者や時代により様々ですが、ここでは一般的に書かれている簡略な英語史を紹介したいと思います。

　地理的観点から見た現在のイギリスを指すブリテン（Britain）では、5世紀初期に近代英語に似た英語が話されていたようです。それよりずっと以前、西暦紀元前 6000 年頃までは、英国諸島はヨーロッパ大陸と地続きでした。その後、英国海峡（the English Channel）の出現でブリテン島は大陸から切り離され島国になりました。「印欧語」（Indo-European）言語の一種を用いたケルト系の人々がブリテン島に移住してきたのは、さらに後の西暦紀元前 800 年頃でした。その後ブリテン島では、現在のイギリスでは少数言語になっているケルト語が多くの人々に話され始めました。紀元前 55 年に共和制ローマのジュリアス・シーザーがはるかイギリスまでやって来てブリテンの南3分の2を占領したので、ラテン語が占領軍の言語として導入されました。

2．古英語から中英語に

　5世紀初期に、北海ゲルマン諸語（North-Sea Germanic）の一つである英語は、ヨーロッパ大陸からブリテン島に渡ってきた数万人のゲルマン人と共にやってきました。彼らは、一般にアングロ・サクソン人と呼ばれているアングル人、サクソン人、ジュート人からなり、以降数世紀にわたる定住で、英語がさらに広がり、当時ブリテン島で話されていたケルト語にとって代わりました。彼らの言葉は英語と言っても、われわれが現在英語と呼んでいる言語の最も初期の

形で、文法も語いも発音もかなり異なっ
たものでした。英語史の区分では、彼ら
の英語は「古英語」(Old English) と呼
ばれています。

　その後 787 年に、現在のデンマークや
スウェーデンのスコーネ地方に居住し
た北方系ゲルマン人であるデーン人から
の襲撃を受けて、イングランドのチェス
ターからテムズ川に延びる線の北と東は
征服されてしまいました。南と西の土地
だけがアングロ・サクソンの手中に残っ
たのです。

　5 世紀以降ケルト人を征服し、825 年
(829 年など諸説ある) にアングロ・サク
ソン王国統一となりました。

図 1　アングロ・サクソン七王国 (409 年以
降〜 825 年頃)　出典：sekainorekishi.com

　1066 年のノルマン征服は、北フラン
ス出身のノルマンディー公ギヨーム 2 世 (後のイングランド王ウィリアム 1 世) に
よるイングランド征服を指します。その影響で、支配階級の言語だったフラン
ス語がイングランドにおける貴族の話し言葉、ラテン語が書き言葉となりまし
たが、英語は引き続き 90％の農民などの被支配者階級の人々によって話されて
いました。 このフランス支配の時期の英語は、「中英語」(Middle English、1150
〜 1500 年頃) と呼ばれています。14 世紀後半になると国家意識が高まり、1362
年には英語で議会開会宣言が行われるなど、英語は公用語の地位を回復しまし
た。とはいえ、この時期、フランス語をそのまま英語に取り入れた借用語 (loan
words) は 40％と言われています。このように大変大ざっぱな英語史を見ても、
英語の歴史は特に突然起きた歴史的な出来事によって言語変容を余儀なくされ
てきたことがわかるでしょう。

3.「近代英語」(Modern English) の始まり

　それでは 1500 年以降の「近代英語」(Modern English) はどのような突発的出

来事によって始まったのでしょうか。それは 1470 年代に印刷業者だったキャクストン（William Caxtton）が印刷術をイギリスに導入したからです。ルネサンスと宗教改革が結びついたこの 16 世紀の印刷技術は、手書き写本時代にはできなかった冊数の流通により英語標準化に大変役立ちました。また、ルネサンスの特徴として古典語への関心も高かったので、多くのラテン語の単語が英語に使われ、やがてシェイクスピア（1564 ～ 1616）のエリザベス朝文学の時代を迎えたのです。宮廷を中心とした話し言葉が、上流階級や文化人に用いられるようになり、これが徐々にロンドン周辺の中産階級の人々の話し言葉の標準語（Spoken Standard）として定着していきました。一方ロンドンの労働者階級で広く使用されていた口語は、後にロンドンなまりの英語であるコックニー（cockney）として発達していきました。

　近代標準英語には、1755 年のサミュエル・ジョンソンの辞書がつづりの標準化や語いの定着に役立ちました。その後、音声学者のダニエル・ジョーンズが英語の発音辞典 *English Pronunciation Dictionary* を出版し、初めて基本母音の概念を明らかにしました。それは「容認発音」（Received Pronunciation）と呼ばれ、1920 年代に放送のための基準として BBC（British Broadcasting Company）によって採用されました。それが現在クイーンズ・イングリッシュ（Queen's English）あるいはイギリス式英語（British English）と呼ばれている英語の標準になったわけです。

4．英語は多言語を基盤にしていた

　しかしここで忘れていけないことは、イギリスは古英語以前から「多言語の地」であり、英語は常に他のヨーロッパ言語と密接に関連してきたことです。紀元前 5、6 世紀にはケルト族のケルト語、1 ～ 4 世紀のローマ帝国支配下ではラテン語が占領軍の言語として導入されました。ローマ帝国撤退後は、デーン人、ノルマン人による侵略など、異なった言語を話す人々に征服されました。ローマ人からブリタニ（ブリトン人）と呼ばれたケルト系の人々は、今日でもウェールズ、スコットランド、アイルランド、マン島とコーンフォールなどに共通する言語と文学伝説を残しています。それ故、地形的な要素も加わって、イギリスには六つの母国語があるとも言われています。英語、

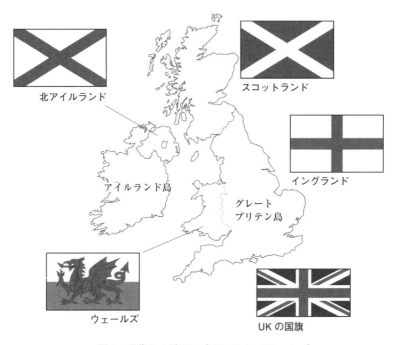

図2　現代のイギリス（UK：United Kingdom）
出典：bing.com/images（https://www.bing.com/search?）

ウェールズ語、スコットランド語、スコットランド・ゲール語、マン島語、ケルノウ（Cornish）語とアイルランド語（英語とスコットランド語はゲルマン語派、その他はケルト語派）です。

　しかも移民が増えたせいか、2017年の英国で、2000以上ある小中学校の生徒の9人に1人は、英語が第一言語ではないという統計が出ています。

　つまり、日本の一般の小中高等学校で学習している英語は、英国内では多言語の状態で生まれ、そして現在も多言語・多文化の中で息づいているものなのです。

主要参考文献
片見彰夫、川端朋広、山本史歩子編（2018）『英語教師のための英語史』開拓社
祖慶壽子（2005）『アジアの視点で英語を考える』朝日出版社
ノールズ、C（小野 茂、小野恭子訳）（1999）『文化史的にみた英語史』開文社

Q7
英語は歴史的にどのように
世界中に広がっていったのですか

長谷川瑞穂

1．世界の言語話者

現在世界の言語の数は Ethnologue では約 7000 言語と言われていますが、その
うちの 60％は世界人口の 4 ％を占める先住民の言語です。世界の言語のうち
約半数が過去 500 年で消滅しました（ネトル他著・島村訳、2004）。さらにユネス
コの予測では、今後 100 年でさらに約半数が絶滅の危機にあります。一方で世
界人口の約半分は話者人口の多い上位 15 言語を話しています。

表2　話者人口上位 15 言語

順位	言語	主要国	国数	第一言語人口（人）
1	中国語	中国	38	1,299,000,000
2	スペイン語	スペイン	31	442,000,000
3	英語	イギリス	118	378,000,000
4	アラビア語	サウジアラビア	58	315,000,000
5	ヒンズー語	インド	4	260,000,000
6	ベンガル語	バングラデシュ	6	243,000,000
7	ポルトガル語	ポルトガル	15	223,000,000
8	ロシア語	ロシア	18	154,000,000
9	日本語	日本	2	128,000,000
10	ランダ語	パキスタン	6	119,000,000
11	ジャワ語	インドネシア	3	84,400,000
12	トルコ語	トルコ	8	78,500,000
13	韓国語	韓国	6	77,200,000
14	フランス語	フランス	53	76,800,000
15	ドイツ語	ドイツ	28	76,000,000

Ethnologue 21st edition 2018 をもとに筆者作成

　母語話者数も使用頻度率の解釈など順位を決める基準が異なるため、表 1 と順位が若干異なりますが、本国の話者人口の多い中国語、ヒンディー語、ベンガル語などは別として、2 位のスペイン語、3 位の英語、7 位のポルトガル語などが本国以外に第一言語話者を多く持つのは、大航海時代以来の植民地政策で地理的拡張を遂げたからです。英語は第二言語としての使用者も多く、インターネットの普及で益々使用者が増え、拡大しています。

2．植民地の歴史

　英語がなぜこのように世界中で使用されているのかは、歴史的に多くの植民地を持つことができたからです。イギリスが最も多くの植民地を獲得した時代は 19 世紀末から 20 世紀初頭ですが、イギリスの全盛期は 19 世紀のヴィクトリア朝時代（1837 〜 1901 年）で、産業革命により経済的発展を遂げました。

　高度な航海技術を駆使し、世界に新領土を獲得していたスペインやポルトガルの後を追い、国内の絶対王権が安定した 16 世紀からイギリスは世界中に植民地を広げます。1588 年には英西戦争でスペイン、フェリペ II 世の無敵艦隊を撃退し、イギリスが制海権を掌握するきっかけとなりました。17 世紀初頭からアメリカの植民地化に取り掛かり、イギリス本国の人口過剰、宗教の自由などの理由で多くのイギリス人がアメリカに移住しました。北米東海岸に 13 の植民地が形成され、英語はアメリカに領土的拡張を遂げます。また、アメリカ独立革命はアメリカ合衆国を創出したのみならず、（後の）カナダという国の誕生に寄与しました。1775 年のアメリカ独立戦争勃発後、後のカナダにアメリカの独立戦争に反対する王党派と呼ばれたイギリス系が移住しました。彼らは、商人、農民を主体とする中産階級で、ニューブランズウイック、アッパーカナダ（オタワ川の西）といった新しい植民地を建設し、イギリス系カナダの風土を形成しました。当時のカナダにはフランスも進出していましたが、1754 年に始まったフレンチ・インディアン戦争と呼ばれるイギリス系とフランス系の戦争でイギリス系が勝利し、1763 年のパリ条約で、カナダはイギリス領となり、北米大陸はケベックなど一部のフランス語圏を除き、英語圏となり、英語が広がりました。

　一方、オーストラリア大陸を発見したのはオランダ人でしたが、植民地化

せず、1770 年にオーストラリアに上陸したイギリス人のジェームズ・クック（James Cook）が領有宣言を行いました。折しも 1776 年のアメリカの独立宣言でアメリカ植民地を失ったイギリスは、オーストラリアを流刑植民地としますが、後には一般の移住者も増え、流刑は廃止されました。また、オセアニアのニュージーランド、サモア、トンガ、フィジー、ソロモン諸島もイギリスの植民地となり、オセアニア地方で英語は地理的拡張を遂げました。

アジアでは、イギリスは、1600 年の東インド会社設立から英国王公認のもと貿易が盛んとなり、ベンガル地方の権力に食い込み始めました。1858 年にはヴィクトリア女王を皇帝とするインド帝国が設立され、インドの都市ではエリート層に英語が普及します。19 世紀にアジアでのオランダの勢力が弱体化した好機に、イギリスは東南アジアに進出し、シンガポール、マレーシア、香港を植民化し、これらの国でも英語が普及しました。

イギリスはまた、1875 年にスエズ運河会社の 44% の株式を取得し、エジプトを支配下に置きました。南アフリカに続き、1880 年代以降、アフリカ内陸部のケニア、タンザニア、ナイジェリア、ガーナを植民地化し、アフリカ大陸にも英語が入っていきました。ただし、植民地政府の官吏や大商人、知識層などごく一部の現地エリートが英語を使うようになっただけで、大多数の庶民は英語には縁がなく、現地の言葉を使っていました。その言語的断絶がまた、独立後のエリートと庶民の格差・断絶にも繋がっているのも事実です。

イギリスの元植民地であった国は 70 か国以上で、七つの大洋を支配し、イギリスは「陽の沈むことがない帝国」と言われました。産業革命をいち早く成し遂げ、最高機能の武器を持つ強い軍事力で世界を制覇し、植民地化に成功し、英語は地理的拡張を遂げてきたのです。

主要参考文献

木内信敬監修（1992）『総合研究　イギリス』実教出版

クリスタル、D.（斎藤兆史、三谷裕美訳）（2004）『消滅する言語』中央公論新社

ネトル、D.／ロメイン、S.（島村宣男訳）（2001）『消えゆく言語たち』新曜社

Q8
現代も英語が世界中で広がり続けているのは
なぜですか

杉野俊子

1．アメリカの台頭とグローバル化

　英語は、イギリスの植民地主義の主な貿易言語として広がってきました。しかし、英語が広がった原因はそれだけではありません。20世紀半ばに世界の「覇者」としてのイギリスの勢いが減速した代わりに、アメリカが政治的・経済的に台頭してきたからです。特にコンピュータ、マスメディア、軍備、宇宙開発の分野ではアメリカの勢力増大にともなったアメリカ英語が広まりを見せました。それと共に、ソビエト連邦（1922〜1991年）の崩壊とそれに伴った東ヨーロッパの共産国の弱体化が拍車をかけたのです。つまり、それまで優位と考えられていたロシア語学習者が減少し、英語学習者が増える要因になったのです。

　また、社会的・経済的に関連した事柄が、従来の国家や地域などの境界を越えて拡大し、様々な変化を引き起こすという、1970年代から広がったグローバル化（globalization）という現象も、英語の拡散を助長する要因になりました。この政治・経済・社会・文化・情報などの平準化が意味するグローバル化は、先進国から見ると、開発途上国の人々に従来は閉ざされていた市場を開放し、意見交換の場など、途上国の人々の「無知・偏見・偏狭」にチャレンジする機会を提供すると考えられています。しかし一方では、グローバル化は競争の場の平準化どころではなく、豊かで強大な国が、開発途上の弱小国家を犠牲にして、経済的・政治的利権を増進しているだけだという意見もあります。そのため、グローバル化は、例えばマクドナルド社のように、一つの企業のシステムが世界の様々な業界に影響を及ぼしたという意味で、総称してマクドナルド化（McDonaldization）と呼ばれたり、グローバル軍事大国を掲げ、ア

メリカ基準のルールを他の国に押し付けるアメリカになぞられてアメリカ化（Americanization）と呼ばれたりしています。

2．グローバル化と普遍英語

　英語は、国家間の貿易や情報伝達での、言語の上での障害が取り除かれるように国境を越えた言語として超国家語（transnational languages）の一つとして急成長したのです。英語は、新たに成立したコンピュータ、マスコミ、宇宙開発など、多数の新たな領域を越えて、主要なコミュニケーションの手段として機能し始めたのです。英語はアメリカの大衆文化、アメリカ映画、テレビ番組、音楽などの大衆娯楽に関連しているので、英語を勉強することは大衆消費文化に参加する方便になっているのは事実です。

　英語は政治・経済・技術・学問分野の国際語として抜きん出ているため、開発途上国にとっても利益がもたらされることは明白です。しかし、アーリングとサージェント（Erling and Seargent）は、この「誰にでも合う均一サイズ」の標準化された普遍英語（universal English）という「商品」のせいで、その地域で使用されている地域言語が大幅に切り捨てられる可能性があると警告しています。また、その地域や国家が、超国家的言語の英語を受け入れたとしても、そこに暮らす地域の人たちは、グローバル社会で活躍するエリート層のように英語を学べる能力や機会が自動的に備わるわけではないので、ますます不利になるはずだと述べています。

3．英米の国策としての英語学習教育

　現代の英語の普及には、英国文化振興会（ブリティッシュカウンシル British Council）の役割が欠かせません。ブリティッシュカウンシルは 1934 年に設立されたイギリスの公的な国際文化交流機関で、世界各国で英語学習教育を行ってきました。その活動目的は、英語の組織的普及とも呼ばれています。その理由は、戦後の新しい秩序の中で英語を普及させることによって、英語を母国語とする者が必然的に世界の中心に置かれるよう、そして、従来の帝国主義よりさらなる確実な権力を手にいれるため、国益増進のために英国政府が行っているからだと、トール・サンダルソラ（Thor Sundalsora）は説明しています。実

際、2008 〜 11 年のブリティッシュカウンシルの企業計画では、最初の 1 年だけでも 50 か国の英語教育産業で 1 億ポンド（約 14 億 6790 万円、2020 年 2 月現在）、また英国式検定試験の実施で同額の収益を見込んでいたと Phillipson は指摘しています。

　他方、アメリカでは第 35 代ケネディ大統領が、自国文化の広報のため言語政策を特に重視した平和部隊（Peace Corps）を 1961 年に設立しました。また、1963 年に、英語教育の推進は海外世論に影響を与えることができる合衆国外交政策の目的の一つであると、合衆国情報局（United States Information Agency）も言及しています。アメリカ国務省の英語プログラム局（Office of English Language Program）の公式ウェブサイトにあるように、「海外の英語教育養成計画を援助することによって、連邦政府は英語を使用する社会の育成に寄与でき、英語政策で、米国の大学、会社企業、その他の組織が繁栄するから、アメリカの国益を増進することができる」とし、この任務を世界中、特にイスラム諸国で徹底するために、エジプトでは 2005 年から従来の 3 万 5000 人に加えて 5 万人のための英語プログラムを始めていると、サンダルソラは紹介しています。

　このような経緯で、現代では英語が国際語として、科学、技術、医学、教育、コンピュータ、マスメディアやスポーツなど数えきれない程多くの分野で使用されるようになりました。その陰では、英語使用を世界中に広げようとする英米の戦略があり、それをグローバル化の波に乗ろうとした他の国が受け入れることによって、ますます英語の使用は広がってきているのです。

主要参考文献

アーリング、E. J. ／サージェント、P. 編（杉野俊子、原隆幸訳）（2015）「第 7 章リンガフランカとしての英語使用による地域の「声」を構成―異文化間の開発に関する談話の研究」松原好次監訳『言語と開発―政策・ペダゴジー・グローバル化』春風社、171 〜 180 頁

サンダルソラ、T.（塚本繁蔵、吉田卓訳）（2010）『言語帝国主義―英語と世界制覇の夢と現実』幻冬舎ルネッサンス

Phillipson, R. (2010). *Linguistic Imperialism Continued*. NY: Routledge.

Q9
英語の広がりについて研究者は
どのように考えていますか

杉野俊子

1．カチュルーの英語使用三心円

　みなさんは「世界言語としての英語」（English as a global language）という言葉を聞いたことがあると思います。それでは、「世界の多様な英語」（World Englishes）というのはどうでしょうか。「English」は単数形のはずなのに、複数形になっているのはなぜでしょうか。Q1やQ3でも説明したように、英語を日常的に話す人の数は、英語がどのように習得され使用されているかによって三つのグループにわけられます。一つ目のグループは、アメリカ、イギリスなど、英語を第一言語としているグループで、二つ目は、シンガポール、インドなどで国の主要な機関で用いられたり、多言語の状況で英語を第二言語として使用したりしているグループで、三つ目は、外国語として英語が教えられている国のグループです。これを、「英語使用三心円」（Three Concentric Circles）と銘打って視覚的にわかりやすく示したのが、インド出身のシカゴ大学教授のブラジ・カチュルー（Braj B. Kachru）です。これは、世界の英語の広がりを円で表し、またそれぞれの円の英語話者の数も示したものです。この三心円は単純

1．内心円（インナー　サークル）
2．外心円（アウター　サークル）
3．拡大円（エクスパンディング　サークル）

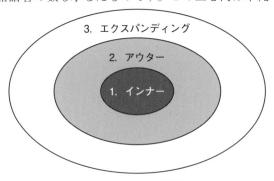

図3　カチュルーによる英語使用三心円

化しすぎているという批判を受けたのですが、それでも英語の広がりが English から Englishes になり、さらに外国語として広がっていく様子が視覚的にわかります。

　ここで覚えていてほしい点は、英語は「English」が単数で扱われている時は、内側の円の英語を規範としている時で、世界に向けては「English as a global language」と扱われ、「World Englishes」と複数になる時は外側の円を規範としていることです。

　なぜ、1の内心円を中心として 'English' を見ることと、2の外心円の 'Englishes' を見ることが重要になるのかというのは、1の英語圏の人たちの英語が英語のお手本であり、それは good（良い）、correct（正しい）、standard（標準）、pure（純粋）と考えられている一方で、2の外心円で話されている英語は inappropriate（不適切）、bad（悪い）、wrong（間違い）、corruptions（改悪、なまり）と考えられがちであるからです。

2．英語推進派の意見

　言語学者のスティーブン・メイ（Stephen May）は、英語の拡散について並行する研究者の意見を紹介する中で、英語圏の人たちの英語を提唱している代表者の一人として、ディヴィド・クリスタル（David Crystal）を挙げています。クリスタルは、英語は6大陸の15億人以上に人に話されていて、本・新聞・ビジネス・学会、科学の分野で使われる優位言語で、科学者の3分2は英語で論文を書き、ネット情報の80％は英語である、つまり英語は主要な言語の中で疑いもなく優位性を保っていると主張しているのです。しかし、メイはネット上の英語の優位性を疑問視しています。例えば、現在では Google が Catalan（カタロニア語）、Basque（バスク語）、Welsh（ウェールズ語）、Maori（マオリ語）などの国認定の少数言語や多言語使用を可能にしているので、英語の優位性ばかり強調するクリスタルを、情け容赦のない英語の「勝利への昂進」（march to victory）を代弁する人気者きどりの学者だ、とメイは批判しています。

　また、メイはその他の英語推進者の例として、イタリア系政治理論家で、政治言語が多様化すると、多様化は平等と参加の障害になると主張しているダニエル・アーキブージ（Daniele Archibugi）を挙げています。彼は、話し手に共通言

語がない時は英語が世界的解決法（cosmopolitan solution）になると主張しているからです。しかも、アメリカで英語を駆使できれば、英語ができない市民や移民などより、(1) 収入がより多い、(2) 就業できる可能性がより高い、(3) 刑務所に入る確率がより低い、(4) 寿命が長い可能性がより大きい、ことを前提にアーキブージが論を進めていることからも、彼は明白な英語推進派だと、メイは断言しています。

英語の優位性をうたうその他の例として、アブラム・デ・スワーン（Abram de Swaan）は世界で影響力のある言語を統計のQ値（Q value）を使ってランク付けをし、100の言語をセントラル（central）、12をスーパーセントラル（Supercentral- 英語、アラビア語、中国語、スペイン語、仏語、独語、ヒンディー語、日本語、マレー語、ポルトガル語、露語、スワヒリ語）に区分し、さらに英語だけをその上のハイパーセントラル（hypercentral）とする分析結果を出しました。

多くの英語提唱者が強調していることは、単一言語としての英語が、我々みんなが目指していくべき基準であるということです。

３．英語推進派に疑問を持つ研究者グループ

一方、英語推進派に疑問をもつ研究者グループの一人としてペニークック（Pennycook）がいます。ペニークックの主な主張は、英語は自由に選択して習えばよいという考えを持つ人の多くは、そのような選択を強制する広範囲の経済、政治、観念的力関係を考慮に入れていない、ということです。英語の利点を提唱する人々は、富・資源・文化・知識の不公平な分布について言及していないとし、その例として、利点になるはずの英語やフランス語を公用語としてきたアフリカでは富が偏在しているため、平均的には貧しい諸国が多いことを挙げています。一方、アジアのいわゆる「アジアの虎経済」（Tiger Economics- 香港・シンガポール・台湾・韓国のアジアの4頭の虎＋マレーシア・タイ・フィリピン）は経済と英語を関連付けながらも現地語（local language）を第一言語として成長してきたことは、英語の採択と経済成長は必ずしも相互関係があるわけではない証拠だと主張しています。

ペニークックの他に英語推進派に疑問を呈する研究者として、英語帝国主義を唱えたフィリプソン（Phillipson）が挙げられます（Q10参照）。イギリスとア

メリカが英語拡散政策と英語を国際的資本主義の言語と位置付けることで、英語話者と非英語話者との間の社会・経済・政治的格差が広がっていったとして、フィリプソンはそれを「英語帝国主義」と呼んでいます。また、英語は少数言語を消滅する「言語抹殺」（linguistic genocide）的であるというスクトナブ＝カンガス（Skutnubb-Kangus, T）や英語は不平等を作り出す門番のような役割を果たすというトールフソン（Tollefson）などの研究者がいます。

　カチュルーは強大な「権力」を持つ英語を、「殺し屋英語」（killer English）という隠喩を使って表しています。英語の圧倒的なイデオロギー的「権力」を象徴するもので、大量抹殺（genocide）、不平等（inequality）、帝国主義（imperialism）、英語中心性 (anglocentricity)、文化的国家主義（cultural nationalism）と新植民地主義（neocoloniaslim）というような用語を使って表すことが多いと述べています。これは、英語の強力な拡散に疑問を持つ研究者や教育者が多いことを示しています。

主要参考文献

Kachru, B. B. (2017). *World Englishes and Culture Wars*. Cambridge, U.K.: Cambridge University Press.

May, S. (2012). *Language and Minority: Ethnicity, Nationalism and the Politics of Language* (2nd Ed). New York, NY: Routledge.

Pennycook, A. (1994). *The Cultural Politics of English as an International Language*. London: Longman.

Philipson, R. (1992). *Linguistic Imperialism*, Oxford University Press.

Q10
英語と支配にはどのような関係がありますか

杉野俊子

1. フィリプソンの英語帝国主義の定義

　イギリスとアメリカの英語拡散政策のせいで、開発途上国などにおいて、英語が使いこなせる人と使いこなせない人の間に、社会・経済・政治的な格差が広がってきました。それは、近代化に追い付くために、英語が使いこなせれば近代産業の働き手や管理者になれると、英語が国際的資本主義の言語と位置付けられたことにあります。フィリプソン（Phillipson）はこれを英語帝国主義と呼んでいます。

　フィリプソンの英語帝国主義の単純化した定義は以下の通りです。

　　英語と他の言語の構造的、文化的不平等の構築と再構築が繰り返される状況。その要因となるものは、政治的圧力や軍事的侵略など、植民地における教育や同化政策、それに伴うキリスト教などの布教により、弱い立場の言語を支配し、場合によっては言語抹殺（linguistic genocide）を引き起こす（Phllipson, 1997, 47 ／筆者訳、平田他参照）。

平田他は、さらに、

　　「ここで構造的というのは物質的な財（例えば諸制度、教授法上の原理）、文化的というのは非物質的ないしイデオロギー的財（例えば態度、教授法の原理）を指す。この一例が言語差別主義（linguisism）で、言語差別主義は、言語をもとに定義される諸集団間の権力と（物質的、非物的な）資源の不均等な分配を正当化、効率化、再生産するのに使われるイデオロギー、構造、実践と定義できる」と訳をつけています（52）。

　権力の観点から支配言語を見る良い例は「英語使用のアフリカ諸国」に見られます。英語はアフリカの人口の 6 割近くが住む諸国での公用語になっていますが、実際に英語を話しているのは旧植民地時代に存在したような社会的・政治的権威と富を持っているほんの一握りの特定の人々なのです。また、力のある言語は文化や経済力と結びついてさらに広まり、弱い言語は無視あるいは侵略されていく場合が多々あります。

2．言語帝国主語と教育との関係

　英語帝国主義は、教育言語計画に関連する二つの仕組み（メカニズム）を利用します。一つは言語と文化に関する仕組みの英語中心性（Anglocentricity）で、この用語は、自分の文化を基準として他の文化を判断する傾向を指す民族中心性（ethnocetricity）と類似点を持ちます。

　もう一つは教授法に関する仕組みである専門性（professionalism）です。専門性というのは、英語教授法（English Language Teaching：ELT）に特化した教授法について、理論も含めて、言語学習を理解し分析し教えるのに十分な能力があるとみなすことだとフィリプソンは言っています。

　この英語中心性と英語教授時の専門性が一緒になると問題が起きるのです。要は英語と他の言語との間で起きる不平等の原因となる活動や信条を合理化して、英語を支配言語として正当化することから問題が起きると、フィリプソンは主張しています。例えば、教員養成の訓練や英語教授法の授業などをとっていない英語圏の出身者を、英語が話せるから優れた先生に違いない、つまり、英語を教える専門性を身に着けているだろうと、英語学習者が勝手に思ってしまうこと等が例となります。

　また、発展途上国の英語学習にとって、1990 年頃から続く英語教授法の重要な問題点は、どのような英語を目指していくべきなのか、標準イギリス英語なのか、インド英語やマレー英語のように現地の教育用の英語の変種にすべきなのかと、フィリプソンは問題を提起しています。

　どの英語を目指していくべきかの答えは、少なくとも現在の日本、あるいは英語提唱者にとっては、標準イギリス英語か標準的に話されているアメリカ英

語だと一般的に考えられています。なぜなら、英語の変種（World Englishes）の話者は社会的成功を望める一方、英語の母語話者の権威のある英語とくらべると質の悪い英語だと思われがちだからです。

3. 英語と英語以外の言語につけたレッテル

　フィリプソンは以下の表3で、英語の優位性を信じている人たちが、英語を賛美する時に使うレッテルと、彼らが英語以外の言語に使うレッテルを表しています。

　こうしたレッテルをつけることの問題点は、英語を「世界」語と呼ぶことで、暗黙のうちに英語が普遍的な妥当性を持つものであるという誤った考えを伝え

表3　英語と他言語の評価

英語を賛美する （Glorifying English）	それ以外の言語の過小評価 （Devaluing other languages）
英語は：	それ以外の言語は：
World language（世界語）	Localized language（地方だけで使う言語）
International language（国際語）	(Intra-) national language 国内の言語
Language of wider communication 　（広範囲のコミュニケーション言語）	Language of narrower communication 　（狭義的なコミュニケーション言語）
Auxiliary language（補助言語）	Unhelpful language（助けにならない言語）
Additional language（付加言語）	Incomplete language（不完全言語）
Link language（関連を築く言語）	Confining language（制約する言語）
Window on the world（世界に向かって開く窓）	Closed language（閉鎖的な言語）
Neutral language（中立言語）	Biased language（偏った言語）

（一部筆者訳）

てしまう上に、英語は「補助」言語や「付加」としての役割を果たしているのではなく、むしろ現地語の役割を奪い、その地位を奪っているということであると、フィリプソンは説明しています（平田他、2013：309）。

4. 言語帝国主義と異なる考え方

　英語の言語帝国主義を唱えたフィリプソンは、この英語の世界的な広がりを

アメリカ化・世界文化の均質化・メディア帝国主義と結びつけています。また
グローバル化は、富や力の均一化をもたらしたのではなく、裕福で権力がある
先進国が発展途上国を利用してさらにその富と権力を増やし、後者はその恩恵
を受けることなくさらに貧困度が進むという図式を作り出しているとも言われ
ています。

　英語の世界的な広がりをアメリカ化・世界文化の均質化・メディア帝国主義
と結びつけているフィリプソンとは異なり、ペニークックは、文化的形成の流
れがローカル化の新しい形を造りだしていて、様々なグローバル英語（global
Englishes）の使用が新しいグローバル・アイデンティティ（global identification）
を生みだすことに自身はより興味が引かれると言っています。また、英語学習
者の能動性を強調する視点からの反論もあります。例えば、吉野は、現代の香
港において、英語が社会内階層の移動と海外移動の可能性を実現させてくれる
原動力であることを強調していて、英語学習者は「理論的なことよりも、実利
的なプラグマティズム（実用主義）の能動的な担い手であって、帝国主義の能動
的な犠牲者ではない」という合理的選択を強調する立場から、言語帝国主義に
反論する者もいると異議を唱えています。

　いずれにしても、フィリプソンのような英語圏の学者たちから言語帝国主義
のような考え方が出てくるのは興味深いことです。

主要参考文献

フィリプソン、R.（平田雅博他訳）（2013）『言語帝国主義──英語支配と英語教育』
　　三元社

吉野幸作（2014）『英語化するアジア──トランスナショナルな高等教育モデルとその
　　普及』名古屋大学出版会

Pennycook, A. (2007). *Global Englishes and Transcultural Flows*. London. U.K.:
　　Routledge.

Phillipson, R. (1992). *Linguistic Imperialism*. Oxford: Oxford University Press.

第3章

日本での英語の受容と広がり

Q11
明治・大正時代の英語教育は
どのように行われていたのですか

長谷川瑞穂

ここでは、日本の英語教育史を明治時代と大正時代に分けて説明します。

1. 明治時代（1868 ～ 1912 年）

　明治初期の教育は西欧諸国に学ぶことに重点が置かれ、欧米文化の輸入が最大の目的でした。明治元年、1868 年に、旧江戸幕府開成所を前例とする開成学校が開校しました。開成学校は、1868 年 9 月から 1870 年 1 月までの初期開成学校時代と、1872 年 9 月から 1877 年 4 月までの後期開成学校時代に大別されます。1870 年には日本の近代化を担う若者養成のために大学南校が発足しました。初期開成学校、大学南校では、欧米人教師による英、独、仏、三学科の授業が行われ、洋学に重点がおかれていました。しかしながら、大学南校の改編により改称、誕生した後期開成学校では、教授言語は英語に統一されました。新政府による新しい学校では規範を西欧に求め、英米人を中心とした外国人教師を雇い、英語教育を推進しました。1870 年の大学南校規則では、外国人教師による会話を中心とした英語を正則、日本人教師による講読中心の英語を変則と定めています。1871 年には開成学校を源とする官立の外国語学校が全国の 7 学区（東京、宮城、愛知、新潟、大阪、広島、長崎）に設置され、後に英語学校となりました。代表的なものは 1873 年に名称変更し設立された東京外国語学校（現在の東京外国語大学の前身）です。

　各地の英語学校は明治期の英学にとって重要な役割を担い、内村鑑三、新渡戸稲造他を輩出しました。1873 年には開成学校の専門科目の教授言語は英語と定められ、前述の官立の英語学校でも英語による講義が行われ、英語の地位は不動となりました。しかしながら、1879 年の教育令公布など教育制度の整備に

伴い、徐々に日本語による教授が行われるようになり、教育の担い手は外国人教師から日本人教師に代わっていきました。背景には急激な西欧化に対する反動や政府の財政難があり、地方の官立英語学校は廃止されました。1877 年には東京大学が創設され、英語による講義が行われましたが、1883 年には英語による教授は廃止されました。1885 年の伊藤博文内閣の日本語による教育の推進政策により、英語による教育は徐々に姿を消していきます。

　1887 年に東京大学に英文科が創設され、英文学の研究が行われました。英語学校から改められた東京外国語学校、高等師範学校では、外国人教師により英語音声学が教授されました。このように高等教育の専門課程では、英語学、英文学が高度な学問として確立していきました。一方、中等教育の教科としての英語は、1881 年の中学校教則大綱の布達により、中学校の外国語教育は週に 6 時間と定められました。第一外国語（英語）と選択科目として第二外国語（独語または仏語）が課せられましたが、1901 年の法改正により、外国語は英語、独語または仏語となりました。

　明治時代には、翻訳本以外に日本人による英語の参考書、教科書、辞書も出版されましたが、1889 年に出版された教科書『正則文部省英語読本』は序文において訳読中心の変則英語を批判し、正則英語を主張した英語教育史上貴重なものです。また、4 技能の総合的教授法を示した『英語教授法』（外山正一）は画期的な名著と言われています。1897 年には日本人経営の英字新聞「The Japan Times」、1898 年には『英語青年』の前身の『青年』が発刊されました。

　明治初期には、外国人教師が主流であり、英語による授業、会話を重視した正則英語が中心でしたが、次第に日本人教師による訳読を中心とした変則英語に転換され、特にエリートの英語力は低下しました。しかしながら、次第に英語は大衆に普及し、高等教育受験に対応するための文法・訳読中心の英語教育が重要視されるようになっていきました。

2．大正時代（1912 ～ 1926 年）

　大正時代初期に第一次世界大戦が勃発し、連合国側についた日本は戦後のベルサイユ講和会議で大国の仲間入りを果たし、日本の国際的地位は大きく向上しました。そのような状況下、英語や西欧文化に対する憧れは薄れていきまし

た。しかしながら、大正時代には『英和中辞典』（斎藤秀三郎）など多くの辞書、『英文法研究』（市河三喜）、『自修英文典』（山崎貞）をはじめとする受験参考書が出版され、改訂を重ね今日までも使用されています。特に市河三喜の『英文法研究』は、規範文法から、変化する語法における規則性を見出そうとする記述文法への転換を示す研究であり、その後に影響を与えた研究書です。大正時代には、文法・訳読中心の英語教育への批判と英語教育改革の声が高まり、次第に音声重視の英語教育が主張され始めます。そのような中、文部省は英語教育改善のためにイギリス人教師、ハロルド・パーマー（Harold E. Palmer）を招聘しました。パーマーは1922年から1936年まで在日し、日本の英語教育界に大きな影響を与えました。パーマーは、オーラル・メソッド（Oral Method）を提唱し、聴覚的観察（auditory observation）、口頭模倣（oral imitation）、発話練習（catenizing）、意味化（semanticizing）、類推による文生成（composition by analogy）を外国語学習に適用すべきであるとしました。具体的には、外国語学習には最初は文字を用いず、徹底した口頭訓練を行い、「聞く、話す、読む、書く」の順序で指導すべきであると主張し、実行されました。「英語はまず音声から入る」、「練習によって英語を使えるようにする」、「授業は英語で行い、なるべく日本語は使わない」という方針でした。最初は戸惑いも多かったようですが、徐々にオーラル・メソッドは大正時代の英語教育界に普及していきました。しかしながら一方で、大正時代には国家・国民意識の高まり、1924年のアメリカでの排日移民法成立による欧米への反感から、英語教育廃止論が唱えられました。続く昭和初期の軍国主義の中で、英語教育廃止論は一層勢いを増していきます。

主要参考文献

小川修平「英語教育の歴史的展開にみられるその特徴と長所」『盛岡大学紀要』第34号、55 〜 66頁

田中慎也（2010）「日本の外国語教育政策と共生の論理」in Revue japonaise de didactique du francais, Vol 5, n.1、368 〜 372頁

長谷川瑞穂（2014）「日本の英語教育と教授法」『はじめての英語学 改訂版』研究社、194 〜 201頁

Q12
昭和と平成の英語教育はどのように行われていましたか

原　隆幸

1．昭和時代前期（戦前・戦中）（1926 ～ 1945 年）

　大正時代に来日したパーマーのオーラル・メソッド（Q11 参照）は、昭和に入っても影響を与え続けました。パーマーは自分の後任に、イギリス人のアルバート・ホーンビー（Albert S. Hornby）を顧問に招いて仕事を任せました。彼は 1933 年に日本の大学で教える中で、日本人に合うような英英辞典を作らなければならないと思い、辞書作りに取り組みました。しかし、太平洋戦争が勃発すると帰国しました。その後、1942 年に彼は日本人英語学習者向けの画期的な理解しやすい英英辞典の原稿をほぼ完成させ、*The Idiomatic and Syntactic English Dictionary* として開拓社から出版し、1948 年に校訂を加えてオックスフォード大学出版局から *Oxford Advanced Learner's Dictionary* として出版しました。この時代の日本の英語学習の大勢は、日本語中心の英文法、英文和訳の対照構文、熟語構文を核にした英語和訳法が発展して、英語学習の様々な受験学習参考書が出版されました。戦争が長引くにつれて学校で英語の授業は縮小傾向にありましたが、戦争末期の海軍兵学校では英語教育が行われていました。このことはかなりの例外であったようです。

2．昭和時代後期（戦後）（1945 ～ 1955 年の高度成長期まで）

　1945 年 8 月 15 日に日本が無条件降伏すると、アメリカ軍が進駐してきました。1945 年に出版された『日米会話手帳』はベストセラーになり、1946 年から始まった NHK のラジオ『英語会話』はブームの先駆けとなりました。

　新たな教育制度が動き出したのは 1947 年で、3 月に日本人の教育の在り方を決める「教育基本法」と、具体的に学校の設置基準や業務等を規定する「学校教育法」が公布されました。文部省は男女共学実施を指示し、小学校から大学

までの「6－3－3－4」の教育体制を発表しました。同年に新制小学校と新制中学校が発足し、新制中学校では英語が選択教科となりました。その後、新制高校と新制大学が発足しました。戦争直後は、軍国主義的色彩の強い部分を墨で塗りつぶした「墨塗り教科書」や不適当な箇所を削除した「暫定教科書」をはじめとする戦争中の教科書をなんらかの形で修正したものが用いられていました。1947年になると新しい国定教科書である *Let's Learn English*（教育図書）が出版されました。そのような教科書の中で最も用いられるようになったのが *Jack and Betty: English Step by Step*（開隆堂）です。1951年には「学習指導要領一般編」の試案が発行され、1952年には「中学校高等学学習指導要領外国語英語編（試案）」が発行されることで、英語教育が徐々に整っていきました。斎藤によると、この頃から高等学校の入試科目に英語を加えるべきかどうかというような論争が活発になってきました。そして次第に英語が入試科目に入り込むようになっていきました。

3. 昭和時代後期から高度成長期以降 1989 年まで

　1955年から「いくら学校で英語を習っても使い物にならない」という新たな問題が浮上してきました。そこで高度経済成長時代の始まりとともに「役に立つ英語」を教えよ、との要求が高まってきました。1956年には日経連（日本経営者団体連盟）から「役に立つ英語」の要望書が発表されました。また、同年財界と学界の有志が「日本英語教育委員会（English Language Exploratory Committee）」、1963年に「英語教育協議会［English Language Education Council：略称 ELEC］」を設立（改称）しました。この委員会はアメリカから C. C. フリーズ、W. F. トゥワデル、イギリスからホーンビーを呼んで、日本人学者とともに英語教育専門家会議を開催しました。この会議の後、特にフリーズの提唱する「オーラル・アプローチ（Oral Approach）」とその考え方に基づく「パターンプラクティス（Pattern Practice）」という教授法が注目を集め、教育現場でブームになりました。「オーラル・アプローチ」は音声重視の反復訓練を核として、学習対象の言語と学習者との言語の差異に配慮していることが特徴の一つです。基本構文を少しずつ変化させながら音読を繰り返す練習がパターンプラクティスです。1964年には東京オリンピックが開催され、英語会話熱が高まっていきました。

　1970 年代から 1980 年代に海外から持ち込まれたのが、「コミュニカティブ・アプローチ」あるいは「コミュニケーション中心主義」で、学習者の「主体性」を重視し、「自己表現」を目指す英語教育へと変わっていきました。その頃、1975 年に、「平泉・渡部論争」と呼ばれる平泉渉と渡部昇一の間で英語教育論争が起こりました。これは 1974 年に自民党政務調査会に参議院議員の平泉渉が「外国語教育の現状と改革の方向」と題するいわゆる「平泉試案」を提出しました。その中身は現在の英語教育は役に立たないから、本当に英語を必要とする上位 5% 程度の生徒を選んで徹底的にエリート教育を施すべきである、という一種の英語教育廃止論でした。これに対して受験英語は日本人の知的訓練に役立っているという立場で、真っ向から論争を挑んだのが上智大学の英語学者の渡部昇一でした。簡単に言うと実用英語論と教養英語論とも言える論争でした。結局、この「平泉・渡部論争」の後に「コミュニケーション（伝達・意思疎通)」という理念が英語教育における目標として取り上げられるようになりました。

　1987 年には「語学指導等を行う外国人青年招致事業（Japan Exchange and Teaching Program：JET プログラム)」が文部省により開始されました。これにより「外国語指導助手（Assistant Language Teacher：ALT)」をはじめ、「国際交流委員（Coordinator for International Relations：CIR)」や「スポーツ国際交流員（Sports Exchange Advisor：SEA)」が招致されました。この結果、英語の授業は日本人教師と ALT によるティーム・ティーチング（Team Teaching：TT、「協同授業」）を導入するようになっていきました。

　このように昭和後期の英語教育では、「実用」か「教養」か、「文法」か「コミュニケーション」かの対立が生じていつも議論していました。このような対立の中で、「文法を気にせずコミュニケーションを図ることが重要である」、「文法的な間違いを気にするな」という、これまで言われていたことと異なる意見がでてきました。

4.　平成時代（1989 〜 2019 年）

　1989 年に「中学校学習指導要領」と「高等学校学習指導要領」が告示されましたが、その中で「コミュニケーション」という用語が初めて使われました。

1990 年の 1 月には、それまでの「共通一次試験」に替わり「大学入試センター試験」が実施されました。1998 年には改訂された「小学校学習指導要領」が告示され、2002 年度から「総合的な学習の時間」で外国語活動が行えるようになりました。また、2000 年に文部省は『小学校英語活動実践の手引』を発行しました。

2000 年の 1 月に首相の諮問機関「21 世紀日本の構想」懇談会が、「英語第二公用語化」を提言しました。この懇談会は、最終報告の総論「日本のフロンティアは日本の中にある」の「グローバル・リテラシー（国際対話力）」で、グローバル化時代において「世界にアクセスする能力」、「世界と対話できる能力」つまり、「グローバル・リテラシー」を身に付けることの重要性ついて述べています。この国際対話力の育成を図るために、「最終的には英語を第二公用語とすることも視野に入ってくるが、国民的議論を必要とする。まずは、英語を国民の実用語とするために全力を尽くさなければならない。これは単なる外国語教育問題ではない。日本の戦略課題としてとらえるべき問題である」と提言しています。そもそも日本では、憲法などで日本語を公用語として定めていないので、英語を第二公用語にするとはおかしな話です。この提言に対して様々な議論がありましたが、結局、英語第二公用語化論は国民の支持を得ることがなく、鎮静化していきました。

2002 年になると文部科学省は、「『英語が使える日本人』の育成のための戦力構想——英語力・国語力増進プラン」を発表しました。翌年にはそのための「行動計画」を策定して、それを 2003 ～ 2007 年度に実施しました。具体的には、スーパー・イングリッシュ・ランゲージ・ハイスクール（SELHi）の指定、「大学入試センター試験」へのリスニング・テストの導入、英語を用いた英語授業の実施、教員研修、外国語指導助手の有効活用、国語力の向上などの施策です。2008 年には改訂された「小学校学習指導要領」が告示され、これにより外国語活動が 5 学年で 35 時間、6 学年で 35 時間の授業時間に定められました。翌 2009 年になると『小学校外国語活動研修ガイドブック』が作成されました。また、この外国語活動のための補助教材である『英語ノート』が希望する小学校に配付されました。2012 年には小学校外国語活動補助教材として *Hi, Friends!* を刊行し、2018 年には *We Can!* と *Let's Try!* を発行しました。2017 年の学習

指導要領の改訂、英語の教科化に合わせて、『小学校外国語活動・外国語　研修ハンドブック』も作成されていて、文科省サイトに YouTube 教材も掲載されて出ています。

　2011 年に文部科学省は「国際共通語としての英語力向上のための 5 つの提言と具体的施策」を公表しました。ここでの基本的考えとして「英語力の向上は全ての分野に共通する喫緊かつ重要な課題であり、求められる英語力は積極的にコミュニケーションを図ろうとする態度、相手の意図を的確に理解し、論理的に説明したり、反論、説得したりできる能力」とすること、新学習指導要領の着実な実施を図ることが国民の英語力向上のための基本であることが発表されました。提言 5 では、グローバル社会に対応した大学入試となるように改善するとして、四技能を総合的に問う入試問題の開発・実施の促進と、入学試験で英検、TOEFL、TOEIC などの外部検定試験を活用することが述べられています。2013 年に政府は「第 2 期教育振興基本計画」を閣議決定して、小学校英語の早期化と教科化を進めていきました。その結果、2017 年の改訂学習指導要領では、外国語活動を 3・4 年生に下げて、5・6 年の外国語を正式に教科にしました。この閣議決定では他に、中学校で英語による英語の授業を行う、大学入試での TOEFL などの外部試験を活用する、中学生の英検 3 級程度以上の取得率を 50％、高校生の英検準 2 級〜 2 級程度以上の取得率を 75％にする、日本人の海外留学生数を 2020 年までに倍増する、大学の外国人教員の比率と外国語による授業実施率を増加することを掲げています。以上、最近の動向は、英語偏重にますます拍車がかかってきている傾向が見られます。

主要参考文献

伊村元道（2003）『日本の英語教育 200 年』大修館書店
江利川春雄（2019）「グローバル化に揺れた平成の英語教育」『英語教育』Vol.68、No.2、38 〜 40 頁
小池生夫編（2013）『提言 日本の英語教育——ガラパゴスからの脱出』光村図書出版
斎藤兆史（2007）『日本人と英語——もうひとつの英語百年史』研究社

Q13
グローバル化によって日本での英語教育は
どのように変わっていくのでしょうか

飯野公一

1．グローバル化の背景

　「グローバル化」という用語は時代とともに意味が異なります。15 世紀から 17 世紀にかけてポルトガル、スペインといったヨーロッパ勢が世界に進出した大航海時代、18 世紀以降の産業革命による植民地拡大、第二次世界大戦後の米国を中心とした多国籍企業の発展なども含まれます。しかし、今日的によく使われる「グローバル化」は 1991 年のソビエト連邦の崩壊以降、冷戦構造の中で停滞していた経済活動がより自由に行われ始めたことを指し示します。また、1990 年代にはインターネット、PC の普及もあり、情報も国境を越えて飛び交うようになりました。2001 年に中国が WTO（世界貿易機関）に加盟し、同年米国の投資銀行ゴールドマン・サックスが BRICS（ブラジル、ロシア、インド、中国、南アフリカの頭文字）と名付け、新興国への投資が活発化することによって、世界がこれまで経験したことがない規模での資本、モノ・サービス、人の移動が加速していきました。こうした中、日本もバブル経済の崩壊、金融機関の再編、製造拠点の海外移転など多くの対応を迫られてきました。

2．日本におけるグローバル化と英語教育政策

　こうした「グローバル化」が日本において英語教育と関連づけられ公に議論されるようになったのは、1999 年 12 月、小渕恵三首相の私的諮問機関「21 世紀日本の構想」懇談会の報告書「日本のフロンティアは日本の中にある」で英語第二公用語化論が提起されたことの影響を無視することはできません。国際競争から取り残されないための危機感から主に産業界から日本の英語教育への不満が突き付けられ、注文がついた、という形でした。以降、2010 年頃になる

と、楽天やファーストリテイリング（ユニクロ）といった企業が英語を社内公用語として推進するというニュースが話題となりました。教育の現場では文科省も矢継ぎ早に数々の政策を打ち出してきました。グローバル 30、Go Global Japan、スーパーグローバルハイスクール、スーパーグローバル大学などの補助金事業、小学校英語の導入、スピーキングを含む 4 技能英語外部試験を利用する大学入試改革、などが挙げられます。また、2004 年には早稲田大学国際教養学部、国際教養大学（秋田）など、EMI（English-medium instruction）、すなわち英語で教科を教える学部、大学が始動しました。こうした大学の動きは海外留学を必修とし英語を使える日本人を育成するという目的、そして日本に海外から学生を呼び込むという目的の双方の流れを理解する必要があります。また、背景にはヨーロッパでの学生の移動を推進するエラスムス計画、単位の互換を保証するボローニャ・プロセスなどが進展し、その際英語がアカデミックな場での共通語としての役割を高めていったという経緯もあります。さらに、THE（Times Higher Education）が 2004 年、QS（Quacquarelli Symonds）が 2010 年に世界大学ランキングを出版するや、多くの大学がその競争にとらわれていくことになったのです。前述のスーパーグローバル大学のカテゴリー A は 100 位以内に入ることが射程内にあると判断された大学への補助金でもあります。ランキングの評価項目の中で、国際性も問われ、留学生や海外からの教員数も重要なポイントとして参入されます。これまで国内の市場で伝統的に序列が認識されてきた大学がいきなり国際比較されることになり、また、アジア諸国との比較も意識され、大学ばかりか政治的にも関心を呼ぶこととなったのです。その際、これまで日本語が高度にできなければ入学がかなわなかった海外からの学生に対し、日本語能力を問わず英語能力を提示する選抜過程は大幅に来日の垣根を低くする効果がありました。

3．グローバル化＝英語化？

　このように、今日的なグローバル化はあたかも英語化と両輪で進展しているかのごとく見えてきます。しかし、日本人がどのように英語を共通語として実際に使っているかは検証されなければいけません。たしかにアカデミックな職業では学術論文、学会発表、国際会議などは多くの場合英語が共通語となって

います。また、海外とのビジネスや外交の場においても英語で議論し、文書を交わすことが一般的な慣習となっています。そうした正確さや規範が求められる文書作成作業を除けば、多くの場合もっと自由に様々な言語を行き来したり（translanguaging）、視覚情報を利用したりしながら日々のコミュニケーションを図っているのが現状なのです。日本における EMI の現状（Iino, 2019）でも、およそ半数の留学生が中国から、その他も多くがアジア圏からの留学生が中心となっており、必ずしも彼らの母語は英語ではありません。教員の言語背景も多様です。この現象は米国や英国の大学院でも同様に見られ、中国人学生の多さから大学のグローバル化はアメリカ化や英語化だけでなく、「中国化」でもあると刈谷は論じてます。世界で英語の母語話者の 5 倍はいると推定される非母語話者は、英語でしか通じない場合に英語を使って生活しているだけで、そうした状況で使われる英語は必ずしも母語話者の英語ではないのです。英語を外国語、あるいは第二言語として使用する人々の間での言語使用が注目されるようになり、例えば、アジア圏において、日本人とタイ人が英語でコミュニケーションを図るという状況が、決して例外的事例ではなくなり、アジア圏におけるビジネス活動の拡大に伴い、普通のこと、むしろそういった非英語母語話者間で英語を使用する場面が急速に見られるようになってきたのです。一方、日本で生活する外国人も増加していますが、彼らが必ずしも英語を話すとはかぎりません。

4. 「共通語としての英語」と「非母語話者の英語」

　にもかかわらず、日本の英語教育はあたかも英語が世界の共通語として万能であり、英語は米国か英国の所有物のように幻想を抱き、母語話者をモデルに正しい英語を追及することに腐心するあまり、そのこと自体に疑問を抱いてこなかったのではないでしょうか。Jenkins, Baker and Dewey に代表される最近の ELF（English as a lingua franca、共通語としての英語）の一連の研究はこのような非母語話者の使う英語のダイナミックで流動的な側面に焦点をあて、より現実に即した英語への認識を追及しようとしています。他章で紹介された WE（World Englishes）とは世界の英語の多様性を視野に入れるという点で共通しますが、WE が地理的な地域ごとの英語の特徴を主な分析対象としていることに

対し、ELF では非英語母語話者間（最近では母語話者もいる場面も含め）での接触場面での言語使用を主な対象としています。そうした場では、英語だけではなく、それぞれの母語を混じえたり（code mixing）、様々な手段（multimodal）、例えば、ジェスチャー、スマホの翻訳機能、音、画像、などを駆使したりして効果的なコミュニケーションを図っているのです。そこでは必ずしも母語話者のように話しているわけでもなく、また、話したいわけでもない、というのが現状です。ポスト・モダンな視点から言語を見てみると、何々語という名前を持った言語だけがコミュニケーションをとる上での手段ではないということに気づきます。また、人々が複数の言語資源を駆使している場合、何々語という区分そのものがあいまいになってきます。ましてや、日本において神話のように信じられている、言語が四技能から構成されている、という概念はテストを作る会社のため、あるいは時間割を作るために区分けした学校行政のための便宜上の区分にすぎず、現実の人間のコミュニケーション活動が四つに分けられるとうことではないのです。さらには、英語を使う目的はそれぞれのコンテクスト（文脈、背景）によって異なるにもかかわらず、四技能が同じ配点などありえないのです。

　1972 年にデル・ハイムズ（Dell Hymes）がコミュニケーション能力（communicative competence）という概念を提唱し、20 世紀後半から現在に至るまで多くの言語研究、および言語教育実践へ大きな影響を与え続けてきました。ことばを社会、文化的コンテクストの中で理解し、会話の相互作用（interaction）が重要視され、コンテクストを切り離した文法ドリルを反復するそれまでの学習方法から、いわゆる社会言語能力を加味した発話のルール（rules of speaking）に注目した学習へと舵が切られ、より社会的リアリティのあるスピーチ・アクトを含めた教材などが使用されるようになってきました。すなわち、いわゆるコミュニカティブ・アプローチが主流となってきたのです。しかし、そこでも文法的にはありえるが、母語話者はそのようには言わない、といった判断が議論され、母語話者至上主義はさらに複雑さを加味して英語教育理論に影響を与えてきたのです。英語のみならず他言語、例えば日本語教育へもこの考え方は影響を及ぼし、日本での敬語は社会の権力構造を表現するものとしてとらえ、社会的に適切（appropriate）に使うことが今でも重要

な課題となっています。いずれにしても、母語話者のように英語を使用することが英語教育の究極の目的となり、文法、発話、ディスコース、ジェスチャー、会話への参加パターン、等全て理想型モデルを「真似る」ことが求められてきたのです。また、外国語としてよりも第二言語として移民をいかに社会に統合、同化させることが課題となってきた米国の第二言語習得理論は、母語話者、非母語話者という二分法を大前提として構築され、そのような理論を受容し、日本でも伝授することが普通のこととして繰り返されてきたのです。何々語と名前の付いた外国語を学ぶ際には、植民地的権力構造、すなわち主と従、ホストとゲストという関係性は避けてとおることができない逆説として認識されます。上述したように、ハイムズのコミュニケーション能力（communicative competence）があくまで静的な言語共同体（speech community）を前提として、母語話者の理想型をモデルとするのに対し、ウィドウソン（Widdowson）が使用したコミュニケーション能力（communicative capability）という概念は、必ずしも母語話者をモデルとしてコミュニケーションの適切さを判断するのではなく、多様な言語資源を駆使しながら人々がいかに効果的にコミュニケーションを成立させているか、という点に焦点をあてたのです。

5．グローバル化する世界で英語といかに向き合うか

　グローバル化が加速し、多様な言語や文化を背景に持つ人々とコミュニケーションを図る場面が増加するなか、日本の英語教育はその目的、目標を再考する必要があるのではないでしょうか。グローバル人材育成の名のもとに、英語教育は他の教科と比較して特別な地位を占めつつあります。国語や理科の「一級」がないにもかかわらず、なぜ英語には「一級」があるのでしょうか。なぜ海外で作成された試験によって日本人の英語能力（communicative capability）を点数化することができるのでしょうか。小学校英語の教科化が始まろうとしている中、母語話者が教えることを売りにした英会話教室の宣伝が勢いを増しています。アメリカ、イギリスを中心とした母語話者英語を崇拝し、同化しようと努力することは子どもたちに英語を使える自信を与えているのでしょうか、それとも心の植民地化を植え付けてしまっていないでしょうか。英語を思想や覇権といった価値観から切り離して中立語であるととらえる考え方もあるかも

しれませんが、言語に埋め込まれた価値を取り除くことはできません。今求められるのは、英語に対する、より冷静で健全な意識を呼び起こすことではないでしょうか。

主要参考文献

刈谷剛彦（2017）『オックスフォードからの警鐘——グローバル化時代の大学論』中公新書クラレ

Hymes, D. (1972). On communicative competence. In J. B. Pride & J. Holmes (Eds.) *Sociolinguistics*. pp. 269-293. Harmondsworth: Penguin Books.

Iino, M. (2019). EMI (English-medium instruction) in Japanese higher education: A paradoxical space for global and local sociolinguistic habitats. In Murata, K. (ed.) *English-Medium Instruction from an English as a Lingua Franca Perspective: Exploring the higher education context*. pp. 78-95. Oxon: Routledge.

Jenkins, J. Baker, W. and Dewey, M. (2018). *The Routledge Handbook of English as a Lingua Franca*. Oxon: Routledge.

Widdowson, H. (2003). *Defining Issues in English Language Teaching*. Oxford: Oxford University Press.

第4章

英語習得の社会的な意味

Q14
「バイリンガル」とはなんですか

蒲原順子

1. バイリンガルの定義

　日本では、「バイリンガルのカッコ良いお仕事」などの宣伝文句と共に憧れを
もって見られるバイリンガルですが、「バイリンガル」とはなんでしょうか。ま
た、どんな人を指すのでしょうか。実際どんな人を「バイリンガル」というの
かをひと言で説明するのは不可能に近いと言えるでしょう。学者の意見も一様
ではありません。例えば、Harms & Blanc（1983: 3）は、バイリンガルの定義
に関して、二つの両極的な考え方を紹介しています。一つの極には、ブルーム
フィールドの「母語話者のように二言語を操る」（筆者訳）という二言語の能力
に差がないくらいの言語能力があります。対極には、マクナマラのいう「聞く・
話す・読む・書くの4つの言語技能のうちのどれか一つにおいて最小限度の能
力を持っている」（筆者訳）のであれば、バイリンガルと言えるという考え方で
す。つまり、二言語の間の能力には差があり、母語でない方の言語能力は低くて
も、バイリンガルであると考えます。一般に、「バイリンガル」というとブルー
ムフィールドの定義のように、二つの言語を同じ程度に流暢に使える人という
イメージを持つ人が多いかもしれませんが、実際には、二つの言語の習得の度
合いに差があることが多いのです。また、以下に述べるような様々な要因が絡
み合って、数多くのパターンがあります。バイリンガルの比較的新しい考え方
として、言語の全体論的な見方があります。バイリンガルの専門家コリン・ベー
カーは、バイリンガルの全体論的な見方の例として、二つの言語が話者の頭の中
で関連し合い共存している、または、二つの言語が一つの言語体系を作ってい
るという言語観を紹介しています。この考え方はトランス・ランゲージングの
項（Q25）でより詳しく説明します。以下、言語技能、認知・思考、文化の習得、
両言語の社会的地位が及ぼす影響、バイリンガル教育といった視点から「バイ

リンガル」であるとはどういうことか見てみましょう。

２．言語技能

　「バイリンガル」を言語技能の面から、「聞く」「読む」「話す」「書く」の四技能を土台にして三つの型に分類した考え方があります。それによれば、一つの言語を軸にして、もう一つの言語では「聞く」ことだけできる「聴解型バイリンガル」、もう一つの言語で「聞く」「話す」ができる「会話型バイリンガル」、もう一つの言語でも四技能全ての能力を持っている「読み書き型バイリンガル」です。ただし、この分類は連続体として理解する方が現実的であると言えるでしょう。例えば、両親は日本人なのですが、本人はアメリカで生まれて小学校から中学校までアメリカで教育を受け、高校生になって日本に戻り、日本の高校に行った人を想定してみましょう。両親が日本人であれば、日本語は不自由なく話せるでしょうし、英語も英語母語話者と同じように話せるかもしれませんが、日本語の読み書きは、日本の小学校・中学校で教育を受けた子どもに比べると、アメリカ滞在中にどれくらい日本語の読み書きを学んだかによって、その人の日本語を読んだり書いたりする能力は様々になるでしょう。簡単な漢字は読めるが、高校の教科書を全部理解はできない、または、読んで理解はできるが、書くとなると小学生のような文になってしまうなど、どこからどこまでが「読める」「書ける」というのかは連続的であいまいです。従って、この視点に立って言えば、ある人が「バイリンガル」であるというとき、それは必ずしも二つのことばを同じように自在に使えることを意味しないということです。

３．認知面の発達

　カミンズ（1978a, 1979）は、そういった二つの言語の習得度の差異について、認知的な発達とことばの発達との関連を軸にして分類し、「２言語の到達度」と「知的発達への影響」を３階建の家に見立てて３つの到達レベルで説明しています。これは「閾仮説（Threshold Theory）」として知られていますが、これについて中島（2001: 8）がわかりやすく説明をしていますので、紹介します。３階は年齢相応の認知レベルで二つのことばを習得している「バランス・バイリンガル（Balanced Bilingual）」、２階は、一つのことばのみ年齢相応に発達して

いる「ドミナント・バイリンガル（Less Balanced Bilingual）」、1階は、二つの言語が共に年齢相応の域に達していない「ダブル・リミテッド・バイリンガル（Double Limited Bilingual）」です。これらの違いの原因には様々な因子が絡み合っています。例えば二つのことばに触れる時期（同時型か継続型か）、年齢（早期か後期か）、家庭における言語環境（両親の言語）、社会における言語環境、教育における言語環境などです。

4．文化の習得

　次に、「バイリンガル」を文化習得の面から考えると、中島（2001）は、一つの文化の「価値観、物の考え方、態度パターン」を身に付けた「モノカルチュラル（mono-cultural）」、二つの文化を習得した「バイカルチュラル（bi-cultural）」、多文化に触れた結果どの文化も習得しない「デカルチュラル（de-cultural）」と分類しています。また、「理解・認知面」、「行動面」、「心情面」はそれぞれ習得の度合いが異なると言っています。たとえば、理解はできても行動ができない、また、理解も行動もできるが、心情が伴わないなど、それぞれの面が同時に同じように習得される訳ではないということです。しかし、大人になって外国に行った人の場合は、異文化の習得は認知面にとどまる傾向があるのに対して、子どもの場合は、年齢が低ければ低いほど、上記全ての面において異文化を習得すると中島は言っています。

5．両言語の社会的地位

　もう一つ忘れてならないのは、社会言語学的に見た「バイリンガル」ということばの持つイメージです。日本で「バイリンガル」ということばは、一般に良いイメージで「かっこいい」と思われるのではないでしょうか。しかし、「バイリンガル」ということばのイメージは国や文化によって異なります。つまり、日本では「バイリンガル」ということばでイメージされる二つの言語間に社会的な格差を意識しないことが多いのに対して、例えばアメリカなどでは、このことばを聞いた人の頭の中ではどちらかの言語に社会的優位性を感じることが多いということです。アメリカでは、「バイリンガル教育」というと、アメリカに移民としてやってきた子どもが早くアメリカの社会で生きていけるように

するためのプログラムやアメリカ先住民族の母語継承のためのプログラムのイメージと強く結びつけられて考えられるでしょう。その場合、移民の母語や先住民族の言葉は社会的地位が低いとみなされるかもしれません。このように、言語と社会的地位が密接に関連している事実は、様々な形態の「バイリンガル教育」について考えるときに、より深く関わってきます。

6．バイリンガル教育

　バイリンガル教育の歴史は古くはギリシャ・ローマ時代にまでさかのぼることができますが、バイリンガル教育に関する研究が本格的になされるようになったのは1920年代だと言われています。コリン・ベーカー（Baker, C）は、次ページの表4で示すように、バイリンガル教育プログラムの形態を、「1言語主義（モノリンガリズム）」、「強い形態のバイリンガリズム」、「弱い形態のバイリンガリズム」と三つに分けて説明しています。「1言語主義」の形態では、少数派言語話者の生徒に対して多数派言語のみを教え、その結果生徒は多数派言語のみを習得するもので生徒の多数派言語・文化への「同化」を教育目標とします。「サブマージョン」、「シェルタード・インストラクション」がこれに相当します。例えば、アメリカに移住してきたスペイン語を母語とするメキシコ人の子ども達が英語のみの授業を受けるという場合などです。また、「弱い形態」でも、「移行型」、つまり少数派言語話者の生徒に対して、彼らの母語から段々と多数派言語へと移行する方法をとるものは、やはり「同化」を目的とし、1言語主義に近く、一つの言語のみを教えもう一方の言語を教えないという点で「減算的」であるとされます。また、この「弱い形態」には、多数派言語話者が外国語として対象言語を学ぶものも含まれ、これも「減算的（subtractive）」ですが、「限定的バイリンガリズム」と考えられます。「強い形態」は、2言語両方に同じ重み付けをし2言語の習得を目標とするものです。多数派言語話者の生徒が母語以外の対象言語で授業を受けるイマージョン・プログラム、少数派言語話者の生徒（多数派言語が日常語）が、彼らの母語で授業を受ける「維持・継承語（イマージョン）プログラム」、また多数派言語話者と少数派言語話者が一つのクラスでお互いの言語をどちらも授業を受ける「双方向言語（イマージョン）プログラム」などは、「多元主義、（又は複数主義）」で「言語強化

表4 バイリンガル教育の様々な形態

教育の型	プログラムタイプ	子どもの言語的背景	教室言語	社会的・教育的目的	目標とする言論的成果
モノリンガル教育	主流／サブマージョン	少数派言語話者	少数派言語	同化	モノリンガリズム
	主流／サブマージョン＋取り出すで多数言語による授業	少数派言語話者	少数派言語	同化	モノリンガリズム
	シェルタード（構造化）・イマージョン	少数派言語話者	少数派言語	同化	モノリンガリズム
	差別主義による	少数派言語話者	少数派言語（強制的、選択不可）	アパルトヘイト	モノリンガリズム
バイリンガル教育の弱い形態	移行型	少数派言語話者	少数派言語から多数派言語へ移行	同化／減産的	相対的モノリンガリズム
	主流＋世界言語：外国語での授業	少数派言語話者	多数派言語でL2／FL	限定的言語強化	限定的バイリンガリズム
	分離主義による	少数派言語話者	少数派言語（選択）	分離／自治	限定的バイリンガリズム
バイリンガル教育の強い形態	イマージョン	多数派言語話者	L2に重きを置いたバイリンガリズム	多元主義と言語強化	バイリンガリズム＆バイリテラシー
	維持／継承言語	少数派言語話者	L1に重きを置いたバイリンガリズム	言語維持、多元主義、言語強化	バイリンガリズム＆バイリテラシー
	双方向／2言語	混合：少数派言語話者＆多数派言語話者	少数派言語と多数派言語	言語維持、多元主義、言語強化	バイリンガリズム＆バイリテラシー
	主流バイリンガル	多数派言語話者	二つの多数派言語	言語維持＆バイリテラシーと言語強化	バイリンガリズム

注：L2＝第二言語、L1＝第一言語、FL＝外国語。＊多元主義 Puluralism＝（ここでは）人種、言語、文化などの多様性を認めること（筆者加筆）

出典：Baker & Write, 2017:199 を和訳して転写

（enrichment）」と考えらえます。ただし、「減算的」「言語強化」「多元主義」という考え方の基本は 2 言語の習得をそれぞれ別々に捉えるという点で、冒頭で紹介した全体論的な言語体系の見方とは認識が異なるという点は理解しておく必要があります。

　ここで紹介しているバイリンガル教育の一形態としての「イマージョン・プログラム」について、少し説明を加えておきます。イマージョン・プログラムとは、外国語を教科として学ぶのではなく、外国語で教科や内容を学ぶ、つまり、外国語を媒体とした学習を通して教科も言語も習熟することを目指す教育法です（少数言語話者のイマージョンの場合は、母語が媒体言語）。この教育方法は、1965 年にカナダの公立幼稚園でイギリス系カナダ人の父兄から英語を話す自分たちの子ども達にフランス語を効果的に学ばせたいとの強い要請があったことを機に実験的に始められ、その成功が認められフレンチ・イマージョン教育として広がりました。現在、日本にもこのイマージョン・プログラムをとり入れている静岡県沼津市にある加藤学園イマージョン・プログラム（小学校から高校まで）や群馬県高崎にある群馬国際アカデミーなど小学校から高校までの英語イマージョン教育を行っている学校があります。

主要参考文献

カチュルー、ヤムナ & スミス、ラリー・E（2013）『世界の英語と社会言語学』慶應義塾大学出版会

JACET バイリンガリズム研究会編集（2003）『日本のバイリンガル教育——学校の事例から学ぶ』三修社

田中春美・田中幸子編（2012）『World Englishes——世界の英語への招待』昭和堂

中島和子（2001）『バイリンガル教育の方法』アルク出版社

Baker, C. & Write, E. W. (2017). *Foundation of Bilingual Education and Bilingualism.* Bristol, UK: Multilingual Matters.

Harms, J. & Blanc, H. A. M. (1989). *Bilinguality and Bilingualim.* Cambridge, UK: Cambridge University Press

Q15
「グローバル人材」とはどのような人ですか

岡戸浩子

1．「グローバル人材」と「グローバル市民」

　戦後のわが国の飛躍的な経済発展に伴い頻繁に使用された「国際化」に続いて、「グローバル化」という用語が使用されるようになって久しいと言えます。21世紀に入り、国境という概念を超えた大量のヒト・モノ・カネ・情報の地球規模での移動はますます活発化しています。そのような時代変化と共に、日本では「グローバル人材」の育成の必要性が叫ばれています。さて、「グローバル人材」とはどのような人を指すのでしょうか。

　「グローバル人材」を英語で直訳すれば"global human resources"です。そもそも、「人材」とは、『広辞苑』（第7版）では「①才知ある人物。役に立つ人物。人才。②その人を形作っている性格・才能など。」とされ、グローバル人材の「人材（resources）」については前者の「才知ある人物。役に立つ人物」が意味としてあてはまるでしょう。すなわち、何らかの知識および能力を有し社会あるいは企業などの組織で役立つ人物であり、resourcesという複数形であらわされることからも、個人というよりもむしろ集合体としての意味合いがより強い概念だと捉えられるでしょう。そして、そのような人材の育成には教育が大きな役割を果たすという関係が成り立ちます。

　「グローバル」と「人」に関わるもう一つの用語として「グローバル市民（global citizen(s)）」があります。グローバル市民の「市民」は「①市の住民。都市の構成員。②（citizen イギリス・Bürger ドイツ）国政に参与する地位にある国民。公民。広く、公共空間の形成に自律的・自発的に参加する人々。③ブルジョアの訳語。」（『広辞苑』第7版による）を指し、より個人が前提となる概念であると考えられるでしょう。日本では今のところ、「グローバル市民」よりも「グローバル人材」の方が用語として一般的に多く使用されていると言えます。

2.「語学力」と「コミュニケーション能力」

　まず、産学連携によるグローバル人材育成推進会議（2011）の『産学官によるグローバル人材の育成のための戦略』で示されている「グローバル人材」に着目します。そこでは、「グローバル人材」とは「世界的な競争と共生が進む現代社会において、日本人としてのアイデンティティを持ちながら、広い視野に立って培われる教養と専門性、異なる言語、文化、価値を乗り越えて関係を構築するためのコミュニケーション能力と協調性、新しい価値を創造する能力、次世代までも視野に入れた社会貢献の意識などを持った人間」であるとされています。そして、『グローバル人材育成推進会議 中間まとめ』（グローバル人材育成推進会議、2011）では、「グローバル人材」の概念には「要素Ⅰ：語学力・コミュニケーション能力」、「要素Ⅱ：主体性・積極性、チャレンジ精神、協調性・柔軟性、責任感・使命感」、「要素Ⅲ：異文化に対する理解と日本人としてのアイデンティティ」の3要素が含まれると示されています。

　そこで、上記のうち「外国語」とも大きく関わる要素Ⅰに着目します。要素Ⅰの「語学力」と「コミュニケーション能力」に関するグローバル人材の能力水準の目安を見ると、①海外旅行会話レベル、②日常生活会話レベル、③業務上の文書・会話レベル、④二者間折衝・交渉レベル、⑤多数者間折衝・交渉レベルの5段階別で示されています。大きく、①と②はより個人的な行動や場面に関わるレベルとも言えます。そして、③、④、⑤としては、より社会的な集団・組織ひいては国家レベルでのコミュニケーション場面が想定されるでしょう。集団・組織の代表として挙げられる企業では、とりわけ③、④、⑤のレベルでの語学力とコミュニケーション能力が求められているようです。そのような経済界からを主とする要請は、近年の要素Ⅰの「語学力」の育成を目指すための教育政策的な「英語」教育の重点化に大きく結びついていると言えます。戦後の長い間、日本の学校における外国語教育の「外国語」とは主として「英語」を指してきており、英語を用いてコミュニケーションを行えることがグローバル人材の重要な条件であるとする考え方がここからうかがえます。その他の要素Ⅱと要素Ⅲを加えると、総合的には、進展するグローバル化に対応するために、語学力を駆使した高いコミュニケーション能力、社会貢献への意識、異文化理解能力、そして日本人としてのアイデンティティを持つ「人」を育て

る重要性が示されていると言えるでしょう。

3．経済分野で求められる「グローバル人材」

　さらに、経済分野から求められている「グローバル人材」について考えてみます。近年、企業では「社内における英語公用語（共通語）化」、「海外勤務を前提とした採用の促進」、「採用、昇進の条件としての語学力の要請」等の傾向がみられるようになってきています。この場合も言語としては第一に「英語」力が求められているようです。

　しかし、経済界からのニーズはこの英語をはじめとする語学力だけではないようです。日本経済団体連合会（2011）による『産業界の求める人材像と大学教育への期待に関するアンケート結果』を見ると、グローバルに活躍する日本人人材に求められる素質、知識・能力として指摘されたのは、上位から「既成概念に捉われず、チャレンジ精神を持ち続ける」こと、「外国語によるコミュニケーション能力（語学力に加え、相手の意見を聴いた上で、自分の意見を論理的にわかり易く説明する能力）」、「海外との文化、価値観の差に興味・関心を持ち、柔軟に対応する」ことでした。また、海外赴任者に求められる外国語能力については、「客観的基準は設けていない」とする回答が多く、その理由としては、「語学力より現地で求められる専門的知識、マネジメント能力を重視している」、「語学力は赴任後に集中的に学習する機会を与えることで伸びる」、「外国語能力の基準を設けることで人選の幅が狭まり、有能な社員のチャンスを摘んでしまう」などが多かったとのことです。外国語能力が高いことは望ましいとされてはいますが、むしろどちらかといえば、グローバルなビジネス場面で異なった価値観を持つ多種多様な人々と円滑にコミュニケーションを行う能力を有する日本人人材が強く求められていることがこれらの回答からうかがえます。将来的にはAI（人工知能）の発達により通訳・翻訳に関する多くの問題が解消されるようになれば、外国語能力がさほど高くなくてもコミュニケーションが成立する時代が遠からず到来するかもしれません。

4．様々な場面で求められる「グローバル人材」

　日本で切望されている「グローバル人材」については一般的に、「世界にお

ける様々な国・地域で異文化を背景に持つ人々とコミュニケーションを行う能力を有し、集合体である国や企業などの公益に向けて英語をツールとして活躍する人々」というイメージが、多くの人々によって持たれているのではないでしょうか。経済界からの要望が大きく取り入れられている政策の一つであるこの「グローバル人材の育成」はとりわけ社会人を輩出する大学教育でも重要な課題となっています。しかし、「グローバル人材」とはそのような人だけを指すのでしょうか。本来、「グローバル人材」とは、日本社会ひいてはグローバル社会で活躍できる個人および集合体としての人々を指すと考えられます。そして、そのような人材の育成には国の教育が大きく関わっていることから、日本において教育を受けた全ての人は「グローバル人材」になり得ると言えるのではないでしょうか。

　厳密に考えると、現在、一般的に日本で使用される「グローバル人材」を一言で説明することは容易でなく、その意味においてもいささか曖昧だと言えるかもしれません。なぜならば、国内外の各分野や様々な場面によって求められる「グローバル人材」像は多少なりとも異なるからです。地球規模を意味する「グローバル」という言葉は、「海外」を連想させるかもしません。しかし、「国内」にも目を向ける必要があります。2018 年 12 月 8 日に改正出入国管理及び難民認定法が可決、成立したことは、日本社会にとって一つの転換点になるかもしれません。この改正法により、日本人が海外でのみならず、国内でも日本に来た外国人と共に働く機会がますます増えることが見込まれているからです。そのような状況下で、外国人と共生する日本人もすなわち「グローバル人材」であると言えるのです。

　今後、「グローバル人材」像については、「教育」とその時代の社会的要請に基づく「経済」、そして文化に関わる「多文化共生」、「アイデンティティ」等の様々な視点から捉え直してみることも必要となってくるでしょう。あるいは「グローバル人材」という用語そのものが適切であるかについて再検討してみることも「グローバル人材」が誰を指すのかを考える上でよいきっかけとなるかもしれません。その上で、グローバルおよびローカルな社会で生じる様々な異文化接触の場面で求められる「言語」能力とし、この「言語」とは「英語」だけで良いのか、あるいは「英語」を使用するにあたってどのような英語観を持

つのかについて考えることも重要な課題となってくるでしょう。

主要参考文献

グローバル人材育成推進会議（2011）『グローバル人材育成推進会議 中間まとめ』
　http://www.meti.go.jp/policy/economy/jinzai/san_gaku_kyodo/sanko1-1.pdf（2018
　年 11 月 24 日閲覧）

産学連携によるグローバル人材育成推進会議（2011）『産学官によるグローバル人材の
　育成のための戦略』
　http://www.mext.go.jp/component/a_menu/education/detail/__icsFiles/
　afieldfile/2011/06/01/1301460_1.pdf（2018 年 12 月 11 日閲覧）

日本経済団体連合会（2011）『産業界の求める人材像と大学教育への期待に関するアン
　ケート結果』
　https://www.keidanren.or.jp/policy/2011/005honbun.pdf（2018 年 11 月 10 日閲覧）

Q16
英語を習得するとどんな経済的価値があると言われていますか

江田優子ペギー

1. 主要言語グループと GDP から見る経済の序列

　日本では、一般的に、英会話が流暢であること、英語での情報処理に熟達すること、あるいはそういう技術を身につけた人々に憧れがあります。英語を習得することから連想されるのは、「外国人と話せるようになる」、「海外旅行が安心、充実する」、「外資系企業に入れる」、「海外で暮らせる」、または「なんとなくカッコいい」などが挙げられます。では、英語を身に付けることで経済的価値、つまり収入や生活の質の向上が生じるのでしょうか。世界の国々ではどうでしょうか。それらの答えを探す過程で、まず世界情勢における主要言語の経済的な序列、つまり、英語が世界においてどの程度の規模の経済力を有しているかを見ていきましょう。

　英語はイギリスの植民地政策によって世界中に広まっていったのですが、今なおグローバル経済のもとで新たな英語圏を築きつつあります。世界の主要言語（主要言語グループ）の話者数を単純に比べてみると、1 位が中国語、2 位がスペイン語、3 位が英語（2014 年時点）となっているので、必ずしもある言語の話者数の多さが、世界における経済的規模の大きさ、つまり経済的な覇権につながっているというわけではなさそうです。

　しかし GLP（Gross Language Product：言語総生産）という基準で改めて見直してみると、言語の覇権、つまり経済的な強さが見えてきます。GLP とは、その言語の使用されている地域の GDP（国民総生産）を足し合わせた値です。複数の言語を使用している国、例えばカナダでは、英語とフランス語の話者がいますが、それぞれの話者の人口比で英語に GDP の 77% を、フランス語に 23% を分割して算出してあります。また中国語は北京語（共通語）、広東語などのい

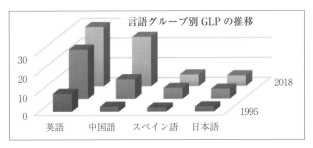

図4　GLP の順位と推移

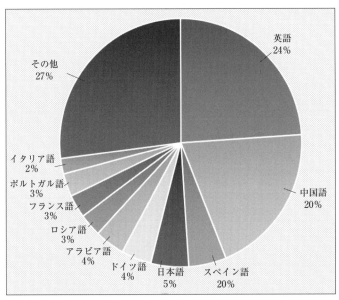

図5　2018 年（予測）における GLP の分布

注：単位は 1 兆ドル。2018 年の値は当時の予想値
出典：図1、2とも「週刊エコノミスト」（2014 年 1 月 14 日、p.21）のグラフをもとに作成

わゆる中国語方言を一つの「中国語グループ」として括って扱っています。

　図 4 は GLP による主要言語グループの順位（英語と経済：週刊エコノミスト、2014 年 1 月 14 日、毎日新聞社）を表しています。正確な数値は与えられていませんが、それぞれの言語グループの経済性を大まかに捉えることができます。このグラフによれば、英語の GLP は 1995 年と比して 2012 年には倍増していることがわかります。さらに 2018 年度には、2014 年当時の予想で 3 割増の 27 兆億ドル（約 3000 兆円：$1=¥111 で算出）に昇る増加が認められます。

　図 5 は 2018 年（予測）の主要言語グループの GLP を円グラフにまとめたものです。このグラフに載っている言語は、2012 年の GDP が 1000 億ドル（約 11 兆円）以上の世界 70 カ国・地域のデータに絞られています。英語は全体の 24%で、相変わらず 1 位の座を占めていますが、中国語も 20% と肉薄してきており、中国語の台頭も見過ごすことはできません。そういう意味で、この順位の未来図は明確ではないものの、英語は他言語に比べて、圧倒的に大きな経済力を持っているということがわかります。同誌は「富を生み続ける英語圏と関係を持ち、その知識や情報に触れることが、富に近づくことになる。世界各国の個人や企業、政府が英語の習得を目指す理由はここにある。」（p.21）と語っています。

２．英語はサバイバルに必要か

　英語はかつて宗主国の言語であり、統治や現地教育（エリート養成や識字率の向上）の目的で広められていきました。現在でも欧米諸国とアジア、アフリカなどのビジネスには欠かせない言語です。また、インドやフィリピンなどに代表される多言語国家では英語を公用語にし、国民のリンガフランカとして活用するようになりました。

　しかし、グローバリゼーションの下では、英語の役割も多様化してきています。現在ではむしろ英語は非ネイティブの人々同士のビジネスや情報交換にも広く使われるようになりました。多くの途上国の人々はグローバリゼーションに参加し、近代化に追いつくために英語を学んでいます。国家のみならず、国民の意識の中では、英語は単なる学校の 1 教科ではなく、むしろサバイバルに必要不可欠なスキルです。開発途上国では、一般に伝統的な零細産業に携わる

ことが収入を得る主要な手段となります。英語を使いこなせれば近代産業の労働者や管理者となり、収入アップや余裕のある暮らしができる可能性が増加します。

次に英領植民地から1965年に独立したシンガポールの英語教育の例を見てみましょう。シンガポールは小国ですが、短期間にアジアで成功した国として注目されています。その成功を大きく支えたのが、初代首相リー・クアンユーから継承されている英語を公用語とした言語政策です。注目したいのが、次に挙げるその教育目標です。

1. バイリンガル（英語と自民族の言語の）が教育の基軸である。

2. 英語は、国内では人々の共通語の役割を持ち、グローバルレベルではインターネット、科学、技術、国際ビジネスなどにおける情報経済に、シンガポール人が参加するためのリンガフランカとしての役割を持つ。

3. 英語習熟が必要である理由：シンガポールは情報経済に移行している・テクノロジーの開発が迅速である・家庭内言語の世代による交代・国際競争の増大。

（シンガポール教育省：Ministry of Education Singapore: https://www.moe.gov.sg より抜粋）

シンガポールは国際競争力を上げるために、海外の優秀な人材を確保した国家規模の研究所を設立し、税金の優遇によって、海外の富豪を受け入れる制度も開始しました。英語が国内で浸透したからこその効果的な戦略と言えます。

では日本に目を向けてみましょう。文科省が掲げる2020年の教育改革によれば、小学校3、4年生では年35時間の外国語活動を、また5、6年生では年70時間の英語が通常の教科として行われることになっています。英語学習の目標として次の二つが挙げられています。

1. グローバル化の進展の中での英語力の重要性：アジアのトップクラスの英語を身につけることが日本の将来に不可欠

2. オリンピック、パラリンピックへの準備、対応

（文科省「今後の英語教育の改善・充実方策について報告〜グローバル化に対応した英語教育改革五つの提言」より抜粋）

注目すべきは、日本においては、これらの目標は何が何でも英語を学ばなく

てはいけない必須条件ではないということです。現在では国内で英語を話す
チャンスもそれ程多くありません。つまり、日本人として日本国内に居住する
限り、英語の成績が振るわなくとも、英語を身に付けなくとも、それぞれの仕
事を得て、先進国レベルの質の生活を送ることが可能なのです。しかし、英語
（またはその他の外国語）がサバイバル条件の選択肢の一つとなる時代が、近い
将来日本にも訪れるかもしれません。

主要参考文献

Ricento, T. (2015). *Language Policy and Political Economy: English in a Global Context*. Oxford University Press.

Graddol, D. (2000). *The Future of English: A Guide to Forecasting the Population of the English Language in the 21st Century*. London: The British Council and The English Company.

Q17
「言葉の文化資本」とはなんですか

三村千惠子

1．文化資本としての英語とは

　文化資本（cultural capital）とは、フランスの社会学者ピエール・ブルデュー（Bourdieu, P）が提唱した概念であり、一般的に使われている経済的な意味合いを持つ「資本」とは異なります。「文化資本」とは、歴史を経て社会の中で蓄積された有利な点（強み）、例えば知識やスキル、教養といった個人の資質を言います。ブルデューによれば、この「文化資本」は、他の形態の「資本」と連動しており、「文化資本」を有する人は、「経済的資本」（お金）を有し、また「社会的資本」（ネットワーク）も有する、とされています。

　この理論は、第二言語習得の分野にもあてはめられ、英語がまさにこの「文化資本」であると言われています。つまり、英語を使うことができれば、仕事の選択肢も広がり、経済的に豊かになり、また世界中の人々とコミュニケーションができることで、仕事内外でもネットワークが広がり、また一層経済的、文化的に豊かな生活を送ることができる、と考えられています。新自由主義といわれる、競争を前提とする現代においては、人々は個人の「資本」を身につけ、自由競争に勝ち進んでいくことが期待されています。そこにグローバル化が加わり、人々は英語を「資本」として身につける機会を求めます。

　しかし、実際に、英語は日本において「文化資本」となりうるのでしょうか。TOEIC の高得点を採用や昇格、海外勤務の条件にする企業が増えているようです。例えば、富士通は海外出張に 990 点満点中 860 点の条件をつけ、NTT コミュニケーションは採用に 850 点、ソフトバンクも採用に 730 点、ユニクロで有名なファーストリテイリングも採用に 700 点、三菱商事は課長クラスへの昇進に 750 点などを課していますが、これはごく一部の例です（「企業が求める TOEIC スコア一覧」http://uguisu.skr.jp/toeic/hope_level.html）これだけを見

れば、英語ができるとより良い地位が得られ収入も増える、と言えます。しかし、実際には日本の労働人口の中で、その恩恵を被る人々の割合は、ごくわずかであると考えられます。例えば、筆者が行った調査においては、アパレル系求人広告の中で、「英語」という項目があるのは 26.3％にすぎません。しかも、TOEIC のスコア等の具体的な要求はなく、「英会話できれば尚可」といった記述です。ユニクロのファーストリテイリング社は、2010 年に英語を公用語と定めましたが、そこでさえ、デザイナー職の求人で「日常会話以上の英語」が要求されていたのは、13 の求人中で一つのみでした（2018 年）。さらに、筆者が行ったアパレル企業数社の人事の方への聞き取り調査では、社員採用の資質として、コミュニケーション能力、一般教養、向上心、想像力、自己管理能力があげられ、英語力は必ずしもあげられてはいませんでした。

　他の例として、アメリカの大学院に留学し修士号を取得して帰国した 4 名の日本人女性の事例研究の例をあげてみます（筆者による）。伝統的な日本の社会の枠組みを超え、異なった価値観、生活様式、世界の人々とのつながり、教育とキャリアの機会を求めて、アメリカに旅立った女性たちが、英語と学位を身につけ帰国した先に待ち受けていたものは何だったでしょう。それは、いろいろな悩みや焦りでした。一人の女性は、就いた仕事が、必ずしも留学して修士号を取得しなくても就ける仕事だったのではなかったか、と悩み、別の女性は、同年代の女性が結婚し、家庭を持ち始めることに対する焦り、また別の女性は、「出る杭は打たれる」日本の社会の中で、高度な英語力を必死で隠そうとする、そんな姿でした。もちろん、アメリカの大学院に留学したことで得たものは多いはずですし、これだけの事例から日本人全体のことを述べることはできませんが、アイデンティティの葛藤について 4 人が共通して述べていることを考えると、これはそう珍しいことではないでしょう。果たして英語は日本人にとって「文化資本」となっているのでしょうか。

　ブルデューは、「文化資本」について、次のように述べています。

　　文化資本は、無理に教え込まれたりするものではなく、時代、社会、社会
　　階級によって異なる割合で習得され、したがってごく無意識に習得される。
　　……それは個人に適した能力を超えたところで蓄積されるものではありえ

　ない。(Bourdieu, 1986, p. 245　筆者訳)

　つまり、文化資本とは、歴史の中で蓄積された社会的利点、例えば、美しい言葉使いや立ち居振る舞い、芸術や文化への造詣、競争社会で他と競合していうことができる技術といった、家庭環境や社会環境の中で自然に培われる個人の資質なのです。

　第二言語習得の分野では、英語は個人の投資と努力の賜物であるとみなされていますが、グローバル化に突き動かされ、無理に必死で勉強しなくてはならない英語は、日本人にとって、ブルデューの言う「文化資本」とは異なった次元のものではないでしょうか。また、ブルデューによれば、個人に適した能力以上は身につけることができないとも言われています。

２．象徴的資本としての英語

　それでは「英語」は何なのでしょうか。筆者が、服飾系専攻の日本人大学生に面談を通してデータを取った結果、英語が話せるというだけで周りから一目置かれた経験をしたインドネシア人留学生や、英語さえできれば他の科目はできなくても良かったのに、と高校時代を回想する学生、子どもが生まれたら絶対バイリンガルにして自分とは違う人生を歩ませたい、と語る学生などがいました。また、アンケートには、回答者全員が、「英語は必要である」と回答していました。しかし、英語が必要である、また、英語が全ての問題を解決する鍵である、と彼らが言うのには、明確な根拠はありません。そのように信じさせているものが、グローバル化というディスコース（discourse）なのです。ディスコースの定義は時代や思想によって変遷していますが、哲学者ミシェル・フーコー（Foucault, M）によるディスコースの定義、「ルールや規範を作り出す考え方や行動、言語であり、そのルールや規範によって、ある特定の考え方や在り方が妥当であるとされ、それ以外が不当とされる」が広く用いられています。ディスコースは人間のあるべきイメージを投影し、人間の行動を規定します。その中で、英語は「象徴的力」（symbolic power）を持ち、全ての人々の憧れになるとブルデューも言及しています。

　ブルデューはまた、「象徴的資本」（symbolic capital）について、「（実際に）資

本とみなされているわけではなく、正統な能力（legitimate competence）とみなされているもの」と説明しています。同様に、トンプソン（Thompson, J. B.）は「象徴的資本」を「威信と名誉」を指すと述べています。グローバル社会における「英語」は、必ず必要で、それさえあれば自信がつき、成功するとみなされている、「象徴的資本」ではないでしょうか。しかし、シンボルは時として幻想です。英語は、それを習得することによって、象徴的資本（幻想）が得られるにすぎず、実質的な「文化的資本」が得られるとは一概には言えません。

　この「象徴的資本」について考えることは、英語を習得するとどんな良いことがあるのかを考える一つの材料になるはずです。

主要参考文献

Bourdieu, P. (1986). The forms of capital. In J. G. Richardson (Ed.), *Handbook of theory and research for the sociology of education* (pp. 241-258). Westport, CT: Greenwood.

Bourdieu, P. (1991). *Language and symbolic power*. Cambridge, MA: Harvard University Press.

Thompson, J. B. (1991). Editor's introduction. In P. Bourdieu, *Language and symbolic power* (pp. 1-31). Cambridge, MA: Harvard University Press.

Q18
日本でも英語は「共通語」になりますか

波多野一真

1. 日本社会における共通語

　日本でも英語は「第二の共通語」になる……将来、そういった現象は起こるのでしょうか。2018年の改正入管法で外国人労働者が増加することが予想される中、いよいよ英語が共通語として使われる可能性があるのでしょうか。あるいは、社内で英語を公用語とする企業があらわれてきて、すでに英語が第二の共通語として機能していると考える人もいるかもしれません。

　英語が世界のあちこちで共通語として機能している「リンガフランカとしての英語」という考え方を第1章で学びましたが、日本の場合はどうでしょうか？　日本には、旅行者のほか、留学や就労で日本に滞在・在住している外国人がいます。彼らや日本人の間で、母語が違う者同士がコミュニケーションを図る場合、共通語として英語を使用することがあります。その意味で、「リンガフランカとしての英語」は日本にも存在すると言えるでしょう。しかし、日本は、シンガポールやマレーシアのような多言語社会とは異なり、日本語という一つの言語が支配的な立場にあるため、二つ以上の言語が広く社会の中で使用される状況ではないので、「リンガフランカとしての英語」の機能は極めて限定的と言えるでしょう。英語が社会全体の共通語として機能するには、非日本語話者数がまだ少ないのです。

　しかし、数だけの問題ではありません。例えば、シンガポールでは7割以上が中華系の人々で、多くが中国語を母語として話しますが、マレー系やインド系の人たちと話をするときには、共通語として英語を用いる場合がほとんどです。単に数（この場合は中国語話者）が多いという理由だけで共通語が決まるわけではないのです。中国人と別の民族が交雑した民族をプラナカンと呼びますが、シンガポールには、富裕な中国人商人の男性とマレー人女性が結婚したこ

とで形成されたプラナカン一族がおり、深く政財界に影響力を持っていました。彼らは英語教育を受けた英語話者であったことから、英語が国家形成の主軸になっていきました。事実、江田も指摘しているように、初代首相であるリー・クアンユーもプラナカン出身です。このように、政治的な影響力も、英語が共通語として選択される一つの要因になりうるのです。

　「日本においても、英語が第二の共通語となる」という話は、上記で見たような多言語社会におけるリンガフランカとは状況が少し違うようです。日本においては、政治、経済の中心者は日本語の母語話者であることがほとんどです。こうした状況の中で、日本語以外の言語を共通語として使用することは考えにくいでしょう。したがって、今後も基本的には日本語という共通語によって日本社会は動いていくでしょう。日本に在住する外国人の子どもたちに対しては、公的教育機関での授業は日本語で行われることがほとんどです。また、仕事においても、外資系企業などでない限り、日本語能力があることを前提に採用が行われているのが現状です。日本語を母語としない人たちにとって、日本語を学習しなければ学校や職場などの特定の場所で十分に機能することができません。言い換えれば、日本社会は、全ての人が日本語話者へと「同化」することを期待している社会だと言えるでしょう。

２．ではなぜ英語を勉強するのでしょうか

　2018 年 12 月 8 日に「出入国管理及び難民認定法及び法務省設置法の一部を改正する法律案」(いわゆる「改正入管法」)が可決成立となり、2019 年 4 月より海外からの労働者の受け入れを拡大する政策が開始されました。今後、よりたくさんの外国人労働者が日本に在住する可能性があります。この動きがどの程度まで拡大されるのか注目されるところではありますが、現在のところ、日本政府の方針は「日本語教育の拡充」と「多言語支援」を中心に計画されており、日本語以外のことばを話す人々が多くなるからといって、英語を共通語として推進する動きはありません。

　例えば、法務省が 2018 年に発表した「外国人材の受入れ・共生のための総合的対応策」の中で検討しているのは、労働者自身や彼らの子どもに対する日本語教育の充実、海外における日本語教育基盤の充実、そして行政・生活情報の

多言語化等です。外国人労働者が日本語を学ぶことを大前提として、生活で必要となる行政サービスについては多言語でサポートをしていこうということであり、日本人も含めた全ての人が英語を共通語として使っていこうという方向性ではないのです。

　こう考えてみますと、日本で英語教育を推進するのは、英語を社会の共通語として用いるためではないということがわかります。ではなぜ日本では英語教育を大きく推進しているのでしょうか？　日本においては、産業界が英語教育推進に大きく関わってきました。例えば、経団連は1996年に「創造的な人材の育成に向けて～求められる教育改革と企業の行動～」を発表し、英語教育の重要性について言及しました。また2000年には「グローバル化時代の人材育成について」を発表し、会話を重視した英語教育の推進、少人数指導・習熟度別学級の実現、英語母語話者教員の積極採用など、カリキュラムから教員採用にいたるまで、かなり詳細な提案をしています。また、2011年に内閣府・国家戦略室でグローバル人材育成推進会議が設置され、小中高を通じて英語のコミュニケーション能力の育成を図るなど、初等・中等教育の内容について提案されました。この議論の中で、若年層の約10％が、英語で折衝・交渉ができるグローバル人材として育成されるべきだとしています。そこまでのレベルではないが、事務上の英会話・文書の扱いができる人材については、将来上記10％のレベルに達するかもしれない潜在的候補者として確保することを想定しています。経済界の提案や政府のグローバル人材像を見てみると、日本で英語教育が推進される大きな理由は、社会の共通語として英語を用いるためではなく、主に企業が対外的に海外企業とコミュニケーションをとるためであると理解できます。

3．企業における英語使用

　では企業での英語使用はどのような状況でしょうか？　最近では英語を社内公用語として使用する企業もあり、特定の企業や業界で共通語として使用される機会が今後増えていく可能性はあります。事実、上場企業の75％が英語を使用しているという国際ビジネスコミュニケーション協会のデータもあります。しかし、上記75％には、ほんの一部の部署だけが英語を使用していたり、英語使用の頻度が限定的であったりする場合も含んでいますから、企業全体で日常

的に英語を使用しているところはあまり多くはないでしょう。業界や業務内容によって、英語使用にはかなり偏りがあるといえます。

　事実、昨年訪れた香港で、ある大学関係者から、日本の企業では英語を使わないので、英語使用の企業での短期間使用体験（インターンシップ）を探すことが非常に難しいとの指摘がありました。また、英語だけで卒業できる大学プログラムが増えている一方で、そうしたプログラムを卒業しても、日本語が使えないために日本で就職することが難しく、卒業後にやむなく帰国していく留学生もいます。やはり、社内の共通語として英語を用いる企業は少なく、多くは海外企業との対外的なコミュニケーションとして英語を使用することを主軸にしています。

　「英語は世界の共通語だ」と言われることが多くなりました。ビジネスやメディア、科学技術、音楽や映画などの文化発信まで、多岐にわたる分野・場面で英語が使用されていることは確かです。しかし、この広がりは思った以上に偏りのあるものであることも認識する必要があります。上記で見たような日本の企業内での共通語使用の状況を考えれば、それほど英語が使用されていないことがわかるでしょう。

　また、世界的に見ると、都市部と地方では英語使用頻度や英語教育の充実にも差があります。アジアやアフリカの貧困層には、英語を学ぶ機会さえない場合があり、世界中のどんな場所でも英語が話せる人が増えていると考えるのは早計です。人や国に経済格差があるように、英語の広がりにも格差があることを理解する必要があります。

　英語を学ばなければならないか……という問いにぶつかったとき、「英語は世界の共通語だ」と鵜呑みにする前に、どのような場所で、どんな時に英語を使用するのか、自らの将来像と照らし合わせながら考えていく必要があるでしょう。

主要参考文献

江田優子ペギー（2012）「言語の経済性——英語に生き残りを賭けるシンガポール」松原好次、山本忠行編（2012）『言語と貧困』明石書店

国際ビジネスコミュニケーション協会（2013）「上場企業における英語活用実態調査報告書」

法務省（2018）「外国人材の受入れ・共生のための総合的対応策」2018 年 12 月 25 日

Q19
英語と日本語の論理は同じですか

蒲原順子

1．「論理」とは

　「英語の論理」、「日本語の論理」という言い方をするときの「論理」とは「思考の形式」（広辞苑第7版）を意味します。この意味で、日本語と英語は思考の形式が異なると言えるでしょう。つまり、英語と日本語ではものの考え方が違うということです。一方、「論理」を「思考の法則的なつながり」（広辞苑第7版）という意味でとらえると、「論理」は普遍的であるので、「〜の論理」といった個別の論理を想定することはできません。しかし、「思考の法則的なつながり」という意味で、「英語は論理的か」、「日本語は論理的か」という問いを立てることはできるでしょう。そして、英語は「論理」を重んじる西洋文化の後ろ盾の上に立っているのに対して、日本語は「論理」を重んじる文化の上に立っているとは言えず、「英語は論理的である」と言えるのに対して、「日本語は論理的である」とは言い切れないかもしれません。日本の歴史を振り返ると、論理的な思考法や言語技術を西洋から学び、それらを自らの思考や日本語に取り込む努力を続けてきましたが、それらを根付かせるほどの本質的な日本語の変化はなかったのではないでしょうか。この項では、「思考の形式」としての「英語の論理」「日本語の論理」がどう異なるのか、また、なぜ異なるのかを考察し、さらに、「思考の法則的なつながり」としての「論理」に対して日本語がどう向き合うべきなのか、グローバル社会に参入するためにそれを急ぐことの危うさについても筆者の意見を述べます。

2．西洋型思考様式と日本型思考様式の基本原理

　ある文化を共有する人々の思考様式を他と異ならせているものの根本には彼らの「自然感（世界観）」があります。細かく見ると世界中の国や言語の背景

にある思考様式は多種多様で類型化するといく通りにもなるでしょう。しかし、大まかに言えば、英語の後ろ盾となる思考様式は、ギリシャに始まりヨーロッパで発達した西洋型思考様式であると言えるでしょう。ギリシャの源流と言ってもソクラテス以降のギリシャ哲学にさかのぼる自然を人間と切り離して考える二元論（西洋合理主義）が起源です。これが、「西洋」と呼ばれる文化形成の基本原理であり、西洋が科学の進歩や文明の発達をしてきた基盤となっています。日本人はどうかというと、自然と人間を切り離して考えず、自分たちを自然の一部であると考えてきたと木田は述べています。

3．日本語と論理性

　日本語は論理性に弱いという意見と日本語は論理的だという意見があります。まずは、日本語の論理性が弱いとする立場に立った言及をいくつか紹介します。中村元（1989：380）は（日本人は）「ひとつの概念を個別的な事象から切り離して理解することに拙劣であった。」と言っています。つまり、抽象化が苦手だということです。また、西洋の哲学思想で使用される語いは、和語から形成できず、漢語を使用することで対応した理由として、「日本語（和語）が論理的な概念内容を表現するには不適当であった。」（同、370）と言っています。しかしまた、冒頭で述べたように、論理性を持つべき漢語の方も問題を孕んでいます。漢語は明治維新以来西洋から輸入した学術用語や抽象概念を表現するのに使われてきましたが、未だに私たちの言葉にはなっておらず、日常語として、つまり日常的に思考するためのことばになってはいないという清水幾太郎（1959）、三島由紀夫（1973）、谷川俊太郎（2002）などの意見があります。これは、抽象的概念語いが我々の体験と結びつかないまま根っこのない語いとして使われ続けているということです。

　日本語の曖昧さについて、黒木登志夫『知的文章とプレゼンテーション』（2011：34）の中では、ドナルド・キーンの例を挙げて「美しい日本語なら、あいまいさを嫌うどころか、なるべく表現をぼかすのだ。数年前に日本人に手紙を出したが、その中に『五日間病気でした』と書いたので、『日本語として正確すぎる』と言って、『五日ほど』と直してくれた。」という逸話を紹介しています。

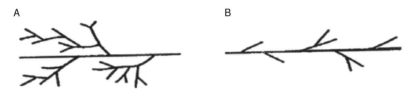

図6　レゲットの樹（Anthony Leggett, 1966）
出典：日本物理学会誌第22巻第11号 p.71の図を転写

　日本に住んだことがある宇宙物理学者のアンソニー・レゲットは、理科系の論文指導の記事 *Notes on the Writing of Scientific English for Japanese Physicists*（日本の物理学者が科学英語論文を書く時の心得）を発表していますが、そこで彼は、日本語の曖昧性について分析批評し、英語的な正確で明晰な文を書くよう勧めています。以下は「レゲットの樹」として知られている、日本語の思考パターンと英語の思考パターンを図で表したものです。

　レゲットは日本人の思考パターンを（A）、英語の思考パターンを（B）の図を用いて説明しています。左から右に思考が進むという図式です。日本語が枝葉に分かれて本筋から離れながら進むのに対して、英語は目的に向かって直線的に進みます。以下、彼の主張をかいつまんで要約します。

　「英語は、（A）のように幹から離れてあちこち彷徨うのは通常良いこととは思われない。英語では、思考の流れは常に明示的に示されなければならないのに対して、日本語では、読み手自身が間を埋めるようにさせることが正当であるのだろう。曖昧さを残すような文は英語では受け入れられないが、日本語はあまりに限定的、断定的であることを避ける傾向がある。それはおそらく、自分の考え以外の見方もあるという意識があるからだろうが、そういう考え方は、西洋圏の読み手には全く馴染みのないもので、彼らは、普通この "mental gap" を乗り越えることはできないだろう。日本語は曖昧で取り散らかっているように見える。実質的になんの関係もない内容が足された節や文が多く存在する。」と述べています。

　次に日本語は論理的であるとする主張です。外山滋比古（1987）は、日本語が論理的でないように考えられるのは、ヨーロッパ語の線的論理の尺度によって日本語をおしはかるからである。として日本語が論理的であることを主張するために、「点的論理」という概念で説明しています。「点的論理」とは、相互

によく理解しあっているような関係においては、筋道が線状から「要点」だけ
を残して他の部分が抜けていって「点の列」が残る。この点と点の関係は「筋」
を持っているという考え方です。しかし、この考えは、先に述べたレゲットに
よって、少なくとも西洋人には理解しがたいものと考えられる点で強い反論に
はならないでしょう。

4．曖昧性の価値

　今度は、日本語が論理的でないことにこそ価値があるとする考えを紹介しま
す。古くは、賀茂真淵（1769）や本居宣長（1795 ～ 1812）が日本語・日本人は理
屈よりも自然の中で生き生きと生きることこそ尊いのだという考えを主張しま
した。脳科学者の茂木健一郎と編集者の松岡正剛の対談『脳と日本人』（2007）
の中で、「ヨーロッパの哲学や宗教は、2項対立を前提にしていますね。（中略）
2項対立がないと先へすすめないんですね。」（茂木健一郎）。「一神教がつくりあ
げた悲しいロジックだよね。けれども、二項対立ではなく、二項同体もあるは
ずです。」（松岡正剛）（106）。また、松岡正剛（2008）は、「日本は、『知の構造』
をセオリー・ビルディングのように構築しなかった。（略）日本は『知の構造』
には関心がなく方法によって知を凌駕してきた。」（100 ～ 101）と述べています。
つまり、論理を知性の上位に置かないという気風、価値感が底流にあると言え
るでしょう。

　大出（1965）は日本語の論理性を問う問題について、問題は言語そのもので
はなく、日本人の文化的特性のせいだと述べています。『日本語と論理』の中で、
「日本語というものの構造が、論理的にいって致命的な欠陥をもっているわけで
はありません。どのことばも論理の立場から見れば、理想的とは言えないので
す。（中略）問題は、論理的な筋道をはっきり出すような表現法を好まないとい
う、日本人の気風にあります。」（205 ～ 206）と述べています。この気風（態度）
について、「理屈をひねるのはこざかしいことで、相手が読み取るに任せるほう
が大人の器量だというわけです。ことばによる説明は無用だと考えて、相手の
理解にまつという日本人のこの態度が、日本人と論理の問題を考えるときには
たいへん重要だ、とわたしには思えます。」（27）と説明しています。

5．世界の知的様式：多様な知

　フィンランド人のヨハン・ガルトゥング（2004）は、世界の知的様式を四つのタイプ（サクソン的、ガリア的、チュートン的、日本的）に分類して分析しています。彼は、西洋の精神と東洋の精神を比較し、西洋の精神は、非一貫性や曖昧性・矛盾を恐れるように見え、そのため矛盾のない画像を求めるものであるのに対して、東洋の精神は、その反対のものを求めるものであり、ヒンドゥー的・仏教的・道教的であると言っていますが、「ヒンドゥー的基本要素の不可分性の主張（ある要素は他の要素を把握することなしに把握しえない）」という分析は日本の思考様式の源流と通底しています。つまり、「根底にある宇宙観が、真の現実がどのように構成されているかについて、（西洋と東洋は）きわめて異なった見解を含んでいる。」と先に述べた自然感の違いと同じ内容です。そして、彼は「これまでのところ『現代的』な科学洞察と『伝統的』な認識諸形態とを統合するということに、まだ誰も成功していない。」と結論付けていますが、今、時代はこの「統合」を求めているのではないでしょうか。科学の分野では、特に物理の世界では、例えば量子論は西洋的な思考体系では説明できないと言われていることや、量子論の自然観（量子論では、自然は、それを観察しているわたしと対象との相互作用を考慮しなければ理解できない。つまり、わたしと世界、わたしと対象を切り離して「自然」または「世界」を真に理解することはできないと考えます。）は東洋思想の概念と多くの共通点を持っていることなどは、「基本要素の不可分性の主張」と類似の気づきを自然界の観察や実験においてすでに体験して来たのではないでしょうか。

　最初の質問に戻ると、日本語は「英語の論理」または、西洋型論理を物差しにする場合には論理的ではないと言えるでしょう。しかし、日本型思考様式を持つ人は、グローバル社会で生きるために、自分の思考様式を西洋型の思考様式にシフトしていく必要があるのでしょうか。もしそうなると、それは、その人物の人格形成にまで関わる問題となるでしょう。以下の図7で示すように、西洋型の論理は西洋型思考様式、西洋文化のしっかりとした土台の上に積み重なって構築されたものですが、日本文化の上にある西洋型論理は、日本型思考様式、日本文化との繋がりが希薄なだけに論理の構築には並々ならぬ努力が必要であるという構図が見えます。しかし、このギャップを乗り越えるため

図7　西洋と日本に対する「西洋型論理」と「文化」の関係
出典：蒲原順子（2019）『東アジア英語教育研究会紀要 第7号』p.67

には、単に西洋型の論理的思考のパターンを取り込むような表層的な認知活動をするのは思考を浅くしてしまう危険があります。まずは、西洋型思考と日本型思考との両方で考えてみようと試すこと、そこに起こる葛藤を体験し、何が葛藤を生みだしているのか、一方の思考だけで自分の考えを表すことができるのか、というメタ分析を繰り返すことから始めてみてはどうでしょうか。その時、二つの思考をまとめ上げることよりも、なぜ葛藤が起きるのかという思考の底に何があるのかに気づくことがより重要であると思われます。また、西洋型論理が唯一無二の知性であるのかどうか問いただす姿勢も望まれます。世界には多様な「知的様式」があるという認識の元、それぞれの立場でどんな「知」を目指すのかについて「よく考える」ことが、必要だと言えるでしょう。西洋型の知をモデルとして発達した文明が、経済的な二極化や絶え間ない紛争などの背景にある基底構造を形成するロジックと通底していることを考えれば、その意義は大きいと思われます。

主要参考文献

大出晁（1965）『日本語と論理』講談社
木田元（2010）『反哲学入門』新潮社
外山滋比古（1987）『日本語の論理』中央公論社
中村元（1989）『日本人の思惟方法　中村元選集第3巻　東洋人の思惟方法Ⅲ』春秋社
ガルトゥング、ヨハン（2004）『グローバル化と知的様式』東信堂

第5章

日本で英語を教える・学ぶ

Q20
自分たちの母語を維持することの大切さはなんですか

井上恵子

1. 母語とは何か

　私たちは何気なく毎日言葉を話し、周りの人たちとコミュニケーションを取って暮らしています。どのように言葉を覚え、使えるようになったかあまり覚えていませんし、小学校に入って国語の授業を受けるまで、日本語を話しているという意識も持ちません。高学年になると英語が教科として取り入れられ、はじめて日本語を客観的に見る機会を与えられますが、文部科学省の「英語を英語で教える授業」という方針から、母語である日本語は英語の授業から締め出される傾向にあります。母語である日本語は英語の授業でどのような役割を担うのでしょうか。ここでは、母語とは何か、母語で何を培うのか、母語と外国語に共通する点は何か、そして、英語の授業における母語の役割を考えてみましょう。

　まず、母語とは何かを考えてみましょう。『大辞泉』（小学館）によると、母語とは「人間が生まれて最初に習い覚えた言語」であるといいます。人間は泣くことから始めて 2 歳くらいまでには、周りとコミュニケーションが取れるくらいに自然に言葉を覚え、これを母語と呼んでいます。子どもは短い期間にたくさんの単語を覚えますが、新しく覚えた単語が前に覚えた単語とどのような関係になっているのかを試行錯誤しながら、単語のネットワークを作り上げていきます。今井（2014）は『言葉をおぼえるしくみ』で母語の単語を学習する場合には、その単語に対応づけるべき概念は、自分で作り上げねばならないと言っています。例えば、犬という語と動物という語の関係がどうなっているか自分で覚えていきます。今井（2013）は『ことばの発達の謎を解く』の中で、外国語学習は母語のシステムの上に別の新しいシステムを作ってしまい、間違って覚えてしまう危険性があると指摘しています。完了形の考え方などは、

日本語にそのような考え方がないので、単なる過去形と勘違いして使ってしまう可能性もあります。また、母語の言語学の研究者レオ・ヴァイスゲルバーは、

　　すべての母語はそれが存在と人間の精神という基盤から思考の世界を作り出し、その世界の精神的働きにおいて人間の行動が生じるという意味では、精神創造の力である。すべての母語は、それが必然的条件として人間の文化の一切の創造の中にあり、その文化の結果に影響を及ぼすという意味では、文化を担う力である。(ヴァイスゲルバー、1994: 43)

と著書の『母語の言語学』(1994) の中で言っています。ヴァイスゲルバーが言うように、母語は、コミュニケーションの道具以外にも、文化の担い手という大切な役目があります。日本語はそれを話す人の生き方や暮らし方を作りだしてきたのです。母語は、何かを考える時も用いる道具であり、文化という形で、ヴァイスゲルバーの言うように精神世界を築く力でもあります。精神の基盤は母語で築かれるといっても良いでしょう。

２．母語による「言葉への気づき」

　では、母語で何を培うのでしょう。子どもが母語を学んでいくときは、今井 (2014) も言うように、単に単語が何を意味するかを学んでいくだけではなく、それらの学んだ単語がお互いにどのような関係になっているかも同時に学んでいきます。こうした中で、子どもは母語を学びながら、言葉とはなにかということも身につけます。大津由紀雄 (2008) は『ことばの力を育む』の中で、母語は、特に仕組みや働きについて教えられなくても、周りとのコミュニケーションを通して自然に身につけるもので、日本語の漢字や英語のスペリングなどは学習して身につけますが、母語の言葉の仕組みや文法は教えられて身につけるものではないと言っています。大津は「ことばへの気づき」を小学校で教え、言語への関心を高めることでより豊かな言語生活を送ることができ、間接的にはそれが英語教育の際にも役立つと指摘しています。

　日本語を身につける際に学んだ「言葉への気づき」は外国語を学ぶときにも基本となるもので、言葉への気づきを用いて英語と日本語は文法が違うとい

う事をしっかり教えることができます。言葉のきまりについて常に鋭い感覚を磨いておくと、英語に母語である日本語の決まりを無意識に当てはめてしまい、間違った英語になることを防ぐことができます。例えば、日本語の主題を導く「は」は英語の主語とは役割が異なります。日本語の「は」を無意識に主語を導くと勘違いして、日本語で「インターネットは文が短い」という文を英語に訳すときに "The Internet is short sentences." としてしまったり、また、「太郎は幸福だ。」という文を "Taro is happiness." としたりする間違いは初級の英語の学習者によく見受けられます。「言葉への気づき」があれば、日本語と英語の文法の違いを説明し、間違いに気付かせることができます。

3．母語と外国語の共通基盤

　では、外国語を学ぶ場合は母語と外国語の間にどのような共通の基盤があるのでしょうか。最近は親の海外赴任に伴われ、海外の教育を受け日本に戻ってくる帰国生も珍しくなくなりました。特に、アメリカ合衆国に赴任すると日本人学校も少ないため現地の公立校に入れる親がたくさんいます。そこでは当然ながら教育は全て英語で行われているので、生活のための英語もあまり話せないのに、算数、国語、理科や社会といった教科を英語で学ばなければなりません。アメリカの学校には英語が話せない移民の子どもたちのための ESL（English as a Second Language）という英語支援のプログラムが組まれ、日本人児童もそこで英語を学びます。その後 ESL を卒業し、アメリカ人と同じクラスで英語だけで学び始めます。しかし、英語で学んでも、学んだ内容は言葉を超えて子どもの頭の中に蓄えられているので、小学校低学年でアメリカに渡り、小学校を卒業するころ日本に戻っても、日本の小学校で一年生の数学から学ぶ必要はありません。英語で学んだものは身についているので、日本の小学校の六年生の難しい算数もすぐにこなすことができます。これはなぜでしょうか？「ユネスコ国際母語デー記念学術講演会報告書」（真嶋・中島・カミンズ、2011）の中で、カナダの言語学者、カミンズは、

　　学ばなくてはならないのはほかの言語ではそれをどう言うか、ということであって、（時に関する）知識というものはすでに持っているわけです。知識は

言語を超えて転移するのです。(共通基底モデル) (カミンズ他、2011：208)

と言っています。知識や抽象的な思考力を伸ばすことは英語で学んでも日本語で学んでも共通しており、どちらの言語で学んでも、分析、比較、統合などの考える力は転移します。また、子どもが言語を学ぶときは、日本語の単語の意味だけを学ぶのではなく、単語と文章の関係、発音、単語の作り方、物事の概念、学ぶときの方法など言語についての知識 (メタ言語知識) についても学んでいます。この考える力と言語についての知識は英語から日本語へ、また日本語から英語へと移し替えることは可能なので、英語の授業でも母語である日本語で身につけた言語の知識をおおいに活用すべきなのです。

4．母語を交えた授業のプラスの点とマイナスの点

　教室での母語のサポートはどんなプラスとマイナスの点があるでしょうか。プラスの点は主に三つあると考えられます。一つ目は「言葉への気づき」をうながし、二つ目は、母語が教師と生徒の共通言語であれば、母語を活用しながら英語学習を助け、三つ目は、日本語と英語を比較することによって、物事の捉え方は一つだけでなくいろいろな見方があるとわかります。

プラスの点

　昨今、文部科学省の推進もあって、「英語を英語で教える」授業が中学校、高等学校、および大学で多くなってきていますが、英語の授業から完全に母語である日本語を排除してしまわなければならないのでしょうか。英語を教えるときに英語でいろいろな説明をし、英語を話す練習や書く練習をしたとしても、その中に日本語を取り入れることは十分可能です。単語の意味一つをとっても英和辞典に出ている日本語の訳と英語の定義がぴったりと一致することばかりではありません。例えば、「森」というのは英語では wood または forest ですが、Cambridge Advanced Learner's Dictionary では wood は「木が多く生い茂る地域」(an area of land covered with a thick growth of trees) ですが forest は「wood よりは大きく、木や植物でおおわれている地域」(a large area of land covered with trees and plants, usually larger than a wood) です。日本語の森

と林は『日・中・英言語文化事典』（マクミランランゲージハウス）には、「木が
たくさん生えているところという点では同じ意味を持つ。一般的に林は平地の
場合に用い、森は神社の境内も含めて木が深くこんもりと小高くなっていると
ころが多いようである」と出ています。また、森は林より神聖な感じで捉えら
れることもあります。このように、英語と日本語では微妙に意味が異なってお
り、この違いを説明すれば、日本語と英語のもののとらえ方の違いが説明でき、
言葉とはただ音と意味が違うだけではなく、単語の背後にあるその言葉を話す
人々の文化が隠されているという「言葉への気づき」を促すことができます。

　母語が教師と生徒の共通の言語であれば、母語で培ったものを最大限に利用
することができます。生徒がある物事についてどういうことかを日本語ではよ
く理解しているのであれば、教師の役目は英語でどのように表現すればいいか
を教えればよいわけです。例えば、経済格差のような抽象的なことについても、
一から経済格差を英語で説明し、すぐに英語で表現して意見を述べさせるのは
大変です。そこで、economic inequality は日本語の「経済格差」なのだという
と紹介すれば、すでに「経済格差」について生徒が何を知っているかわかって
いるので、英語では「経済格差」はこのように表現するのだと紹介するだけで
よくなります。

　英語と日本語をいろいろな点で比較すれば、多文化教育の一環を担うことが
できます。英語の授業の中で、日本語でしか知ることのできないものを考え
ることによって、日本語について客観的に考える時間が持てます。例えば俳句
のような極端に字数が制限された表現方法や、能楽のように省略の多い劇など、
説明を省く考え方は日本語の特徴といって良いでしょう。これを関係代名詞な
どでなるべくたくさんの説明を付け加える英語と比較したとき、表現の仕方が
異なることに気づかせることができます。こうしていろいろな文化を知ること
になり、多言語文化を築く助けとなります。

マイナスの点

　では、母語を使いすぎるとどのようなマイナスがあるでしょうか。第一に、
英語を聞く機会や話す機会が大幅に減ってしまいます。外国語学習はなるべく
多くのインプットが重要であるので、そのインプットの機会が減ってしまわな

いように、母語は最小限にする必要があります。また、スピーキングの練習でも一度 途中で日本語を使うコードスイッチング（code switching）を許してしまうと、徐々に日本語で話す分量が多くなってしまいます。自分の言いたいことが英語でどのように表現するのかわからなくなってしまうことはごく普通ですが、このようなとき、母語を禁止するだけでなく、教師や周りの級友になんと表現するのか助けを求めるやり方を教えれば、会話が全て日本語になってしまうことが防げます。

5．外国語を学ぶ上で大切な母語

　外国語である英語を学ぶときに、なぜ母語を維持しなければならないのでしょうか。人が母語を学ぶときのプロセスと外国語を学ぶときのプロセスは異なっています。母語は、コミュニケーションの道具として身につけるだけでなく、思考力や精神世界を築くときの力、そして周りの人と協力して文化を築いていくときの力なのです。なによりも母語は、自然に身につきますが、小学校で国語を学び始めるときには言葉とはどういうものかということも同時に学んでいます。この「言葉への気づき」は外国語学習には非常に大切です。また、知識は言語を超えて転移しますから、英語の授業でも母語である日本語で学んだ知識を活用して、学習を効率的に進めることができます。過度に使いすぎないようにすれば、母語を外国語学習から締め出さず、逆にそれを上手に活用してより良い授業ができるようになるのではないでしょうか。

主要参考文献

今井むつみ（2013）『ことばの発達の謎を解く』筑摩書房

今井むつみ、針生京子（2014）『言葉をおぼえるしくみ』筑摩書房

ヴァイスゲルパー、レオ（福田幸夫訳）（1994）『母語の言語学』三元社

大津由紀雄（2008）『ことばの力を育む』慶應義塾大学出版会

真嶋潤子・中島和子・カミンズ（2011）「ユネスコ国際母語デー記念学術講演会報告書」『大阪大学世界言語研究センター論集』第6号

Q21
英語を学習すると多文化理解はすすみますか

中川洋子

1．子どもから「どうして英語を勉強するの？」と聞かれたら……

英語の教員をしていると、「どうして英語を勉強するの？」、「なぜ英語を勉強しないといけないの？」と、子どもや生徒から質問されることがよくあります。「英語は国際語」だから、「将来役に立つから」という答えで、子どもたちは納得し、積極的に英語を学習するでしょうか。ここでは、英語や様々な言語を学ぶ意味を問い直し、今後の言語とのつきあい方について考えていきましょう。

「英語の勉強は大切」だとよく言われています。たしかに英語は、特に経済活動でも国際語の一つとして重要な役割があり、英語を勉強することで得られるメリットも多いのは事実です。しかし、私たちが日常生活で英語の必然性を実感する機会は、さほど多くはないのが現状ではないでしょうか。それにもかかわらず、「英語の勉強は大切」だと考えるのはなぜでしょうか。

子どもたちは、家族や学校、メディアなどを通じて「英語は大切」だという概念に出会います。そして、実際に「大切」だと考えていることが、文科省の調査結果からわかります。

文科省の「小学校外国語活動実施状況調査（2014年）」では、小学校5・6年生と中学校1・2年生に、以下のような質問をしています。

「あなたは英語の勉強は大切だと思いますか。」

この質問に対して、「そう思う」と答えた割合は、5・6年生は85.3％、中学1年生、77.7％、中学2年生、75.8％という結果でした。また、中学2年生に対して「英語の勉強が大切だと思う理由」（三つまで複数選択可）が問われ、生徒の52.3％が「高校等の受験で必要だから」、43.1％が「海外の人たちとコミュニケーションをとれるようになりたいから」、41.8％が「将来、仕事をするうえで英語が必要だから」、30.4％が「学校でよい成績をとりたいから」と回答してい

ます。つまり、中学 2 年生にとって、英語は受験や学校の成績とコミュニケーションの手段として「大切」だと考えていることがわかります。

2．英語のコミュニケーション能力の育成とは？

　そもそも、中学校の現行の学習指導要領（平成 20 年告示）の外国語（英語）の目標には、「外国語を通じて、言語や文化に対する理解を深め、積極的にコミュニケーションを図ろうとする態度の育成を図り、聞くこと、話すこと、読むこと、書くことなどのコミュニケーションを図る資質・能力を次の通り育成することを目指す」と、コミュニケーションの重要さが明記されています。

　しかし問題なのは、英語の四技能の修得を通じて、英語の実際のコミュニケーション能力を育成するという目標の達成度は、主にテストによって測定されるということです。コミュニケーションの場面では、○か×で判断されるものではなく、間違えればやり直しもできます。コミュニケーション能力を養う学習過程で、コミュニケーションの正誤が常に判断されているということは、積極的なコミュニケーション能力養成の足かせになりかねません。さらにメディアでも、「日本人の通じない英語」や「ネイティブに嫌われる英語」など、英語によるコミュニケーションをますます躊躇させるような表現があふれています。

　一方で、インターネット翻訳が普及し、数十か国語を翻訳する翻訳機（通訳機）も販売されるなど、外国語を修得しなくても意思疎通が可能になってきています。このような時代に、英語教育で求められることは何でしょうか。

　現在国内では、小学校の 5 年生から「外国語活動」として英語の学習を開始しています。現行の学習指導要領（平成 20 年告示）にも示されているように、外国語活動の目的は、「外国語を通じて、言語や文化について体験的に理解を深め」ること、「コミュニケーションを図ろうとする態度の育成」、そして「外国語の音声や基本的な表現に慣れ親しませながら、コミュニケーション能力の素地を養う」ことです。「素地を養う」とは、言語や文化に理解を深め、慣れ親しむということで、その外国語を使いこなすことまでは求められていません。

　例えば 2018 ～ 2019 年度に小学校の外国語活動で使用されている教材にはどのような言語が扱われているのでしょうか。

・『Let's Try! 1』（文科省）Unit 1 Hello!「あいさつをして友だちになろう」
　（扱われている国は、アメリカ、韓国、中国、ドイツ、インド、ケニア）

・『Hi, friends! 1』（文科省）Lesson 1 Hello!「世界のいろいろな言葉であいさつ
　しよう」（日本、ロシア、フィンランド、フランス、ケニア、インド、韓国、中国、
　オーストラリア、アメリカ、ブラジル）

・『We Can! 1』（文科省）Unit 3 What do you have on Monday?
　（イラク、ロシア、ベルギー、ラオス、ケニア、スペイン、フィンランド）

 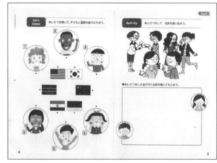

図8　Unit 1 Hello!
出典：小学校外国語活動教材『Let's Try!』文部科学省

　これらの教材では、導入時には中国語やロシア語など、世界の様々な言語
が紹介されていますが、その後は英語だけで、"I am happy" や "When is your
birthday?" などの表現を使って活動する構成になっており、各国々や地域の
様々な行事や文化については、動画や写真や絵などを通じて理解を深めるよう
になっています。

　教師が外国語活動でできることは、英語の授業を通じて少しでも子どもたち
に、多言語への気づきのきっかけを与えることではないでしょうか。子どもた
ちを取り巻く言語環境が以前と変化していることから、英語話者だけではなく、
多言語話者への理解が必要になってきているのです。

主要参考文献

平成 26 年度　小学校外国語活動実施状況調査結果
　http://www.mext.go.jp/component/a_menu/education/detail/__icsFiles/afieldfi
　le/2015/09/29/1362169_02.pdf
『Let's Try! 1』（東京書籍）
『Hi, friends! 1』（東京書籍）
『We Can! 1』（東京書籍）

Q22
教養としての英語とはなんですか

中川洋子

1．教養としての英語

　「このご時世、英語ぐらいはできないと……」という言葉をよく耳にします。しかし、「英語ぐらい」と言っても、自由自在に英語を使いこなせる人は必ずしも多くはありません。ネイティブスピーカーさながらに英語を駆使している日本人は、帰国子女か相当な努力をして英語力を身につけた人々がほとんどです。「英語ぐらい」と考えるほど、英語を身につけるのは決して簡単ではないのです。それでは、日本人はいつから英語を学ぶようになったのでしょうか。

　それは、約140年前の明治の文明開化であると言われています。そして義務教育で英語が導入されたのは、第二次世界大戦後の1947（昭和22）年に新制中学で開始されたのがきっかけでした。その後日本人と英語の関係は、「親英」と「反英」を繰り返し、今は英語の社内公用語論や、学校教育での「英語による英語の授業」が進められるほど英語ブームの時代となりました。

　これまでの日本は、植民地の歴史を持つフィリピン（旧スペイン領、アメリカ領）や、インド（旧イギリス領）のような国々とは異なり、欧米による植民地化を免れたため、英語を公用語や日常語として強制されたことはありませんでした。それにもかかわらず、日本人の英語学習熱が継続しているのはなぜなのでしょうか。TOEIC や TOEFL のような国際英語能力テストのスコアが韓国や中国より低いとして、日本人の英語学習の必要性が強調されています。TOEIC バックグラウンドアンケート（2017）によると、韓国の平均点は990点満点中676点、中国は600点、日本は517点（2017年 *TOEIC*® Listening & Reading Test）ですが、例えば韓国の受験目的で最も多いのは「就職活動」です。日本は「英語学習のため」が最も多いことからも想像できるように、受験目的や受験者層の異なる比較では、スコアだけで日本人の英語力が低いということは言

表 5　習い事における英語の位置（小学生）　　　（数字 %）

	1990 年	1996 年	2001 年	2006 年	2015 年
1 位	スポーツ 43.5	スポーツ 41.5	スポーツ 47.4	スポーツ 51.3	スポーツ 55.2
2 位	習字　31.4	習字　29.5	音楽　25.4	音楽　22.7	音楽　20.9
3 位	音楽　27.0	音楽　25.3	習字　22.0	習字　16.2	英語　16.9
4 位	そろばん 17.5	英語　15.1	英語　16.9	英語　15.3	習字　15.0
5 位	英語　13.2	そろばん 13.4	そろばん　8.9	そろばん　7.0	そろばん　8.6
6 位	絵　　2.1	絵　　2.1	バレエ、ダンス 3.7	バレエ、ダンス 6.1	バレエ、ダンス 8.3
7 位			絵　　2.5	絵　　1.6	絵　　2.2
	何もしていない 16.7	何もしていない 15.3	何もしていない 15.7	何もしていない 18.7	何もしていない 17.5

出典：「第 3 章　学校外の学習機会」『ベネッセ第 5 回学習基本調査（2015）』

えません。それどころか、大学在籍者（大卒も含む）が 5 割を超える他国に比べて、日本の受験者層は多種多様です。小学生を含む老若男女が、就職や単位認定、受験資格に加えて、必ずしも実用にとどまらない自己研鑽のために受験しているという日本のスコアは、英語学習の健闘の表れと言えるのです。

　このことからも明らかなように、英語は自己研鑽のための習い事の一つでもあるのです。表 5 は、ベネッセの「第 5 回学習基本調査報告書（2015）」の「あなたは、おけいこや学校外のクラブに行っていますか」という質問に対する回答をまとめたものです。2015 年のデータで英語が 3 位に入っていることは、2011（平成 23）年に小学校外国語活動が開始された影響が考えられますが、それ以前から英語は 4 〜 5 位に位置していました。英語が小学校教育で導入される前から、英語を自主的に学習していたことがわかります。

　また、「平成 28 年社会生活基本調査結果（総務省統計局）」によれば、10 歳以上の「男女、年齢、学習・自己啓発・訓練の種類別行動者率、平均行動日数（2016）」では、「英語」77.3 日／年、「パソコンなどの情報処理」75.7 日／年、「芸術・文化」58.9 日／年で、英語が「学習・自己啓発・訓練」の上位にあることがわかります。

２．日本人にとってなぜ英語が教養なのか？

　英語を学ぶことと教養がどう絡んでいるのか考えてみましょう。日本では、英語は日常生活で必ずしも必要ではありませんが、実用的な知識を得るだけではなく、教養として積極的に学習されています。教養とは、幅広い知識であり、人生を豊かにするものでもあります。つまり、教養を身につけることで、どのように生きるべきかの指針が得られるということなのです。もともと日本人が英語を学び始めたのは、西欧への憧れや異質な文化に対する関心の高さ、未知のものに対する好奇心から、英語を日本語に訳して日本の文化に取り入れるためでした。丸山真男も指摘していますが、日本は「絶えず外を向いてきょろきょろして新しいものを外なる世界に求めながら」、外来文化や思想を受け入れてきたのです。6世紀は中国、18世紀は西洋、20世紀半ばはアメリカ、というように、日本は優れた他国の文化を求めて模倣してきました。一貫性がないように見えるかもしれませんが、良いものに学ぼうとする姿勢は一貫しており、英語学習熱も単なる受験や実用、評価のものさしのためだけではなく、日本人の生き方の表れとしてとらえることができます。つまり、異文化への関心の高さが日本・日本人を作り出し、独自の文化・生き方を支えてきたと言えるのです。これがまさに、英語の教養としての側面であると言えるのではないでしょうか。

主要参考文献
加藤周一、木下順二、丸山真男他（2004）『日本文化のかくれた形（かた）』岩波書店
ベネッセ教育総合研究所（2015）「第3章　学校外の学習機会　第3節　習い事」『ベネッセ第5回学習基本調査』
　https://berd.benesse.jp/up_images/research/3_chp3.pdf（2019年2月14日閲覧）

Q23
英語ネイティブ以外の先生は
どう英語を教えればいいですか

井上惠子

1．ネイティブの先生とネイティブ以外の先生

　小学校での英語教育が3年生から始められることになったこともあり、いよいよ日本でも英語教育熱が盛んになってきています。文部科学省から「英語は英語で教える」という基本的な方針が打ち出され、英語教育に携わる先生たちは、ネイティブスピーカーの先生とティーム・ティーチングをしたり、どのように教えたらいいのか戸惑ったりすることも多いでしょう。また、果たして自分は英語のネイティブスピーカーではないのに英語を教える資格があるのだろうかと迷うこともあるのではないでしょうか。この章ではそのような戸惑いにこたえるために、英語のネイティブスピーカー以外の先生（英語非母語話者）がどのようにしたら生徒に役立つ充実した授業ができるのだろうかという問いに答えてみたいと思います。

　まず、ネイティブスピーカーやネイティブスピーカー以外の先生とはだれを指すのでしょうか。一般的には、英語のネイティブスピーカーというとアメリカ人やイギリス人で、流暢なアメリカ英語やイギリス英語の標準語を操る人たちを思い浮かべますね。ではネイティブスピーカー以外の先生とは誰を指すでしょうか。英語を母語としてではなく、第二言語（一定の年齢になってからアメリカへ移民として渡った人達）や外国語（日本人のように英語が話されていない国で英語を学ぶ人達）として身につけた人をネイティブスピーカー以外の先生とよびます。確かに日本人はネイティブスピーカーに英語を習いたいと望んでいる傾向にあることは、街の英会話学校の広告を見ても明らかです。しかし、ネイティブスピーカーのアメリカ人、イギリス人でないと理想的な英語を教える先生になれないのでしょうか。英語の使われ方は昔と異なり、ビジネス、イン

ターネット、学術論文などで多様に使われ、ネイティブスピーカー以外の人達同士の間でのコミュニケーションにも使われるようになってきています。それに合わせて、ネイティブスピーカー以外の先生はその特徴を生かして英語教育の場で活躍することも多くなってきているのではないでしょうか。

　日本人の英語の先生は、英語が話されている国で育った経験のあるものは別として、ネイティブスピーカー以外の先生といって良いでしょう。では、生徒の側はネイティブスピーカーやネイティブスピーカー以外の先生をどう見ているのでしょうか。Moussu（2010）の調査によれば、ネイティブスピーカー以外の先生への態度は学期の初めよりは学期の終わりに近づくにつれて段々肯定的になってきていると報告しています。香港での調査（Ma, 2012）も、生徒はネイティブスピーカーの先生の英語の流暢さや文化的背景の知識を評価していますが、ネイティブスピーカー以外の先生は母語が同じであれば生徒の文化をより理解していると思っています。また英語がいかにできるかよりは、教えることが上手かどうかが大切だと思っている傾向にあります。Jun Liu（1999）は先生と生徒がネイティブスピーカー以外の先生をどう思っているかを調査しましたが、生徒はネイティブ以外の先生は英語が母語でないにもかかわらず先生がハイレベルの英語を習得したことへの尊敬や授業への熱心さを挙げています。他の調査でもおおむねネイティブスピーカーの先生の良さは話す力や発音がよくなると考えられていますが、ネイティブスピーカー以外の先生の良さは話す力より、文法力や読解力が伸びることにあると考えられているようです。

2．ネイティブとネイティブ以外の先生の授業の違い

　では具体的にネイティブスピーカーとネイティブスピーカー以外の先生の授業は、どのように違うのでしょうか。Medgyes（2001）は「先生がネイティブスピーカー以外の先生の時 "When the Teacher Is a Non-native Speaker"」という論文で、英語を教えることの最終目標は、生徒が「英語を使えるようになることである」と言っています。つまり先生が誰であるかよりは、先生が何ができて、どんなふうに教えてくれて、どのような結果が得られるかが重要なのですといっています。おおむね違いをまとめれば次のようになります。

表 6　授業の違い

ネイティブスピーカーの先生	ネイティブスピーカー以外の先生
生きている英語を使う	教室で学んだ文語的な英語を使う
授業中柔軟でリラックスした態度である	計画通りに注意深く厳しい態度である
流暢さ、意味、語の使い方に焦点をあてる	正確さ、文型、文法の知識に焦点をあてる
会話が中心で、口語表現を好む	読み書きの英語が中心で、書き言葉を好む
グループやペアの活動が好まれる	管理しやすい個人的な活動が多い
いろいろな教材を用いる	どちらかといえば教科書を使用する
生徒の間違いに寛容である	生徒の間違いに厳しい
テストを多く行わない	テストをたくさんする
生徒の母語を使わない	生徒の母語を使う
翻訳をしない	翻訳も行う

出典：“When the Teacher is a nonnative speaker” Medgyes 2001 より筆者の訳

　これを参考にして、ネイティブスピーカー以外の先生の良いところをまとめると以下のように考えることができます。

(1) 学習者のモデルとして

　まず、ネイティブスピーカー以外の先生は 良い学習者のモデルになります。ネイティブスピーカーでなくてもここまで英語を身につけることができるというモデルを示すことで、生徒のモチベイションを高めることができます。英語は日本語とは使っている文字も語順も異なり、文法も覚えることが多いですが、根気強く学んでいくことでここまで達成できるという一種の目標になります。また、英語の学習者としてどのように工夫しながら英語を習得してきたかの勉強方法を教えることができます。例えば学ぶ側の立場に立って、発音は日本語に無い音、f、l、r、th などを何度も英語の発音を聞いてゆっくりと時間をかけて習得させたり、文法項目でも語順や冠詞、時制、特に完了形の考え方などをしっかりと身につける練習の仕方などを教えられます。

(2) 難しさがわかる

ネイティブスピーカー以外の先生は、英語のなにが日本人にとっては 難しいかをよく知っています。例えば、日本語の名詞には冠詞がつきません。フランス語やドイツ語は名詞に冠詞を用いるのでこれらを母語とする人は名詞には冠詞がつくものだという認識があります。しかし、日本語は名詞を冠詞を用いずに使うので、冠詞というものを理解するのに一苦労します。いつどのような時に the を使い、どこで不定冠詞の a を使うかのルールが身につき、自然に使えるようになるのは、かなりの訓練が必要です。ネイティブスピーカー以外の先生であれば、どのように冠詞を学んだかの経験を話し、ルールを説明して、たくさんの練習をさせることもでき、また、文法ミスに敏感なネイティブスピーカー以外の先生なら、生徒の書いたものを細かくチェックすることもできるでしょう。

(3) 学習者のニーズに敏感である

文法や発音の違いをよく理解していることも大切ですが、授業の進め方の文化的違いを考慮に入れることも大切です。日本の中学生や高校生、大学生は、ディスカッションをしながら活発に意見を交換して授業を進めるやり方には慣れていない生徒もたくさんいます。学期の初めからいきなり活発な意見交換をさせようと思ってもクラスが静まり返ってしまって誰も手を上げないこともあります。そのような場合には、質問をいくつか用意して、ペアーやグループで質問の答えを探させることから始めると、ディスカッション形式の授業に徐々に慣れていきます。

(4) 学習者の母語である日本語を理解している。

ネイティブスピーカー以外の先生は母語や日本文化も共有しているので、生徒の信頼が得やすく、安心感を与えることができます。無駄な緊張はあまりありませんので、気軽に英語を話す雰囲気を作れます。また、「英語を英語で教える授業」でも、必要なら、英文の難しい箇所を日本語で説明することができます。筆者の経験ですが、ダーウィンの進化論を大学の英文科の三年生に英語

で教え、リスニングや英語の質問などを十分した後、授業の最後に日本語で内容に関するいくつかの質問をしたら、クラスのほとんどが理解できていなかったことがありました。英語の練習はできていても、内容の深い理解までにはいたっていなかったのです。内容の理解が一番大事なことですので、ネイティブスピーカー以外の先生なら特に難しい箇所は日本語を使って理解させるという非常手段もあります。

(5) 英語や言語についての知識

　ネイティブスピーカー以外の先生は母語とは別に外国語として英語を学んだ経験があります。つまり、母語であれば意識せずとも幼少のころから言葉が自然に身についていきます。これに反して外国語は身につくというよりは学ぶ対象なので、客観的に英語をとらえています。どちらかと言えば母語である日本語は本能的にとらえているので　客観的説明ができない場合も多いでしょう。例えば、英語は日本語と違って常に主語を必要としますが、日本語は省略される場合が多くあります。なぜこの場合は主語の省略が可能で、この場合はダメなのかを日本人でもきちんと説明できないこともあるでしょう。英語のネイティブスピーカーも同じことが言えます。学習者のどうしてこのようにいうのかという質問に答えられず、英語ではこのようにいうのですとしか答えられないこともあるでしょう。この点、ネイティブスピーカー以外の先生なら分析的に説明することも可能です。

3．互いに助け合って作る英語教育

　「英語を英語で教える」方針を文部科学省が打ち出した結果、英語はますますスピーキングやリスニングに力を入れる方向に向かっています。先の表でもあったように、話すスキルを教えるときは、ネイティブスピーカーの先生のほうが長所を十分に生かすことができるでしょう。しかし、日本人に求められる英語は英会話だけではなく、読解力が必要とされるいろいろな複雑な英文を読む必要もでてきます。そういったときには、ネイティブスピーカー以外の先生の文法の説明が助けとなります。また、ネイティブスピーカー以外の先生は日本語が通じるという安心感を与えながら、先輩の英語学習者として数々のアド

バイスを与えられますし、英語学習でつまずいたり嫌いになってしまったとき
に自分の経験を思い出して、どうしたらいいか励ますこともできるでしょう。
さらに、ティーム・ティーチングなどでネイティブスピーカーの先生と一緒に
授業をする機会も多くなっています。ネイティブスピーカー以外の先生とネイ
ティブスピーカーの先生は互いの足りないところを補い合い、各々の長所を生
かしながら学習者の最終目的である英語が使えるようになる事に貢献できます。
グローバル化された世界で英語はますます共通語としての役割を増しています
が、ネイティブスピーカー以外の先生もこのような時代にコミュニケーション
の道具としての英語を学ぶ助けに大いになりうると思います。

主要参考文献

Jun Liu (1999). Non-native-English Speaking Professionals in TESOL. *TESOL QUARTERLY,* Vol.33, No.1, pp.85-102.

Lai Ping Florence Ma (2012). Advantages and Disadvantages of Native and Nonnative English Speaking Teachers: Student Perceptions in Hong Kong. *TESOL QUARTERLY,* Vol.46, No.2, pp.280-305.

Medgyes, P. (2001). When the Teacher Is a Non-native Speaker. In M. Celce-Murcia (Ed.). *Teaching English as a second or foreign language, Third edition.* Boston: Heinle & Heinle, pp.429-442.

Moussu L. (2010). Influence of Teacher Contact Time and Other Variables on ESL Students Attitudes Towards Native and Nonnative English Speaking Teachers. *TESOL QUARTERLY,* Vol.44 N.o4, pp.746-768.

第6章

言語教育の様々なアプローチ

Q24
コミュニカティブ・アプローチ
(Communicative Approach) とはなんですか

佐々木倫子

1. コミュニカティブ・アプローチの誕生

　「コミュニカティブ・アプローチ」とは、言語教育においてコミュニケーション能力に焦点を当てる考え方です。1960年代後半のイギリスで広がりましたが、その理由は、現在のEUにつながるヨーロッパ共同市場の設立にあります。それはヨーロッパ経済共同体とも呼ばれますが、西ヨーロッパの各国が、経済的・政治的協力体制を目指したものです。その設立によってヨーロッパ地域の主要な言語を、第二言語として成人に教える必要性が高まり、欧州評議会では単なる言語構造の習得ではない、新たな教授法の開発を緊急課題としました。リチャーズ＆ロジャーズ（2007）は、この言語観を提唱した研究者たちが、イギリスの機能言語学者、アメリカの社会言語学者、そして哲学の著作から着想を得たとしています。

2. 「コミュニケーション能力」とは

　従来の第二言語教育で扱ってきた、発音・語い・文法・表記という、狭い意味の言語能力だけでは不十分で、コミュニケーション能力の育成が必要なのだとしたら、第二言語におけるコミュニケーション能力とはどんなものでしょうか。よく引用されるのは、カナルとスウェイン（Canale, M. & Swain, M.）による1980年の『Applied Linguistics, 1 (1)』の「Theoretical bases of communicative approaches to second language teaching and testing」という論文で、「文法的能力」に加えて、ある文脈で適切な表現ができる「社会言語学的能力」、意味のあるまとまりがやりとりできる「談話能力」、そして、やりとりがうまくいかなかった時に対処できる「方略的能力」を挙げています。

3．シラバス・タイプ

　シラバス（syllubus）は、教師が学生に示す講義・授業の授業計画のことです。コミュニケーション能力を重視する教育とは、どんな内容をどのように教えようとするものでしょうか。それを記述した、典型的なコミュニカティブ・シラバスはどんな形になるでしょうか。リチャーズ他（2007）は、Yaldenの研究をもとに、以下のような主要タイプを挙げています。

表7　コミュニカティブ・シラバスのタイプ

	タイプ	参照文献
(1)	構造＋機能型	Wilkins (1976)
(2)	構造的中核を取り巻く機能らせん型	Brumfit (1980)
(3)	構造的、機能的、道具的	Allen (1980)
(4)	機能的	Jupp and Hodlin (1975)
(5)	概念的	Wilkins (1976)
(6)	相互作用的	Widdowson (1979)
(7)	タスクベース型	Prabhu (1983)
(8)	学習者主導型	Candlin (1976), Henner-Stanchina and Riley (1978)

出典：リチャーズほか　2007: 207

　上記（1）と（2）の典型的な教室活動は、発音練習や文型練習のあとで、具体的な場面を設定し、擬似コミュニケーション活動を行うものです。そこで使用される教材は、言語教育のためだけに用意された文章や会話教材というより、実際の生活の中で話され、読まれ、書かれているものの教材化が強調されます。対象言語でのやりとりを重視する（6）の相互作用的な型や、学校案内のHPを完成する、記念パーティーを計画するといった意味のある課題の解決を中心にすえる（7）のタスクベース型などもあります。対象言語を勉強するのではなく、対象言語でコミュニケーションを持つ中で言語能力が育ち、定着することを重視するわけです。

4．コミュニケティブ・アプローチと日本の言語教育

　コミュニケティブ・アプローチの理念は、1970年代の多様な研究によって具体化され、1980年代には実践が広まっていきました。それでは、日本ではどうだったのでしょうか。日本国内において、第二言語教育の対象言語としてまず挙がるのは日本語です。次の図は1960年代以降の国内における第二言語としての日本語教育の大きな流れです。

　日本語教育は1960年代に専門分野として確立されました。誰でも日本語が話せれば教えられるというわけではなく、日本語の分析力や教授法の知識が必要だと認識されたのです。その時代の主たる日本語教授法は、直接法とオーディオ・リンガル法でした。日本語だけを用いて、やさしい構造から徐々に複雑な構造へと積み上げていく直接法も、口頭文型練習などの反復練習によって対象言語の定着をねらったオーディオ・リンガル法も、効率よく言語構造を定着させることを重視していました。

　やがて日本経済がバブル期に入った1980年代の半ばに、国内に長期滞在する外国人数が飛躍的に増加し始めました。日本語の母語話者と非母語話者とがコミュニケーションを持ち始めたのです。そこで、下図の「＋」記号が示すよう

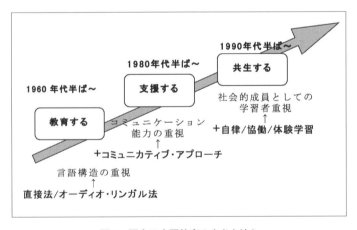

図9　国内日本語教育の大きな流れ
出典：佐々木 2006: 274 を改訂

にコミュニカティブ・アプローチの流れが加わりました。そして、2019 年現在の日本語教育界にも、その流れは「自律／協働／体験学習」と共に力強く生きています。

5．コミュニカティブ・アプローチと日本の英語教育

　日本の英語教育は主として外国語としての英語教育ですから、コミュニカティブ・アプローチはとらないでしょうか。そんなことはありません。世界のリンガフランカと言われ、また、インターネット上で最も多く使用されている英語のことですから、国内の英語教育でもコミュニケーション重視の理念は浸透しています。高等学校の英語の教科書と言えばリーダー型で、それを文法訳読法で教えるのが全てといった時代は過ぎました。湯浅（1995）は、学習指導要領の変遷を追い、1960 年代の構造主義から、1970 年の改訂での構造練習を強調しつつ英語を深層・表層から深く捉える姿勢、1978 年の改訂による文法訳読法からの脱却と言語活動の強調を挙げています。1978 年には学習指導要領はコミュニケーションへと舵を切りましたが、教科書はまだ文法説明と練習に比重がかかっていました。1989 年の学習指導要領の改訂では目標に「コミュニケーション」という語が登場しましたが、教科書も授業活動もそう簡単には変わらないままでした。

　そして、2019 年現在、例えば、高校 1 年生用の英語教科書『Big Dipper: English Communication Ⅰ』を見ると、「日本と海外の高校生活の違い」（文化）、「電話が私たちにもたらしたもの」（コミュニケーション）、「ユニバーサルデザインって何だろう？」（福祉）といった多様な分野で、高校生が関心を持ちそうな話題が並びます。それぞれの章では、文法項目や機能も明示されていますが、写真を多用した導入頁で問題提起をして学習動機を高めたあと、内容重視の本文で読解力を育て、文法問題をやったあとは、話題について短い会話を交わす形をとり、四技能を高めようとしています。このほかに、辞書の使い方や、「誘う／同意する・断る」「依頼する／許可を求める」といった機能を取り出した頁もあり、英語の運用が強調されていることがわかります。これに沿って実施される教室活動は、コミュニケーション能力の育成につながることでしょう。

　そして、最後に英語教育の今後の流れを考えます。図に示された日本語教育

の流れ同様、コミュニカティブ・アプローチに加えて、学習者の自律/協働を重視する流れは、英語教育においても強まることでしょう。「アクティブ・ラーニング」が学習指導要領によって強調され、教室外で、楽曲や映画、英語放送などの多様な分野の豊かな情報源が利用できる時代に、個々人が多様な方略をもって、自身が必要とし目標とする英語能力を追求する時代が来ています。

主要参考文献

佐々木倫子（2006）「パラダイムシフト再考」国立国語研究所編『日本語教育の新たな文脈』アルク、259〜282頁

リチャーズ、ジャック、C＆ロジャーズ、シオドア、S（アルジェイミ、アントニー／高見澤孟監訳）（2007）『世界の言語　教授・指導法』東京書籍（*Approaches and Methods in Language Teaching* – Second Edition）

湯浅文子（1995）「学習指導要領の改訂と高等学校英語教育」『日本英語教育史研究』10号 pp.11-25（https://www.jstage.jst.go.jp/article/hisetjournal 1986/10/0/10_11/_pdf/-char/ja）

Q25
トランス・ランゲージング（Translanguaging）とはなんですか

蒲原順子

1．トランス・ランゲージングとは

　最近の日本の英語教育の現場では、「英語は英語で教える」がより多く求められるようになりましたが、このような教授法に一石を投じる translanguaging（以下トランス・ランゲージング）という考え方が、欧米だけでなく日本でも注目を浴びるようになってきています。トランス・ランゲージングとは、二言語使用者や多言語使用者が目的に応じて言語を効果的に使い分けることによって、結果としてどちらの言語能力も伸ばすことができるという考え方です。二言語使用者や多言語使用者はこれを無意識に行いますが、言語学習者が教室で言語を学ぶ場合は意識的に行う点が違います。例えば、英語の授業の中で、母語を使って読みと理解の学習をした後、理解したことを自分でまとめて書いたりするのには英語で書くと言ったものです。

　「トランス・ランゲージング」という語は、1980 年代初期にイギリスでセン・ウィリアムズと彼の同僚が英語とウェールズ語のバイリンガル教育を行っていた時に二つの言語を効果的に使い良い結果を得たことから作った造語です（元はウェールズ語の "trawsieithu"）。その後、トランス・ランゲージングの教授法、概念は、バイリンガル教育やバイリンガル社会、マルチリンガル社会の中で拡大、発展し続けています（加納、2016；Baker, 2017）。学者達によるトランス・ランゲージングの定義は、それぞれ少しずつ違いますが、言語を「構造」としてではなく「行為」として捉えているという点で共通しています。また、トランス・ランゲージングに先立って、「ランゲージング（languaging）」という概念がありました。これは、簡単にいうと、言語は他人と関わる過程を通して学ばれるという考え方で、トランス・ランゲージングの卵ともいうべき概念だとガル

シア（Garcia）は説明しています。

　トランス・ランゲージングを説明するのに不可欠な概念として「動的バイリンガリズム　dynamic bilingualism」があります。これは、話し手の頭の中には二つ、または複数の言語が別々に存在するのではなく、「一つの包括的な言語体系のみがある」（Garcia et al., 2014）という概念です。次ページの第4節で説明を加えています。

　さらに、トランス・ランゲージングの概念では、規制の言語観の枠組みを超えて、言語を「意味を伝える記号システム」の一つであると捉えます。そして、言語以外の全ての記号システム、つまり意味を伝えようとする媒体の全て（ジェスチャー、映像、画像、絵文字など）を含めて、そういう全体としての記号システム（マルチ・モダリティ）を対象とした中でトランス・ランゲージングを扱います。（Garcia et al., 2014；加納、2016）

２．トランス・ランゲージングと社会的背景

　トランス・ランゲージングが近年注目されている背景には、グローバル化が進む社会における二言語話者や多言語話者の増加があります。ガルシアら（2014：47）は、エスノローグ（Ethnologue －世界の言語についての情報を載せているウェブサイト）によれば、地球には約70億人住んでいて、彼らが話す言語は約7000言語あるけれども、世界には196の国しかない事実を示し、故に今日の世界は多言語社会であると言います。そして、21世紀に入って国家間の移民の数が激的に増え続け、さらに多言語化が進んでいるということから、こうした多言語社会において多言語話者の言語使用をトランス・ランゲージングの概念―複数の言語を状況に応じて使い分ける―で捉えようとします。

３．コード・スイッチングとの違い

　トランス・ランゲージングは「コード・スイッチング」と同じように見られることがあります。コード・スイッチングとは、二つ以上の言語あるいは方言などの違った種類の言語を混ぜこぜにして使うことです。一文の中で言語が混ざることもあれば、文単位で混ざることもあります。方言の例で言えば、博多弁を話す人が東京の人の話す時には標準語で話し、地元の友人と話す時には博

多弁になる場合、その人は無意識にコード・スイッチングを行なっている、と考えます。しかし、コード・スイッチングは、そうした話者の頭の中に二つの独立した一言語話者がいて言語を切り替えると考えるので、言語同士を独立した存在と見ないトランス・ランゲージングとは「言語観」が異なります。トランス・ランゲージングの考え方では、複数の言語はそれぞれ独立しておらず、二言語話者の言語行為は話者の持つ統合された言語領域から発せられるものであるという考え（以下に説明する動的バイリンガリズム）が下地になっているからです。

4．動的バイリンガリズム

　トランス・ランゲージングを支える概念は動的バイリンガリズムです。動的バイリンガリズムはガルシア（2009）によって提唱された概念で、二つの言語を別々のものとして捉えるのではなく、一つの領域にある一つの包括的な体系であると考えます。二言語話者が他人とコミュニケーションするときには、彼らは、彼らの持っている全ての言語能力を総動員させてその場に合う言語を選び使います。これは、伝統的なバイリンガリズム、またカミンズの「（言語）相互依存説 interdependence hypothesis」とは考え方が異なります。以下の図は、ガルシアら（2014：14）が、伝統的バイリンガリズム、カミンズの言語相互依存、動的バイリンガリズム：トランスランゲージングの違いを表したものです。一番上の伝統的バイリンガリズムの図では、二つの言語体系（L_1 と L_2）が別々に存在しています。例えば、一言語を話す学習者がもう一言語を学んだ結果二言語話者になるという「加算的バイリンガリズム」、また、バイリンガル話者が二つの言語のうち一方の言語のみを強化して学習した結果もう一方の言語が消失してしまう「減算的バイリンガリズム」などの考え方（「Q14 バイリンガルとはなんですか」の項参照）はそれぞれの言語が個別に学習者の頭の中にあるという認識がもとになっています（Garcia et al., 2014；加納、2016）。二つ目のカミンズの「言語相互依存説」の概念を表した図は、一つ目の図と同じように、二つの言語（L_1 と L_2）は別々に存在していますが、それら二言語間の基底部分は共有していることを示しています。つまり、言語同士が依存し合い、一つの言語で学んだ内容がもう一つの言語使用の際に転移するという考え方です。例えば、カ

伝統的なバイリンガリズム：
二つの自立した言語体系

言語相互依存：
ジム・カミンズ

動的バイリンガリズム：
トランス・ランゲージング

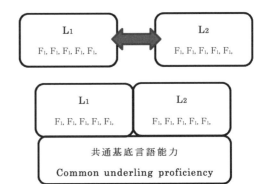

図10　伝統的バイリンガリズム、言語相互依存、動的バイリンガリズムの間の観点の違い（和訳は筆者による）

注：*L= 言語体系　F= 言語の特性
　　*Fn= 二つの言語の特性が混ざり合っている状態（筆者加筆）
出典：ガルシアら，2014: 14, FIGURE 1.1 Difference between views of traditional bilingualism, linguistic interdependence and dynamic bilingualism より転載

ミンズは、日本語で時間を言える子どもは時間の概念をすでに理解しているので、後は、言語の部分を学べばよいと説明しています（中島、2011：33）。しかし、二言語を別々の言語と認識している点では、伝統的なバイリンガリズムと同じ立場です。最後の動的バイリンガリズムの図は、二言語話者の頭の中にはただ一つの言語体系があり、複数の言語は統合された一つの言語領域を作っている（Fn）という考え方を表しています。ガルシアは、トランス・ランゲージングは携帯電話の言語切り替えスイッチをオフにするようなものだと説明しています。つまり、言語を行ったり来たりするのではなく、一つの言語領域から話者が選んで言語を出すと考えます（23）。従って、例えば、バイリンガルの子どもが、二言語を混ぜこぜにして話をする場合、これまではコード・スイッチングを行っていると考えられていましたが、動的バイリンガリズムの観点では、そこで話された言語は何語でも頭の中にある一つの言語領域から出されたものと考えます。

　動的バイリンガリズムの概念が生まれた背景には、グローバル化が進み、複数言語話者が増えているという状況があります。ガルシアら（2014）は、動的バイリンガリズムは、移民、グローバル化の増加が予想される21世紀のコミュニケーションに必要となる概念であると主張しています。

5．教授法としてのトランス・ランゲージング

　教育におけるトランス・ランゲージングで注目されるのは、一つの言語で深く理解できれば、それがもう一つの言語の強化につながり、「両言語のリテラシーを伸ばす」ことができる点だと加納は指摘しています。

　バイリンガル教育において、トランス・ランゲージングを使う授業では無計画に言語を入れ替えるのではなく、言語を変える目的と理由を持ち、準備して計画的に行うことが望ましいとされます。前述のウィリアムズは、授業でインプット（「読む」「聞く」）の言語とアウトプット（「話す」「書く」）の言語を異ならせる方法を取りましたが（主に、インプットが母語、第一言語、アウトプットが学ぶ言語）、他にも様々なインプットとアウトプットの組み合わせが考えられます。例えば、英語（母語、または第一言語）とスペイン語（学ぶ言語）のバイリンガル教育において、生徒は、英語で書かれた理科のワークシートを読み（母語でインプット）、教師は当該のテーマについて生徒とスペイン語で話をします（母語でインプット）。その間、生徒はワークシートに書かれた学習内容に関連した用語（スペイン語）に印をつけます（学ぶ言語でアウトプット）。また、生徒が第二、第三の言語で学習内容を処理することができない場合は、彼らの母語で言語活動を行います（Baker & Wright, 2017：280-281）。

　ベーカー＆ライト（2017）は、第二言語学習教室において、第一言語を使う方が効果的である項目として、内容を伝える、文法を説明する、指示を与えるときに手短に説明する、説明する、などを挙げています（Baker & Wright, 2017：283）。

6．トランス・ランゲージングの問題点

　ベーカーは、トランス・ランゲージングを取り入れた授業の中で起こり得る問題として、二言語使用をどう振り分けるのか、どう管理するのか、どう授業

を組み立てるのかという問題を挙げています。例えば、一つの言語が消滅の危機にある言語である場合は、社会的に地位の高い言語が独占してしまうのを避けるために、教室では消滅の危機にある言語のための時間と場所が必要となるかもしれません。故に、このような場合には特にどの言語を選ぶのかについては、教師の配慮や熟慮を必要とします。また、生徒が子どもで学習初期にいる場合は、トランス・ランゲージングは有効な方法ではないと考えられるかもしれません（母語が十分に発達していない状態はトランス・ランゲージングの指導が適切にできない可能性があるということでしょう）。また、生徒がより話せる方の言語、または社会的に力のある方の言語を好む場合も考えられます。例えば、アメリカの学校でスペイン語を通して教えるバイリンガル教育の授業で英語を母語とする生徒の話すことばがスペイン語から英語に移るなどの例です。

　また、加納は、トランス・ランゲージングは個人の言語資質を個人の中で統合すると考えるため、「個別言語」という概念がなくなるけれども、「個別言語」という語を使わずに論を進めることは不可能であるという矛盾を指摘しています。そういう点で、トランス・ランゲージングは、今後更なる理論的再構築が期待される未だに発達過程にある概念であると言えるでしょう。

7．日本の英語教育への応用

　これまで、トランス・ランゲージングをバイリンガリズムの枠組みの中で説明してきましたが、トランス・ランゲージングはモノリンガルの話者を対象とした外国語学習へ応用できるのでしょうか。加納は、「『トランス・ランゲージング』は、多言語話者の現実であるだけでなく、モノリンガルだと信じている人も、実は異なる複数の記号システム（マルチ・モダリティ）を使いこなすマルチリンガルであり、何らかのトランス・ランゲージングを行なっている」と言う Canagarajah の考え方を紹介しています。そして、「トランス・ランゲージングの認知面における有用性は日本人大学生を対象とした英語教育でも十分な意味を持つと考えられる。(14)」と述べています。このような観点から見ると、トランス・ランゲージングは、「英語は英語で教える」方が良いとする教授法に異議を唱え、より深い学びや思考を促すことができる教授法として期待が寄せられるでしょう。また同時に、日本でもグローバル化の影響を受け、すでに海

外からの留学生や移民が増え続け、教育現場でもバイリンガルやマルチリンガルがいる教室が増えているという現状を見ると、トランス・ランゲージングは、現在の英語一辺倒である日本の外国語教育に一石を投じる存在になる可能性もあるかもしれません。

主要参考文献

加納なおみ（2016）「トランス・ランゲージングを考える：多言語使用の実態に根ざした教授法の確立のために」『母語・継承語・バイリンガル教育（MHB）研究 12 pp.1-12 Osaka University Knowledge Archive: OUKA』https://ir.library.osaka-u.ac.jp/repo/ouka/all/（2019 年 4 月 21 日閲覧）

カミンズ、ジム（中島和子訳・著）（2011）『言語マイノリティを支える教育』慶應義塾大学出版会（「序章」のみ中島による執筆）

Baker, C. and Wright, E. W. (2017). *Foundations of bilingual education and bilingualism*. 6th edition. Bristol, UK: Multilingual Matters.

Garcia, O. (2009). *Bilingual education in the 21st century: A global perspective*. Malden, MA: Wiley-Blackwell.

Garcia, O. and Li W. (2014). *Translanguaging: language, bilingualism, and bilingual education*. New York, NY: Palgrave Macmillan.

Q26
クリル（CLIL）とはなんですか

蒲原順子

1．CLIL（クリル）の定義

　CLIL とは Content and Language Integrated Learning の略語で「内容言語統合型学習」を意味します。つまり「内容（＝教科）」と「言語（＝対象言語）」の両方に同じだけの重みを課すということです。広い意味でヨーロッパにおけるバイリンガル教育の一形態だと、ベーカー（Baker）は説明しています。ド・コイル他（2010）は、CLIL を「内容と言語の二つに焦点を当てた教育的アプローチであり、内容と言語を教え学ぶために追加言語（additional language）が使われる」と説明しています。追加言語には外国語又は第二言語が当てはまり、学習者にとっての第二番目の言語を意味します。　ド・コイル（Do Coyle）によれば、この概念自体は全く新しいものではなく、古くは 2000 年前のローマ時代の家庭では子どもの将来の良い暮らしのためにギリシャ語で教育をしたように、教育の歴史と同じくらい古いものです。CLIL は、内容学習（Content Based Instruction：CBI）や、カナダやアメリカのイマージョン教育（目標とする言語で教科を学ぶ）や、バイリンガル教育（「Q14「バイリンガル」とはなんですか」の項参照）と「教科や学習内容について目標言語を通して学ぶ」点で共通していますが、CLIL は言語習得を目指す前に教育法アプローチであること、独自の教育的指針を明示的に示していること、また、欧州連合（EU）としての政治的な背景を持つことなどから、北米のバイリンガル教育とは違いがあると言えるでしょう。以下、特徴的な三つの点について説明します。

CLIL の成り立ち

　CLIL という用語は、1994 年にヨーロッパで使われるようになり、欧州連合の中で教育的な主導権を持つようになっていきました。2005 年には、欧州評議

会はヨーロッパ全体にCLILを採用するように奨励しました。

　CLILについて知ろうとする時に、CLILが発達した地理的、社会的、政治的背景を抜きに語ることはできません。多言語社会としての欧州において、個人が使える言語が二言語またはそれ以上であることが強く求められていることが背景にあります。そして、家庭（子どもに最低一つは外国語の能力をつけて欲しい）、政府（社会経済的な利点のために外国語教育を向上させたい）、欧州評議会（多様性の受け入れと経済的強化のための基礎作りをしたい）、専門家（言語教育に他教科を合わせると効果が期待できる）からそれぞれの要望を受けてCLILは生まれ、様々な形態で実施されてきました。特に、経済協力開発機構（OECD）による生徒の学習度調査（PISA）が実施されるようになって以来、認知的に高度なレベルの第二、第三の言語を短い時間で効果的に習得する方法が求められるようになったとド・コイルは説明しています。ベーカーによればヨーロッパ内で30カ国以上が何らかの形のCLILを実践しており、その割合は、10％から50％と様々で、教科の先生が教えたり、当該言語の先生が教えたりと、誰が教えるかは自由となっています。

２．理論的枠組み（認知面から）

　CLILの理論的枠組みの中で思考活動（認知的処理）については、ブルームの

認知処理面
低　次　の　処　理
記憶（Remembering）
理解（Understanding）
応用（Applying）
高　次　の　処　理
分析（Analyzing）
評価（Evaluating）
創造（Creating）

図11　ブルームのタキソノミー（アンダーソンによる改定版）

出典：Do Coyle (2010: 30) Table 2:Bloom's taxonomy, revised by
Anderson and Krathwohl を簡略化して掲載

タキソノミー（目標分類学：アンダーソンによる改訂版）を拠り所としています。タキソノミーは、図11で示すように学習者の認知的な処理を六つのレベルに分類したもので、高次の認知処理と低次の認知処理に分けられます。これに四つの知識面（事実的知識・概念的知識・手続き的知識・メタ認知的知識）を組み合わせます。こうして、認知処理と知識面を統合して目的にあった授業設計ができる仕組みになっています。

3．理論的枠組み（言語面から）

　CLILの学習過程で学ぶ「言語」は「学習の言語」、「学習のための言語」、「学習を通した言語」の3通りに区分され、以下の図のように、三つの言語の種類を三角形のそれぞれの角にそれらの三つを置いて示されます。

　三角形の頂点にある「学習の言語」とは、当該の授業のテーマやトピックに特化した言語を意味します。左側の「学習のための言語」とは、授業運営に必要な言語です。「学習を通した言語」とは、授業を進める過程で生徒自身の理解や思考を通して、また、生徒同士や生徒と教師とのやり取りの中で、学ばれる言語のことをいいます。三つ目は、生徒の授業との関わりを通して学ばれる言語であるので、最初から授業計画には入れることができない偶発的に現れる言語です。

図12　CLILにおける「三つの言語」
出典：渡辺良典／池田真／和泉伸一　2011: 6

4．CLIL の4C とは

　これまで、認知面と言語面について簡単に説明してきましたが、これらを含め CLIL の目指す教育概念を包括的に説明している「4C」の概念を見てみましょう。4C とは、Communication（言語学習と言語使用）、Content（教科内容）、Cognition（学習と思考処理）、Culture（文化間の理解とグローバル市民の精神を養う）／ Community（協学）、の四つのことです。ただし、最後の Culture ／ Community については、意見が分かれ、池田によれば、日本では後者の Community が採択されているようですが、コイル（Coyle, Do）は Culture としています。日本でも近年小学校から大学に至るまで CLIL を使った授業を提唱する動きがあります。池田（2011）はこうした CLIL の地域差やレベルを連続体とみなし、言語の習得を目標とする Soft CLIL から内容学習を目指す Hard CLIL までいろいろな形態があると説明していますが、現在のところ、どちらかと言えば、言語学習寄りの目的を持ったものが多いようです。

主要参考文献

池田真（2011）「第1章　CLIL の基本原理」渡辺良典、池田真、和泉伸一『CLIL 内容言語統合型学習——上智大学外国語教育の新たなる挑戦 第1巻 原理と方法』上智大学出版

Baker, C. (2017). *Foundations of Bilingual education and bilingualism*. Bristol, UK: Multilingual Matters.

Coyle, Do., Hood, Ph., & Marsh, D. (2010). *CLIL-Content and language integrated learning*. Cambridge, UK: Cambridge University Press.

Q27
専門英語教育（ESP）とはどんなことをするのですか

野沢恵美子

1．目的に応じた分野別の英語教育（ESP）

　ESP（English for Specific Purposes）は英語指導方法の一つで、学習者が将来英語を使って何をしたいのかという、それぞれの目的に合わせた教授方法です。様々な職業分野には独特の言語の使い方がありますが、Yasuda（2011）は、特定の「特殊な目的 = Specific Purposes」に合わせた ESP では、それぞれの分野で使われる言語表現やスタイル、専門用語を分析した上で、教育計画を立てて学習するとしています。授業では、まず分野ごとに使われる語いや表現が異なっていることに学習者の意識を向けさせます。そして学習者の進路や目標に沿って、その分野で求められる教科内容や語いを学んでいきます。例えばビジネス英語では、電話の応対や E メール文書の書き方、会議での議論の仕方や発表の方法などを学びます。将来医療看護の職業につく学習者は、病気の名前や、患者とのやり取り、引継ぎなどで使用する言葉や表現を習得します。また観光業を目指す場合は、交通機関や宿泊施設、旅程の調整などに必要な語いを学ぶとともに、接客業で期待される言葉遣い、態度を身につけることも求められます。ESP のコースでは、その分野に応じた学習内容を選択し授業を構成しますので、多くの場合、大学や専門学校など、学習者の進路が比較的統一された、専門性の高い教育機関で実施されています。

　ESP の利点としては、目指す分野での言語表現、到達目標に意識を向けさせることで、自律的な学習者を育てることができます。また自分の将来に直接関係のある英語表現やスキルを効率よく学ぶことができ、一般的に学習の動機づけがしやすいと考えられています。一方で教員にとっては、ESP コース指導のために、ある程度の学び直し、授業内容の調整が必要となります。というのも、特定の職業で必要とされる英語表現やスキルのみならず、どのような場面で英

語が使用されるのか、どのようなレベルの英語が求められるのかなど、包括的な理解が不可欠だからです。しかし担当する ESP コースで指導するべき内容について、英語教師の知識は必ずしも豊富ではありません。より効果的な授業を行うためには、指導する分野に関する研究、適した教材選択、授業内容、到達目標を目的に応じて調節することが大切です。またあまり教材がそろっていない分野では、教師が自分で教材を作成することも必要となります。

２．アカデミックな英語を学ぶ EAP

　ESP は English for Academic Purposes（学術目的の英語）と English for Occupational Purposes（職業のための英語）に分類することができます。EAP（English for Academic Purposes）という名前が示す通り、学術研究で必要とされる英語に特化した指導を指し、主に大学や大学院で行われています。学術研究に関連した英語指導と一口に言っても、研究論文の読み方、書き方、学会発表の仕方、同僚研究者との議論の仕方など、求められるスキルは多岐に渡ります。ハイランド（Hyland, K）は EAP の中でも、広く学術一般での汎用性の高い英語を教える EGAP（English for General Academic Purpose）と、専門分野ごとに異なる語いや表現方法に特化した指導を行う ESAP（English for Specific Academic Purposes）に分類しています。

　ESAP で何より特徴的なのは専門性の高さで、学習者が研究成果を国際的に発表するために、各専門分野に特化した英語表現力を身につけることが目標とされます。高い頻度で使われる語い、言い回しは分野によって異なるため、コンピュータを使用して何千、何万という数の論文を分析し、専門分野に応じた表現を抽出するコーパス（corpus）研究も近年盛んに行われています。コーパスとは、言語研究のために大量のデータを収集し、コンピュータで検索・分析して調べられるようにしたデータベースのことです。コーパス分析を通じて、その分野独特の語いや言い回しを理解し、使いこなすことで、研究成果をより効果的に国際的な場で発表し、学術発展に寄与することができると期待されています。またコーパス分析を使うと、英語学習者のおかしやすい間違いを短時間で見つけることができるので、そういった面で英語教育に使用することも可能です。しかしいくらコンピュータの力を借りても、脳科学、機械工学、国際関

係論、文化人類学などの広い分野における専門的な知識を持ち、英語の指導も
できる人材はいません。そのため、効果的な ESAP を行うためには専門分野
の教員と英語教員の間の連携が不可欠です。この連携がないと、学習者は十分
な支援を受けることができずに、伝えたい内容とそれをうまく伝えられないも
どかしさとの間で窮することになってしまいます。日本をはじめどこの国でも、
大学・大学院における学問領域を超えた連携は限られており、ESAP 指導を行
う体制づくりは喫緊の課題です。近年は大学・学問のグローバル化の影響で、
特に理数系（Science, Technology, Engineering, and Mathematics の頭文字を取って
STEM と呼ばれます）の学生、研究者がますます多国籍化しています。このよ
うな背景から、理数系学生のための英語教育が注目を集めるようになっており、
今後の教材や指導方法の発展が期待されています。

3．EAP 指導法の応用と今後

　EAP は一般に大学や大学院など専門的なレベルでのみ実施されるものと考
えられがちですが、移民や多言語の子どもの通う小学校などでも導入されてい
ます。ド・オリヴェイラ＆ラン（de Oliveira & Lan）は小学校での理科の授業の
様子を観察し、研究成果を報告しています。理科の実験レポートでは、日常会
話とは異なる語いや表現、書き方が求められるため、日常会話は問題なくでき
ても科学的表現に慣れていない移民の生徒には、非常に難しい課題となります。
そのような場合には、教員が EAP の指導方法を使い、科学実験レポートで使用
される特徴的な言語表現を抽出し生徒への意識付けを行うことで、うまく日常
表現から科学的表現への橋渡しをすることができます。

　理科の実験レポートの例からは、ESP や EAP の指導は第二言語習得のみに
関連するものではなく、時に第一言語を通してすらもそれまで触れたことのな
い、初めて学ぶ知識、ものの考え方、スキル、表現方法の学習が含まれること
がわかります。さらに、アメリカの大学で 1 年生の必修科目となっている一般
ライティングクラスのカリキュラムも（EAP ／ ESAP の目指すような）具体的な
目標に基づいたものに改善するべきとの指摘もあります。第二言語話者に限ら
ず、英語ネイティブスピーカーの大半も、大学入学後に初めて学術的な文章に
触れ、論文の書き方を学びます。しかし現状の大学のライティング授業は、新

しい語いや言い回しへの意識付けや、学術的なマナーの習得などの具体的な学習目的に欠けていて、自律的な学習者の育成や、学術世界での自己の確立に結びついていないと批判がされています。そのため EGAP ／ ESAP のような明確な目的意識に導かれた指導は、英語ネイティブスピーカーの学生にとっても、後の大学生活にとって有用だとする研究者もいます。このように考えると、ESP ／ EAP の研究から得られた知見の応用範囲は、今後さらに広がっていく可能性があります。近年の ESP ／ EAP 研究者たちは、指導者はただ英語を教えるだけではなく、それぞれの分野での他者との関わり方、コミュニケーションマナー・態度の習得、専門家としての自己の確立など、より包括的な学習目標と関連させつつカリキュラムを考えるべきと主張しています。

　一方で、グローバル化する社会・経済・学術環境と英語の過度の強調により、ほかの言語によるコミュニケーション機会の減少、英語以外の言葉での知の生産力の衰退など、コミュニケーションや知識の多様性が失われかねない状況に危機感を持つ研究者も少なくありません。母語・第一言語での専門教育と連携し、英語教育の在り方を批判的に省察しつつ、いくつかの学問分野にまたがるような学際的で、文化的な多様性を尊重した ESP ／ EAP の研究と指導の発展が期待されます。

主要参考文献

De Oliveira, L. C., & Lan, S. W. (2014). Writing science in an upper elementary classroom: A genre-based approach to teaching English language learners. *Journal of Second Language Writing*, 25, 25-39.

Hyland, K. (2006). English for academic purposes: An advanced resource book. London: Routledge

Yasuda, S. (2011). Genre-based tasks in foreign language writing: Developing writers' genre awareness, linguistic knowledge, and writing competence, *Journal of Second Language Writing* (20), 111-133.

第7章

「多様な英語」への理解を
促す教育実践

Q28
世界の様々な英語について
どのように教えることができますか

蒲原順子

1. 「世界英語概説」の授業の背景

　筆者は、2016 年度から 3 年間、大学で「世界英語概説」という科目で、世界諸英語に関する授業を担当させてもらう機会に恵まれました。「世界諸英語 World Englishes（「世界英語概説」という授業ですが、日本でこの分野に関わった専門家達は World Englishes を「世界諸英語」と訳しています。）」は近年注目を集めている用語で、英語には多様な変種があり、母語としての英語だけではなく、英語を母語としない国や地域社会において、使われる英語も後掲の田中が提唱する「自律した英語」とみなす概念に基づいています。この授業は、授業科目として大学のカリキュラムに組み込まれたもので、筆者は、指定教科書を中心に、補助教材を適宜加えながら、基本的には教科書に沿った授業を行いました。その結果、アンケートに対する学生のコメントから、世界諸英語の授業が学生たちの「英語」に対する認識に大きな影響を与えたことが伺えました。筆者自身、授業の中で学生との交流を通して、彼らの言語観、英語に対する意識の一部を知ることができたことは良い経験となり、これを機に他で受け持っている英語の授業の中に世界諸英語を紹介するなど、自分の英語授業の構成にも影響を与え個人的に意義のある体験となりました。以下、指導内容と「国際社会における英語の広まりについてのいくつかの質問」に対する学生の回答を紹介します。

授業概要

1.1. 授業の目的

　授業の目的と到達目標をシラバスに従って紹介します。

授業の目的：

1)「世界諸英語」の歴史的背景、発音、語い、文法、将来に向けての展望など多面的に学び、それぞれの「英語」の特徴について知る。

2)「世界諸英語」を通じて、言語と社会が密接に関連していることを理解する。

到達目標：

1)　世界諸英語とは何かを理解し説明できる。

2)　なぜ様々な英語の変種が各地で話されているのかを理解し説明できる。

3)　それぞれの国で使われている英語の特徴を理解し説明できる。

4)　英語の未来の姿を（自分の学んだことに基づいて）予測する。

　以下、授業で使用した教科書と補助教材（一年のみ使用した教材を含む）を紹介します。補助教材については、参照して講義内容に反映させたものを含みます。また、補助教材は、教科書の「参考文献」から選んだもの、筆者が過去に当たったことのある文献や視聴したことのある DVD、大学で教えている知人の研究者に聞いて入手したものなどいろいろです。

受講生数：40 名（2016）、8 名（2017）、8 名（2018）

　教科書：

・田中春美・田中幸子編（2012）『World Englishes──世界の英語への招待』（昭和堂）

　「母語話者の英語」、「公用語・第 2 言語話者の英語」、「国際語／共通語としての英語」と三つに分かれ、それぞれの世界諸英語について、歴史的背景と現状、言語的特徴（発音、文法、語い）が紹介され、各章の最後に「研究テーマ」として 3 項目の課題が掲載されている。

　補助教材：

・全般：

　石黒昭博編（1992）『世界の英語小事典』研究社出版

ヤムナ・カチュルー＆ラリー・E・スミス（2013）『世界の英語と社会言語学』慶應義塾大学出版会

・英語の歴史と方言：

Crystal, D.（1995）*The Cambridge Encyclopedia of English Language.* London: Cambridge University Press.

Hughes, A. & Trudgill, P.（1987）*English Accents and Dialects.* London: Edward Arnold.

・DVD 教材：

コックニー方言「マイ・フェア・レディ」（1964）

ウェールズ方言「ウェールズの山」（1995）

アイルランド方言「麦の穂をゆらす風」（2006）

スコットランド方言「天使の分け前」（2012）

・YouTube 教材：

コックニー方言 Jason Statham とコックニーのアクセントを学ぶ（7：26）
https://www.youtube.com/watch?v=1WvIwkL8oLc

アイルランド語とアイルランド方言 "yu ming is ainm dom: My name is Yu Ming"
https://www.youtube.com/watch?v=qA0a62wmd1A（9：21）

スコットランド方言：「音声認識エレベーター」（3：36）
https://www.youtube.com/watch?v=sBNFOMjLlEA

・アメリカの言語事情と黒人英語：

杉野俊子（2012）『アメリカ人の言語観を知るための 10 章』（大学教育出版）

DVD：黒人英語「ヘルプ」（2011）

YouTube: 黒人英語を母語とする児童が標準英語を学ぶ DYSA African American Englishin the classroom:
https://www.youtube.com/watch?v=xX1-FgkfWo8（3：40）

・オーストラリア英語：DVD 教材：「クロコダイル・ダンディ」（1986）

・インド英語：

鈴木義里（2001）『あふれる言語，あふれる文字』（右文書院）

榎木薗鉄也（2012）『インド英語のリスニング』（研究社）

DVD 教材：インド英語、ヒンディー語「スラム・ドッグ・ミリオネア」
（2008）

　　　　　　　インド英語、ヒンディー語「きっとうまくいく」（2013）

高野のぞみ（2016）「Cross Cultural Communication in India
インドでの異文化コミュニケーション」（パワーポイント）実践女子大学での授
業にて使用（2016 年 12 月 13 日）

・東南アジアの英語その他：

河原俊昭（2002）『世界の言語政策――多言語社会と日本』（くろしお出版）

山本忠行・河原俊昭（2007）『世界の言語政策第 2 集――多言語社会に備え
て』（くろしお出版）

台湾北東部の宜蘭クレオール（日本語と先住民タイヤル語の混じった新言語）
　　YouTube https://www.youtube.com/watch?v=xNd7d951NGo

蒲原順子（2014）「ニュージーランドのマオリ語教育に関する考察―バイリ
　　ンガル教育における文化的格差―」杉野俊子・原隆幸編（2014）『言語と
　　格差』第 6 章 (pp. 119-136)

授業構成：

　　筆者がパワーポイントを使って特定の「世界諸英語」について講義をする
授業と、学生が講義で扱わない「世界諸英語」の一つについて「歴史・現
状」、「発音」、「文法」、「語い」、「展望（副教材）」の項目を分担して調べ発
表する授業（クラス発表とグループ内発表の二通り）を交互に行いました。学
生には他人が発表する際にメモを取るように指示し、その後メモを回収し
発表内容についての理解度を確認しました。講義では、上記で紹介した
CD、映画の DVD、YouTube を活用し、生の音声を聴く機会を作りました
（一部視聴）。

　　扱った世界諸英語は、イギリス英語とその方言、ケルト語地域の英語、
アメリカ英語とその方言、アメリカ黒人英語、カナダ英語、オーストラリ
ア英語、ニュージーランド英語、アフリカ英語、インド英語、東南アジア
の英語（シンガポール、フィリピン、韓国、中国、日本）です。

　授業の内容について上記以外に主だったものを簡単に紹介します。授業の1回目に、世界にはいくつの言語があるのか、世界で最も話されている言語（母語）は何か、日本にはいくつの言語があるのかなどの言語に関する質問をして、言語について意識を向けた後に、教科書にあるブラジ・カチュルー（教科書はカチリュ）の英語使用三心円の図（Q9参照）をパワーポイントで示しそれぞれの圏に入る国を当てさせ、大まかに、「英語」が誰にどこで何のために使われているのかを概観しました。そして、「世界諸英語」の概念をテキストで確認し、世界各地に存在する英語の変種を、「（略）イギリス英語と同じような機能を持ち、多様な形態を内蔵する『自立した』英語（略）」（ⅱ）として共通理解しました。

　また、英語がその国で政治的な力を持っているために、その国に元からある言語を少数言語にしてしまう事例として、北米先住民の言語（筆者の北米先住民との交流体験談）、ニュージーランドのマオリ語（拙論の一部）、アイルランドのアイルランド英語とゲール語の現状についても触れました。ゲール語については、中国でゲール語を独学で学んだ中国人青年がアイルランドに行き、ゲール語を話しても通じないので自分のゲールが上手くないせいだとがっかりするというショートフィルム（YouTube）を視聴しアイルランド英語とゲール語の歴史的背景と現状について知るための参考としました。最後の授業（2017、2018）では、日本人英語について、自分が考える主な特徴を全員に発表してもらいそれを共有しました。

　音声面では、発音記号を見て音声の違いを認識できるといった言語学的なアプローチはあまり効果がないようでした。学生にそれぞれの世界諸英語の特徴的な発音記号を音声化して聞かせてもピンとこないことがありました。それよりも、洋画のDVDやYouTubeを見て、個々の音素ではなく、イントネーションやアクセントや全体的な言葉の雰囲気を掴むことで、違いをよく認識できたようです。

　「世界諸英語」関連用語については、特に「変種」、「容認発音（RP）」「ピジン・クレオール英語」、「EFLとESL」、「母語と第一言語」について用語の説明ができるように意識して指導に当たりました。ピジン・クレオール化の例として、英語ではありませんが、日本語が台湾の先住民の言語タイヤル語と混ざり、クレオール化し、新言語として使用されている様子をYouTubeで視聴しました。

２．学生からのフィードバック（振り返りのための助言）

　以下は、世界諸英語に関する質問に対して記述式で答えてもらった回答結果です。文言はできるだけ原文を載せるようにしましたが、同じ意見は一つにまとめ、わかりにくい文は部分的に編集しました。

(1)　英語が（世界的に）広まる事のプラス面とマイナス面について書きなさい

プラス面：
- 世界中の人が交流できるため、いろいろな面で便利になる。（仕事、遊び、大会等）
- いろいろな言語で翻訳する必要がなくなる
- 言語の壁が無くなる
- 外国人とコミュニケーションが取れる
- 人の移動が激しくなって経済が良くなる
- 中・高でレベルの高い授業ができる（英語で、という意味だと思われる）
- 英語で授業を行うことができる

マイナス面：
- 母国語の大切さがわからなくなる；母国語（日本語）がおろそかになる
- 母語が消えていく；日本語を話す人がいなくなり死語となる
- 教育の格差が広がる（英語を習わせる塾などをイメージしていると思われる）
- マイナーな言語が話されなくなる→消滅する
- どこに行っても英語だけになったら、言葉の存在する意味が無くなる。つまらない。
- （日本の場合）日本独自の英語になる（括弧は筆者）

その他：
- 英語も日本語も話せる環境ができればいいとは思う

(2)　英語の将来（強調部分は筆者により下線）
- 第二言語として英語をネイティブ並みに話せる人が増え<u>バイリンガルが当たり前になる</u>
- 今よりも<u>英語の種類が増えピジン化、クレオール化も沢山起こる</u>のではないか

・これから先もどんどん（世界諸英語の）種類は増えていくと思う：それぞれの国で話される英語は、将来もっと多くの変化（変種）が見られるのではないか（カッコ内は筆者）

・その国の母語の文法や発音と混ざって独自の英語が成立していく

・日本で話される英語にも、拡張圏（英語は外国語、国際的な共通語として、おもに学校教育の場で習得される）（田中、2016：iii - iv）独自の特徴がつくられていくと考える

・グローバル化が進む中、各地に旅する人達が英語で意思疎通を図るときに、お互いの理解がうまくいかないこともあるかもしれないが、そこからまた新しいものが生まれるはずだ

・世界各地で、それぞれの国や地域に見られる特徴を持つ英語が今後も使われると思う。その国の公用語や母語の影響をこれからも色濃く受け、国際的な言語としてますます発展しながら広く使われるだろう。

・同じような英語を学習する人が増えていき、独自の方言（地域で話される言語）などが減っていくのではないか（同じような英語＝グローバルな英語のことを意味しているのか）

(3)「世界英語概説」の授業を受けて英語についての認識に変化がありましたか

・英語が一つではないことを認識した：英語に沢山の種類があって驚いた

・母語としての英語でさえも多様であることに驚いた

・それぞれの世界諸英語の特徴が面白い

・言語に対して様々な側面から学ぶことで視野も広がると感じた

・これまで英語を話すと文法的な間違いを気にして話せなかったが、気にしなくてもいいと思うようになった

・その国の歴史（社会的背景）によって英語が様々に変化をしていて面白いと思った

・国ごとに特徴的な変種として使用される英語が正しいものではないにせよ全世界で国際的な言語としてこれからも需要が高まることに期待と面白さを感じた」（下線部は筆者）

　(1)(2)(3)の学生のコメントを見ると、世界諸英語についての概念をおおよそ把握していることが窺えます。(1)では、英語が広まることによるプラス

面とマイナス面のジレンマについてもポイントを抑えて理解していることがわかります。(2) の英語の将来の予想では、学生の予想で最も多かったのが「英語の多様性」です。これは、授業で様々な英語の変種について学んだことが影響しているのではないかと思われます。また、英語と母語のバイリンガルが当たり前になるという予想は、授業以外で、世界的な英語の広まりを見聞きした一般論などを参考にした結果ではないかと思われました。(3) のコメントについては、最も多かったのが、「英語は一つではない」という感想です。他もこれに関連して、英語の多様性に意識を向けるようになったことがわかります。しかしまた、最後のコメントにある「使用される英語が正しいものではないにせよ」という表現は大変示唆的です。この学生のように、母語話者の英語を「正しい英語」とみなしている学生は他にもいたかもしれません。これについては、是非を問うのではなく、何故そう思うのか、という点を問う問題として、個人の中にある「正しい英語」という概念がどこから来ているのかを言語的、社会的、政治的、認知的な面などの多方面から自己分析し、意見を述べ合う機会を設けていれば、より思考を深める授業ができたのではないかと思います。

3．まとめ：授業の意義と課題

　最初に授業の目的と目標を挙げましたが、発表や試験を通して大まかな評価をすれば、学生はおおよそこれらの目標を達成したのではないかと思います。英語が一つではないこと、英語を母語としない人が使う英語も自立した英語として言語機能を持っていること、言語同士が混じり合い、影響しあって（一つは英語）英語の変種が生まれること、英語圏ではない国で英語が発達していく背景には、政治的な原因があり、国と国の力関係が大きく影響していることなどを認識できるようになることは、英語学習上意義のあることでしょう。課題としては、学生にとって世界諸英語と自己との直接の関わりを感じにくいという点があります。これには、おそらく日本の場合に当てはめて想像する、自分がその国の住人であったらどうか、などできるだけ対象の言語と近づける工夫が必要ではないかと思われました。

　世界諸英語について学ぶには、言語面、社会面の両方の視座を必要としますが、最終的には言語面と社会面を超えた場所から世界諸英語を捉えるよう

な視野を養うことが求められるのではないかと考えます。ヤムナ・カチュルー（Yamuna Kachru, 2013）は英語の「標準化は常に教育に置いて鍵となる働きをしてきた」(275)が「必要なことはいかなる変種の価値も損なわない、世界の英語へのアプローチである」(275)と主張しています。そして、Romain の、「一つの基準を他のものの標準に押し付けようとする」(275)のではなく「すべての人たちが入れる一つの円圏（ブラジ・カチュルーの三心円の）を持つべき時が来た」(275)という主張を引用し、近い将来の世界諸英語の未来の理想を示しています。筆者はこれまで標準的な母語話者の英語を教えてきましたが、この近年、世界の英語が大きくダイナミックに変化しているのを感じています。今後は、「いかなる変種の価値も損なわない世界諸英語」を視野に入れて授業に望みたいと思います。

主要参考文献

田中春美・田中幸子編（2012）『World Englishes──世界の英語への招待』昭和堂

カチュルー、ヤムナ & スミス、ラリー・E（2013）『世界の英語と社会言語学』慶應義塾大学出版会

Q29
言葉をめぐる格差や不平等について
どのように教えることができますか

杉野俊子

　筆者は一般英語の授業で、言語教育などで不利な立場になる言語少数派の存在
や、その言語や文化に対して寛容な気持ちを育み、自分の母語について考える事
を目標とした授業を行ってきました。ここでは、1．大学の基礎教育の授業内
で言語政策を教えるため、言語政策に特化した教科書を使う場合と、2．市販
の教科書を使用する授業内でも言語政策について学ぶ機会を作れる例を挙げま
す。

1．言語・教育政策に特化した教科書を使う場合

　大学の英語の授業で学生の英語の習熟度が高くないと判断した場合、教師の
多くは学生の習熟度別能力に合わせようと、初級レベルの教科書を選びがちで
す。特にコミュニケーションのクラスは、時間・食べ物・趣味など日常の生活
に密着したような簡単な教科書を選びがちです。しかし、内容的に知的刺激が
少ないため、ますます生徒のやる気がなくなり、クラスが上手くいかない原因
になりかねません。そこで筆者は、学生の母語の歴史と文化の知識を活用して、
日本語でまず背景を説明し、次に同じような内容の英文を使って言語・教育政
策を概念として学び、最終的には英語のスキルと概念を同時に向上し定着を図
る『アメリカ人の言語観を知るための 10 章─先住民・黒人・ヒスパニック・日
系の事例から』（大学教育出版、2012 年）という教科書を作成しました。この教科
書の特徴は、概念と英語力を高めるための英語の教材として、また（直訳ではな
い）日本語の部分を多くした文化研究用教材として二本立てで使えるようになっ
ています。

　以下は、授業の進め方の具体例です。

表8　English II のコース目標

受講生	2学年の選択必修の学生、40名。学科は日本文学科など。開講時期は 2014 ～ 17 年前期
教科書	アメリカ人の言語観を知るための 10 章 － 先住民・黒人・ヒスパニック・日系の事例から－、杉野俊子、2012 大学教育出版
授業の目的	スキルと概念を繋げ英語能力と思考力を伸ばしていく。言語少数派、英語の公用語化、母語喪失などの概念と、アメリカインディアンや黒人奴隷に対するアメリカの言語政策の具体例を学習し、最終的には日本人にとっての英語の位置付けを考える
学習目標	概念：アメリカ文化・教育・歴史・言語政策からアメリカ人の「English-only」の考え方を知る スキル：語い、読み、ライティング（英語小論文 2 回提出） 学習能力の向上：自律学習スキル、批判的・論理的思考力

　まず語いに関しては、minority（少数派）、assimilation（同化）、mother-tongue（母語）などの専門的な単語の他に、歴史的にアメリカ先住民や黒人奴隷がどのように扱われたのかに関連した fierce（猛烈な）、harsh（過酷な）、sore（傷、はれもの）、paralyze（麻痺する）など TOEIC や日常会話にも使えるような単語や表現を覚えてもらうため、単元毎に語いテストや確認テストを行うようにしました。

　読解に関しては、日本語で書かれた部分の説明は基本的に自主学習とし、英文については読みと訳を授業内で行いました。読みに自信のない学生が多いので、その都度教師が間違いを指摘するのではなく、学生の読みを止めないで読み通すことを目標にしました。その後に、間違えた語いの発音などを指摘しながら和訳していきました。

　補助教材として、DVD 教材は歴史的事実を把握するのに役立つ部分だけを使いました。例をとると、史実に基づいてインディアン（現在のネイティブアメリカン）の場合、「Soldier Blue（米国の映画史上初めてインディアン側から白人との闘いを描いたもの）」や「Night John（読み書きを禁止された黒人奴隷の女の子が文字を教えたい元奴隷の Night John に出会い成長していく話）」です。

　ライティングについては、毎週 3 ～ 4 行ずつ書き足したものを教師がチェック

表9　English II 授業の概要

週	授業内容
1	ESL、EFL、移民、母語維持、など学生の予備知識の確認
2-4	アメリカインディアンについて。ナバホ族の Long Walk, 寄宿学校での「English-only」政策、第二次世界大戦時のナバホ族通信兵、現代のアメリカインディアン（ネイティブアメリカン）（1～3章）　DVD: 500 Nations, Soldier Blue, Code Talker, Smoke Signals, ライティング課題　1（アメリカインディアンや少数民族について）
5-8	奴隷制、ジムクロウ法（強制無知法）, エボニックス論争（4～5章） DVD：Roots, Resting Place, Night John, Mississippi Burning, Titans、42 世界を変えた男 ライティング課題2（ジムクロウ法や黒人英語について）
9-11	NY のプエルトリコ人、ヒスパニック、二言語廃止法案（6～8章） DVD: West Side Story, Spanglish, Goal, Freedom Writer
12-14	日系アメリカ人、日系ブラジル人、言語とアイデンティティ DVD: アメリカンパスタイム、ヒマラヤ杉に降る雪、孤独なツバメたち
15	前期試験（語いテスト・概念の試験）

し、それを書き足していくと4～5回目の授業で一つのエッセイが完成します。毎週学生が書いたものをコピーしておくことで、盗作の予防にもなりますし、書き足すことで学生の負担も少なくなります。授業内では、辞書を使わないで、なるべく自分の言葉で書くようにさせ、フォーマットの説明をした後でワード機能を使ってエッセイの提出時には、辞書を使って直してもよいことにしました。

　表9が実際の授業の進め方です。

　学生の反応として、この教科書の日本語と英語の配分については、ちょうどよかったという学生が大半でした。「ある程度日本語で理解すると、わからない単語をなんとなく理解できるので、上記のやり方は役に立ちました」。ライティングに関しては、多くの学生はライティングの難しさ、大変さをコメントに書いていました。「とても自分の力になりました。それをまたレポートに起こすのも難しかったけど、英語でレポートが書けて楽しかったです。」「辞書を使わないで自分の知っている単語しか使えないという状況、これは良く言えば、簡

表10　英語コミュニケーションⅠの目標など

授業科目名	英語コミュニケーション
受講生	1学年の必修（国公立）、工学部40名。開講時期は2018年前期
教科書	On Board for More World Adventures (Kinsendo)
授業の目的	The course goal is for each student to develop communicative language ability. Students, who successfully complete the course, will be able to perform basic communicative tasks in English.
学習目標	The course is a four-skill course, including speaking, listening, reading, and writing, with a particular emphasis on expressing your opinion.

単な単語で英文が構成されるので、自分の意図が伝えやすかったのでとてもよかった。」最後に、「私は英語が苦手だ。シラバスを見て、このような興味深い内容ならば、ただ英語を学ぶよりも苦にならないだろうと考えた（第4志望）。本当にこの授業で良かったと思う。」

2．市販の教科書を使った場合の例

　この市販の教科書の特徴は、教科書に付いてくるDVDとCDを使い、各国の歴史的・文化的な特徴をリーディングで学習しながら四つの技能を高めていくものです。各章の最後に、その国の公用語や言語教育についての簡単な説明の後に、現地の人がその国独特の英語（ELF）でインタビューに答える場面があります。その時に、言語教育政策について説明を加えていきました。知的刺激としては、発表を通して、学生に教科書に載っていない国について、文化や歴史だけではなく、社会問題なども発表してもらいました。

　最後に、「なぜこのクラスでは、その国の公用語や、英語教育や、独特の英語の発音について知ることの意義を（教員が）強調したと思うか」という問いに、「英語が一番人口が多いからといって英語だけを勉強するのでなく、そのために第二外国語があり、そういった英語以外の言語に興味をもち、また学習することが、外国語学習において大切だから（ママ）」「グルーバル化が進んでおり

これから私達が多種多様な人たちと関わっていくことが予想されるから。また、この世界には我々日本人だけでなく様々な言語を話す人たちや、同じ言語を使う人たちの中にもいろいろな（言語の）種類があるなど、小さな民族にもそれぞれ文化があり、それらを尊重することの大切さを学ぶため（ママ）」というような意見がありました。

3．学生はこのような授業をどう受け止めたのか

　1．の場合、多くの受講生は第一志望でこのクラスをとったわけではありません。第4や第5志望で受講した者もいたせいか、最初は授業に対する熱意の差がありました。また、英語の能力にも差が見られた上、学生にとっては地理や歴史の知識も必要とする馴染みのないテーマが多い授業だったと思います。以上のような限界にもかかわらず、多くの学生のコメントに、「新しい方法だと思います。歴史を知りながら英語を学べるので良いと思います」、「単語力、文法力だけでなく、国語力、基礎教養も得なければならないと反省」というような感想がありました。また、「英語を学びながら、人種差別や言語政策など普段では考えるようで考えない事柄について学ぶことができこの授業を受けてよかったと感じました」や「英語を学ぶ上でまず言語観や歴史を知るのは大切だと思いました。興味もわくし英語を学ぶ観点が増えておもしろかったです」という感想から、学生はスキルが向上しただけではなく、批判的思考力もついたという感触も感じてくれたようです。

　「時流に乗って『国際化』や『グローバル度』を大合唱することはたやすい。しかし、『国際化』や『グローバル化』を説く側が、その前に忘れてはならないことは、まず自らの『国際度』や『グローバル度』そのものを、広い視野に立って、謙虚に自問してみるだけ知恵と勇気を持つことではないか」と大谷（2015）も論じているように、教科書が言語や教育政策に特化していなくても、レベルや学習目的が様々でも、グローバル化の中で、ことある毎に教師が言語を意識するような授業を行うことは、以上の観点からもますます重要になってきていると強く思う次第です。

主要参考文献

大谷泰照（2015）「「大学の国際化」と「グローバル人材の育成」」井村誠、拝田清編者『日本の言語教育を問い直す——8つの異論をめぐって』三省堂、19 〜 24 頁

杉野俊子（2012）『アメリカ人の言語観を知るための 10 章——先住民・黒人・ヒスパニック・日系の事例から』大学教育出版

杉野俊子（2016）「グローバル化における英語教育の一方向性——一般英語の授業でスキルと知識の定着を図る試み」『國學院大學　教育開発推進機構紀要』第 7 号、1 〜 15 頁

Q30
地域に必要な英語をどのように考えたらよいでしょうか

田中富士美

地域の特性のニーズに呼応する英語教育とは

English as a Lingua Franca（ELF）の運用は、数としては母語話者に対してよりも圧倒的に多い非母語話者との英語コミュニケーションを考察し、認識をもつものであると、主に Q4 で述べてきました。このことを考えると日本人の英語使用の大多数はこの運用があてはまると考えられます。さらに細かくみていくと、日本国内でもそれぞれの地域によってその地域の人々が使うために必要な英語使用の形があるのではないでしょうか。

日本の地方都市での実際の英語運用を考えた場合、例えばその県の都である県庁所在地を見ても、観光都市、政令指定都市、中核都市、工業都市、文化都市、日本海側、太平洋側、首都圏や関西圏から遠いあるいは近いなど列挙すれば多様性に富むことに気づきます。その地域で高等教育を受けた若者がその地に定着することが多く、地方の大学で英語を専門レベルで享受する場合に、その地域の特性により、英語教育自体に多様化させるべき点があると思われます。ここでは筆者の住む金沢においての例と、必要な英語力を考えてみます。

1．人の動向
1.1 北陸新幹線の開通のインパクト

2015 年 3 月、金沢－東京間に北陸新幹線が開通し、開業から 5 年が経とうとしています。四半世紀ほど前には 5 時間かかっていた陸路が 2 時間半、本州インバウンド（訪日外国人観光客）の主要経由地となり、特急で同じく 2 時間半の京都、さらに京都－東京が 2 時間半と本州の真ん中の三角形の頂点にいる地の利を得ました。'Kanazawa' はブランド化され、海外の旅行ガイドブックに多く掲載されています。最近では文化的なモデルコースとして、東京－金沢－白川

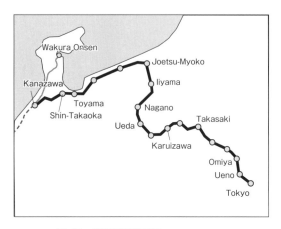

図 13　北陸新幹線経路

出典：https://www.kanazawastation.com/

郷－京都－東京が人気を博しています。

1.2　インバウンド（訪日外国人観光客）の急激な増加

　日本経済新聞によると、北陸 3 県の 2018 年の外国人宿泊者数は過去最高を更新しました。観光庁のデータでは 1 ～ 10 月の累計で 108 万人泊と前年同期比 15% 増え、全国の訪日客の伸びを上回りました。2018 年 6 月に金沢駅前において、筆者の勤務校の学生が 5 日間 1 時間ずつ交通案内英語ガイドとして立ち、尋ねてきた外国人観光客に出身国を聞いたところ、イタリア、シンガポール、台湾、中国、フィリピン、カナダ、アメリカ、スイス、ニュージーランド、オーストラリア、スペイン、アルゼンチン、インドネシア、フランス、イスラエル、香港、オランダと多方面に渡りましたが、金沢の傾向としては、ヨーロッパからの来訪が多いことが知られています。このように様々な国、地域からの外客が行き交いますが、多くは英語の非母語話者です。観光客への対応は行政や企業も英語での対応が主流であり、ここでの英語でのコミュニケーションは冒頭にもあげた ELF の理解が必要となります。

２．経済的側面
石川県地域企業の ASEAN 進出の増加

　JETRO（日本貿易振興機構）のデータによれば、金沢市を県都とする石川県の地元企業は近年、その海外展開をアメリカ、中国からベトナム、タイ、ミャンマーなど ASEAN の国々に徐々に動かしています。ビジネスコストの変化、ニーズ、日本海側の都市からのアクセス等、様々な理由がありますが、地元を代表する大手銀行も、その最大海外支店をシンガポールに構え、地元企業のアジア進出を支援しています。ビジネスとしては現地母語使用が理想ではありますが、ここでも ASEAN（東南アジア諸国連合）の公用語である英語がビジネスの状況において使用されるので、Asian Englishes（アジアの英語）の理解、ELF の認識が必要になります。

３．地方大学の役割

　地方大学の教育の理想として、そして、地方の大学の役割の一つとして、地域をより多く理解し、地域社会へその叡智を還元する人材を育てることが求められます。地元企業や、地方自治体への就職が多い教育機関は、グローバル人材教育にも、そこで適応し活躍できる能力を育成するためのものにする必要があります。

　金沢のある私立大学では、早期留学制度で全員が 1 年次に留学するプログラムを実施しています。1 年次前期は留学のための IELTS（International English Language Testing System 英語試験）にむけ、英語集中プログラムと比較文化学系の科目に多くを費やします。比較文科学系には、言語、文化、歴史、宗教、民族そして衣服、建築、食に至るまでの知見が含まれ、英語と世界の広い範囲の異文化理解の学修で、多岐にわたる留学先の選択も英語圏の国にこだわることなく、アジアやヨーロッパの国々の大学選択も多く見られます。留学に出るとそれぞれの国の学生、またそこに集まってきている留学生との交流で多様な英語への寛容と、生活体験からの異文化理解、それらがあいまった ELF の認識が自然に生まれ、生活や学習のために ELF の運用をします。北米ではヒスパニックのスペイン語なまりの英語、アジアではアジアの英語、オセアニアでは

移民の英語、ヨーロッパではヨーロッパ各地と中央アジアからの留学生の英語というように、World Englishes に出会ってきます。帰国後の学修においてもアジアやヨーロッパへの理解、そして多様な英語への寛容は変わらずに英語力もより高めていきます。

　地元で就職を望み、観光業、接客業に就くならば、多様な英語（Varieties of English）の対応が必要なことがわかります。金沢の場合は前述したような多様な国籍の訪客に対応する必要があります。他の業種においても海外取引で必要な英語は ASEAN との関係を考えれば同様です。

　英語学習とともに、英語使用者になることの目的、意義を知ることはとても重要です。コミュニケーションを図る相手も大いに意識した高度な英語の運用のために、英語教育を位置づけることが理想ではないでしょうか。

主要参考文献

JETRO 金沢「石川県内企業の海外進出動向」
　https://www.jetro.go.jp/jetro/japan/kanazawa/company.html（2019 年 8 月 1 日閲覧）

日本経済新聞電子版（2019 年 1 月 17 日）「北陸の訪日宿泊客、最高更新も　18 年、消費促す工夫を」
　https://www.nikkei.com/article/DGXMZO40083910W9A110C1LB0000/（2019 年 8 月 1 日閲覧）

Q31
英語学習にインターネットや SNS を
どのように活用できますか

植田麻実・阿部恵美佳・杉野俊子

１．英語学習とインターネットとの関わりの背景

　英語は今やインターネット社会における中心的な言語としても使われています。このことは、インターネットで使用される上位十言語に関してのサイト、Internet World Stats などからも明らかです。そして、インターネット社会そのものも、どんどん変化を遂げています。大きな変化の一つは、利用者参加型の「個人間の情報の共有、ネットワークの形成」である SNS（ソーシャル・ネットワーク・サービス）が、こうしたインターネット社会に登場したことでしょう。

　津田（2012）は、このことを、従来の蓄積された情報源としての「ストック型」に加えて、「フロー型」と呼ばれる、時間と共に流れては消え、あるいは拡散していく情報共有をインターネットが持つようになった、と表現しています。

　こうしたインターネットと英語学習との関わりについて、まず、インターネットの持つ様々な機能に関して、実際の英語学習者がどのように自分の英語学習にそれを活かしているのか、あるいは活かしたいと考えているのかに関しての調査を紹介します。

　2017 年の、阿部・植田・杉野らによる『大学生の英語学習における SNS 利用状況とその利用促進への一考察』という論文では、122 人の大学生（男子学生 80 人、女子学生 42 人）に協力してもらい、どんな種類の SNS を普段よく使っているかを調べています。その結果から、LINE の使用者が 93.4%、YouTube の使用者が 68.9%、Twitter が 70.5%、Facebook が 34.4% だったことがわかりました。圧倒的に LINE が人気でした。しかし同時に、これらの、LINE を使用している、と答えたアンケート協力者の大学生の内、英語の学習に LINE を使っている、と答えた人はたったの 6% に留まっていました。

2．英語学習における SNS 使用の実際

　この 122 人の大学生には、SNS と英語学習との関連についても質問をしています。その答えから、どのように SNS を捉えているのか見てみましょう。全体的に見ると、この 122 人のうち、65 人（53%）が英語学習に SNS は使わないと答えました。その理由の内訳は「英語学習に使いたくない」37%、「楽しみのため、あるいは情報を得るために使用していて、学習のためではない」が 17% でした。この二つを合わせると 54%、全体の半数以上が、英語の勉強のために SNS は使いたくないと思っていることがわかりました。他の理由として、「英語でコミュニケーションする外国人の友だちがいない」12%、「SNS の英語学習への使用方法がわからない」12%、「英語ができないから、英語でコミュニケーションできない」11% が挙げられました。少数意見ですが、「日本人ならまだしも、外国の見ず知らずの人とコミュニケーションとることに抵抗があるため」、「（英語を使うのは）面倒くさいから」なども SNS を英語学習に利用しない理由として挙がりました。これらの理由から二つの傾向が見て取れます。一つ目は、SNS を英語学習に利用したくないという傾向で、勉強という真面目な行為と、楽しみや遊び、という行為との間に心の中で区切りをつけている、といったものです。そして二つ目の傾向は、SNS などを英語という自分の母語ではない言葉による双方向のコミュニケーション手段として使うには敷居が高い、といったものです。

3．英語学習における SNS 使用と英語力・英語への興味との関連性について

　それでは、こうした傾向と英語力や英語への興味との間に何か関連性はあるのでしょうか。それについても調べた論文がありますので紹介します。2016 年の植田による『英語学習におけるソーシャルメディア使用の提案』では、ある大学の 1 年生で、入学前試験で英語が一番上のクラスになった 38 人に協力してもらい、Web2.0 と呼ばれる新しい形のインターネットサービスの代表格である Facebook と YouTube にしぼって英語学習との関連性について、学習者がどのように思っているのかを調べました。YouTube に対しては、英語の音楽を聴くのが英語の聴き取りに役に立つと思うかどうか、英語の発音の練習に役に立つと思うかどうか、英語の言い回しや単語の勉強に役に立つと思うかどうか、

YouTube のコメントの英語を読むことに関してどう考えるかなどを聞きました。Facebook に対しては、英語の読解の練習にいいと思うかどうか、お互いを知ることに役に立つかどうか、英語でコメント読む・書く、などについて聞きました。

　その結果、「YouTube で英語の音楽を聴くのは、英語の聞き取りにいいと思う」という選択肢に対して賛成の度合いが一番高くなりました。YouTube もコメントの書き込みなどができる参加可能なものですが、英語の音楽を聴く、という受動的な使用の方に人気があったことがわかりました。さらに、この項目を選んだアンケート協力者は、他の項目に対してはあまり賛成をしていないとの結果も出ました。つまり、利用者として YouTube で英語の音楽を聴き取りにいいと思っている人が多かったにもかかわらず、YouTube や Facebook の持つ他の側面を英語学習に使用することに対してはあまり積極的でなかったという結果でした。

　また数は少なかったのですが、Facebook を使って他の人の書いた英語を読むことが英語学習に役に立つと答えた人と、英語の勉強が好きと答えた人との間には相関関係がありました。この結果から、英語学習が好きと答えたアンケート協力者は、Facebook の英語を読むことを勉強に使っているのでないだろうか、と推測されました。さて、これらの結果からどのようなことが言えるでしょうか。

　一つ目は、YouTube で英語を聞いている、といっても聞き流す、というのも可能であり、英語の勉強をしているのか、英語の音楽を楽しんでいるのか、あるいはその両方なのか、そこの区別はあまりはっきりと自覚されていないのかもしれないということです。また二つ目としては、その反対に、Facebook でわざわざ他の人の書いた英語の書き込みを読んでいるということは英語に興味があり意識的に読んでいる、ということでしょう。

　ところで皆さんは、「ユビキタス」（ubiquitous）という言葉を聞いたことがあるでしょうか。この言葉の意味は、場所を選ばないという意味です。スマートフォンがあれば場所を選ばずこれらの SNS などへ接続ができます。電車の中でスマートフォンを使って英語の勉強をしましょう、という宣伝もあります。SNS を使えば、自分も参加できる双方向の形での英語の勉強が、スマートフォ

ンなどの手のひらサイズの機器で、どこででもできる時代に入ったといえます。しかし同時に、簡単に便利にできることで、勉強しているつもりでも実際にはそのつもりだけになってしまっている、ということもまた考えられます。楽しいという気持ちは何かを追及し、あるいは習得していくための大きな推進力になりますが、楽しみだけに終わってしまわないような意識的な工夫も必要でしょう。

4．SNSなどを授業で取り入れた例

　英語を教える側がこうした魅力的に見えて多彩でもあるSNSを授業に取り入れようとしている、あるいはすでに取り入れている先生もたくさんいると思われます。上記のとおり、そういう時に心に留めておくべき点の一つは、学び手にとって単なるエンターテイメントに終わらないようなひと工夫でしょう。例えばLee（2014）は自身の論文で、台湾の大学での英語の歌を使っての学習を紹介しています。学生たちは自分でYouTubeなどから英語の歌を選んでスマートフォンにダウンロードし、歌詞を聞いて単語帳を自分で作成し、歌詞に含まれる文化的な事柄を見つけて、その文化的要素に関しても自分で調べるように指示されます。聞き流したり楽しんだりしただけでは終わらない、単語帳作成という語い学習や、歌詞の意味の理解やその歌詞の文化的な背景要素を自ら見つける、といった能動的な学習が一緒になっていることがわかります。

　英語学習と他の科目とを統合した授業例もあります。サンとカン（Sun & Yang）の論文では、大学で英語を勉強する学生たちが同じ大学に通う留学生のために大学への通学経路について英語でその説明をする台湾の授業例が紹介されています。

　まずYouTubeに大学への通学経路の説明を英語で話しているものをアップロードし、その後、Facebookを使って留学生たちと英語でやりとりをします。このやりとりですが、やりっぱなしではなく、留学生たちからの意見を取り入れて、再度YouTubeに改良したものをアップロードする、というものです。台湾も日本と状況が似ていて、英語は外国語であって、話す機会が少ないため、英語を話す機会を教室の外にも広げる手段としてYouTubeやFacebookを使ったこうした授業を考案してみたと筆者たちは説明しています。ちなみにタイト

ルですが、デカルトという哲学者の有名な言葉、「我思う、故に我あり」をもじって、「我助く、故に我学ぶ」という意味になっています。自分の学習が自分自身の為に留まらず、それが他の人の為にもなる、いわば二重の目的を持った英語学習に SNS が一役かっていることがわかります。

5．個々の授業を越えて

　上で紹介したのは個々の教員が自分の授業内で SNS や YouTube などを取り入れながら行っている英語の授業のほんの一部です。そしてもう一つの動きとしては、英語の授業に留まらず、新しい情報ツールを大学規模で取り入れている例です。それは「大規模公開オンライン授業」というもので、英語では Massive Open Online Courses、その頭文字をとって MOOCs と言われています。これは、大学の授業を、その授業に興味がある人であればどこに住んでいようと、大学という枠組みを超えてコンピュータで受けることができる仕組みです。こうした授業は様々な制約を越えて、世界の人々へと学ぶ機会を大きく広げています。こうしたオンライン授業の中から英語で行われているものを受講してみる、そしてその授業に画面を仲介としてしっかりと参加し、レポートを提出し単位をもらう、というのも、今のこうした時代でこそ可能となる挑戦だと考えられます。

　こうして見ていくと、SNS や MOOCs などを含むインターネット環境は、学ぶ側だけではなく英語を教える側にも、少し前には考えられなかったような、様々な英語の教授法やツールを与えてくれることがわかります。こうした環境の中、物理的な場所をも軽々と越え、学びの機会が学習者の意欲次第で大きく広がる可能性が示されています。

主要参考文献

阿部恵美佳、植田麻実、杉野俊子（2017）「大学生の英語学習における SNS 利用状況とその利用促進への一考察」『語学教育研究論叢』（34）、161 ～ 175 頁

津田大介（2012）『動員の革命—ソーシャルメディアは何をかえたのか』中公新書

Lee, Hsing-Chin (2014). Social media and student learning behavior: Plugging into mainstream music offers dynamic ways to learn English. *Comupter in Human Behavior*. vol.36, July 2014, pp. 496-501, Elsevier.

Sun, Yu-Chin & Yang, Fan-Ying (2015). I help, therefore, I learn: Service learning on Web 2.0 in EFL speaking class. *Computer Assisted Language Learning*, 28 (3), pp. 1-18.

第8章

日本の英語教育における
多様性・テクノロジー化

Q32
外国にルーツを持つ高校生の英語の授業は
どんなものですか

黒田協子

1．外国にルーツを持つ生徒とは

　皆さんは「外国人」と聞くと、どんな国のどんな顔の人を思い浮かべますか。その人はどんな言葉を話すのでしょうか。

　では「日本に住んでいる外国人」だったらどうでしょう。その印象はそのままでしょうか。「高校にいる外国人」はどうですか。多くの人は「日本に興味をもって、日本語を楽しんで学んでいる交換留学生」が頭に浮かぶのではないでしょうか。

　今回紹介するのはそんな外国人とは違った外国にルーツを持つ高校生たちです。日本に住んでいる外国人は圧倒的に中国と韓国・朝鮮籍の方が多いのですが、それは戦争の歴史と大きく関わりがあるので比較的想像しやすいかと思います。それ以外の国として1970年代以降インドシナ戦争時の難民と、その呼び寄せ家族が日本に住んでいます。難民受け入れに寛容でなかった日本に定住するということで、彼らが初めに覚えた挨拶が「招かれざる客で申し訳ありません」だったと聞いた時の衝撃は何十年経っても忘れられません。また、第二次大戦前後に貧しかった日本を去り、新天地に渡った日系人子弟がバブル経済の下支え労働者として日本に戻ってきたりしました。

　彼らは単身で来日する場合も、家族連れの場合もありました。上記の話が90年代から拡大していきましたから、そこから一世代が過ぎて、彼らの子どもが日本の学校に通うようになりました。日本生まれ日本育ちの子どもたちです（90年に出入国管理法が変わったことも外国人が増えた要因になります）。では、彼らは日本人と同じように学校生活を送っているのでしょうか。まず、私たちが一般的に考える「日本人」と違う点は、言語の違いがあります。彼らの家庭で

は自分たちの母語を話し、外では日本語を話す、という生活です。彼らの中には日本の保育園や幼稚園にも行かずに、いきなり小学校から入学してくる子どももいます。彼らは日本語がほとんど話せません。幼稚園や保育園に通った子どもは、というと会話は流暢にこなすけれども、いざ文字を読んだり書いたりというと一筋縄ではいきません。さらには、家庭では母語、学校では日本語という状況において、学校で学んだことを保護者と共有したり、親から教わったりするという活動に大きな制限が出てきてしまいます。例えば、皆さんも理科の化学反応を英語で説明できるか、というとそんなに簡単なことではないことにすぐ気づくはずです。今日お友達と何をしてどうだったということより、一段上の学習言語を家庭で共有するということがどれほど難しいか想像していただけたらと思います。

2．外国にルーツを持つ生徒と大人とのかかわり

　学校の先生たちにとって、外国にルーツを持つ生徒との関わりりだけではなく、その生徒を支える家族、つまり保護者との関わりも重要です。しかし、外国にルーツを持つ生徒の保護者との関わりというのも日本人家庭より難しいことが多いという事実があります。保護者は日本語が通じない、親に伝えなければならない事柄を子どもが通訳していてきちんと伝わっていないといった問題があります。さらに、日本語がわかる保護者であっても、彼らが日本の学校文化を理解していない場合には、また大きな問題にも直面します。学校行事の不参加や、その反対に、式典の際子どもにそぐわないドレスを着せるといったことがあります。日常では学校で子どもがいじめられているかもしれないと思い、突然やってきて怒り出す等、日本人からしてみるとちょっと違和感があることでも、彼らの母国ではそれが常識のため、理解ができずに学校との関係がうまくいかなくなってしまう場合もあります。これらの問題の多くの犠牲者は子どもたちです。

　保護者が善かれ悪しかれ日本社会になじむことで子どもたちは大人から見守られているという安心感を得る一方、そうでない場合には、例えば親が運動会や授業参観の意義がわからないなど、自分の親は自分なんて興味がないと思い込んでしまったり、学校側も「○○さんのお家は来ないから」とうまく関係を

築けなくなったりしてしまうことがあります。

　このような状況の中で、日本の義務教育の学校文化にうまく溶け込んだ子もいれば、本人の努力以外の部分でうまくいかなかった子もたくさんいます。この「うまくいかなかった」子たちの多くの進学先が定時制高校です。現在の日本人の高校進学率は98.1％で、そのうち3.7％が定時制および通信制高校（2008年）なのに対して、外国にルーツを持つ子どもたちの高校進学率は約80％で、そのうち定時制および通信制は約30％にも上ります（2007年）。この数字だけでも、外国にルーツを持つ子どもたちの進学がいかに難しいものなのか、想像がつくのではないでしょうか。もちろん、彼らの学力が育っていないためこのような結果となっているのですが、その背景を知ることで、高校以前の学校教育の中で様々な支援が必要だということが分かっていただけたらと思います。

3．出身国の多様性への対応

　さらに、「今」日本に働きにくる外国人ももちろんたくさんいます。最近ではフィリピン・タイに加えてネパール・パキスタン・スリランカからの来日が増えています。彼らの多くは家族単位での来日で、その子どもたちも高校進学を希望しています。そんな彼らのために、筆者が勤める神奈川県では高校進学のための様々な配慮があります。来日6年以内であればルビふりの試験や時間延長など、来日3年以内であれば特別募集枠があったりもします。その結果、神奈川県の（昼間定時制高）K高校では外国にルーツを持つ生徒が2割以上在籍しています。

4．外国にルーツを持つ生徒たちにとっての英語の授業

　外国にルーツを持つ生徒たちを対象とした「英語」の授業はいったいどのようなものでしょうか。まず、外国にルーツを持つ生徒で、はじめに説明した日本生まれ日本育ちの生徒は、母語も日本語も会話は流暢だけれど、学習言語にはしばしば大きな課題を抱えています。つまり、二つの言語がなかなか育たない状況にある中で英語が入ってくるため、学習が困難で、成績が伸び悩む生徒が多いという課題です。次に、中学に入るか入らないかの時期に来日した場合には、ひらがな・カタカナを覚えると同時に（意味のわからない）日本語で英語

を学び始めます。

　英語圏やアルファベットを使用する南米やベトナムからの生徒はまだしも、タイやカンボジアの生徒はアルファベットも同時に学習していかなければなりません。アルファベットを知っていても優位というわけではありません。反対にちょっとした勘違いが生じてしまうという問題があります。「アルファベット＝英語が書けるから英語が通じる」と誤解され、少しはわかる日本語ではなく、親切心からほとんどわからない英語で話しかけられてしまうことがあります。あるいは、私たちがこの生徒の国は「公用語が英語」だからと、英語でやりとりをしようとして失敗することもよくあります。スリランカやパキスタン、一部フィリピンにルーツを持つ生徒たちです。フィリピンでは数多くの言語が話されていることから英語で教育がなされていると思いがちですが、英語が流暢でない生徒も見受けられます。英語が話せても、文章（あるいはスペル）を正しく書けるわけではない生徒もいます。これらの生徒を以下の①〜③のように簡単にまとめてみました。

①母語に文字があり、アルファベットは使わない。英語もほとんど聞かない。
②母語はアルファベットだが、英語の知識はあまりない。
③公用語に英語が含まれている（英語ができる人とできない人がいる）。

　このような母国での状況に加え、来日してからの年月が一人ひとり違うため、言語に対する意識が@〜@のように全く違った状況だと言えます。

@日本生まれで母語の文字はわからない。
ⓑ母語の文字と日本語を勉強している。
ⓒアルファベットはわかるが英語はわからない。
ⓓ英語はやり取りや学びで使うが体系的に学んだことはない。
ⓔ英語はネイティブスピーカーと変わらないと言える。

　このように書くと、Ｋ高校がとても問題を抱えた大変な生徒を抱えた学校のように思えてしまうかもしれませんが、外国にルーツを持つ生徒たちは小学校

中学校では学年に、あるいは学校に数人しかいない孤立した状態であったのが、高校に入って多くの仲間に出会い、そこで様々な思いを吐露し、共有することで大きく成長することができます。さらに、K高校の先生方も彼らに寄り添う形で学習における支援のみならず様々な支援をしています。

5．楽しくかつ知的好奇心を育む英語の授業

　そんな先生方ですが、また一つ特殊な問題を抱えています。英語の指導においては、母語の影響を受けた発音の指導であったり、国による英語教育の方法の違いにより生徒が混乱をきたすなどといったことです。反対に、教員の英語力よりも高い生徒もいたりします。そのため、英語の教員は日本人の生徒とは違った方法を手探りで探しながら、一人でも多くの生徒が英語の時間を「楽しく、有意義に」過ごせることを目標に授業を展開しています。教員は日本語の学習と同様「間違えてもいい、間違えることで記憶に残り、それが自分のものになる。」と考え、それは英語の学習にとどまらず、自分の成長につながるよう、英語が単なる語学の学習ではなく、人生の学びになるよう心がけて授業を展開しています。生徒たちにとって何より「勉強が楽しくなる場を提供すること」を作り、英語を通して知的好奇心を育むことを学んでほしいと考えています。生徒たちにとっては、英語は楽な授業であったり、苦痛な時間であったり、日本語以上に自らを見つめなおす時間なのかもしれません。

主要参考文献

あらた真琴（2012）『となりの席は外国人』ぶんか社
文部科学省（2012）『高等学校教育の現状』高等学校への進学率
http://www.mext.go.jp/component/a_menu/education/detail/__icsFiles/afieldfi
　le/2011/09/27/1299178_01.pdf（2019年5月閲覧）
文部科学省（2012）『外国人の子供の就学促進、進学・就職に関する参考資料』外国人
　生徒等の中学校卒業後の進路
http://www.mext.go.jp/b_menu/shingi/chousa/shotou/121/shiryo/__icsFiles/afieldfi
　le/2016/04/14/1369164_01.pdf（2019年5月閲覧）

Q33
夜間定時制高校ではどのように英語教育が
行われていますか

森谷祥子

1．夜間定時制高校とは

　夜間定時制高校と聞いて、すぐにイメージが湧く人は少ないかもしれません。しかし、公立高校の教員であれば、本人が希望していなかったとしても、定時制高校への赴任を経験することもあります。ところが、教員養成課程において定時制高校に関して学ぶことは、これまであまりなかったのではないでしょうか。そこで、ここでは少しだけ夜間定時制高校における英語教育の現状とそこから浮かび上がる日本の英語教育の課題についてお話しします。

　まず、夜間定時制高校がどんなところか簡単に説明します。定時制高校（正確には、高等学校定時制課程）は、戦後の苦しい生活で昼間学校に行けない勤労青年の教育機会として、全日制・通信制高校と共に、日本政府が設立した教育課程です。設立当初から存在する伝統的な定時制高校のほとんどが夜間校で、生徒たちは1日4時間（午後5時頃から9時頃まで）の授業を4年間受けて卒業します。このような夜間だけの定時制高校をここでは夜間定時制高校と呼びます（近年では、昼間と夜間の両方で授業を行う多部制の定時制が増えています。その一方で、夜間定時制高校は統廃合され数が減少しています）。定時制の教育課程は、全日制のものと原則的には同じです。よって、夜間定時制高校の外国語教育も基本的に学習指導要領に則って行われており、英語が必修科目であることが一般的です。

2．夜間定時制高校に通う生徒たちの多様性

　では、どんな人たちが夜間定時制高校に通っているのでしょうか。1960年代頃までは、昼間に正規で働きながら夜間だけ勉強に励むという典型的な勤労青

年が多く在籍していました。しかし、日本社会が経済的に成長し、高校進学率が向上すると、定時制高校は全日制高校に入ることができない人たちの受け皿としての役割を担うようになったと渡辺（1992）は言及しています。結果的に、現在の夜間定時制高校には、言語的にも、文化的にも、社会経済的にも、全日制高校と比べて多様な人たちが集まっています。例えば、筆者が現地調査を行った夜間定時制高校では、全日制の受験に失敗して定時制に来た人、学齢を大きく超えた人、障害を持つ人、全日制から転編入してきた人、小中での不登校経験者、そして、家計を支えるために働く人などが同じ教室で机を並べていました。

　特に、近年日本の小中高で言語面での多様化が進み、日本語を母語としない生徒が増加していることが文科省のデータでもわかります。夜間定時制高校でもその傾向は顕著です。そこで、以下では主に生徒の言語的多様性に注目して、夜間定時制高校における英語教育の現状についてお話しします。

3．夜間定時制高校の英語教育

　筆者は、2016 年秋から約 2 年、関東圏の、ある夜間定時制高校で現地調査を行いました。この調査結果を一般化することはできませんが、文献や他の定時制高校の見学を通して得た知識の限りでは、調査校は少なくとも都市部の夜間定時制高校の特徴の一部を反映しているように思います。

　調査校では、1 学年につき、約 1 割から約 3 割の生徒が日本語を母語としない生徒でした。調査当時、中国、フィリピン、ネパールなどのアジアの国出身の生徒が、日本人生徒と同じ教室で英語の授業を受けていました。フィリピンやネパールから来た生徒たちの多くは、幼少から英語による学校教育を受けていたため、英語を流暢に話すことができました。彼らは日本語がわからなくても英語が理解できるので、英語の授業で苦労する様子はありませんでした。一方で、中国から来た生徒の中には、英語も日本語もほとんどわからない生徒がいました。この場合、英語の授業では日本語と英語の二つの言語的ハードルが課されることになります。また、フィリピンは最近英語圏の国として認識されつつありますが、フィリピン出身の生徒の中には、様々な事情のため母国で英語を習得せずに日本に来る生徒もいます。例えば、調査校では、少し英語が話

せたため英語能力が高いと周囲に思われていたフィリピン出身の生徒がいました。ところが、その生徒をよく知る英語担当の先生によると、実際には英語での意思疎通は難しいとのことでした。先生が英語で伝えた内容が理解されないことが多かったそうです。

　調査校に通う日本語が母語の生徒の英語能力も様々でした。その多くは、中学の英語学習で挫折した経験を持っていたり、不登校で英語をほとんど学ばず高校に入ったりしたために、英語が苦手だと感じているようでした。しかし、中には英語能力が高い生徒もいました。将来英語に関連した仕事に就くために英語を勉強している生徒や、フィリピン出身者などの英語を話す親を持つ生徒の中には、日本語と英語を両方流暢に話す生徒もいました。調査校では、このような言語的に多様な生徒たちが、同じ教室の中で英語の授業を受けていたのです。

　また、調査校の生徒たちのほとんどが卒業後就職します。そのため、進学校で行われるようないわゆる「大学受験対策のための英語学習」はほとんど行われていませんでした。もちろんこれは調査校だけの特徴であり、生徒の大学進学を積極的に支援する定時制高校もあります。このような環境は、大学受験を前提とする高校英語教育が身に染み付いている英語の教員にとっては、乗り越えるのが困難な課題となるかもしれません。英語学習に関心がない生徒に対して、「とりあえず、大学に行くために英語を勉強しましょう」は通じないからです。何のために生徒たちが英語を学ぶのかという問いに対する根本的な答えがここでは求められます。

4．夜間定時制高校の生徒の英語観

　実際、言語的多様化が進む夜間定時制高校に通う生徒たちは英語学習をどう捉えているのでしょうか。興味深いことに、筆者が調査校で行った生徒へのアンケートでは、85％以上の生徒が英語の勉強は大切であると答えていました。たとえ受験英語が必要なくても、英語の勉強は大切だと考える生徒が多かったのです。主な理由は、「英語は将来役に立ちそうだから」、「日本に来る外国人が増えているから」、「英語は国際共通語だから」という、グローバル化した社会を意識したものでした。しかし、聞き取り調査で生徒たちの考えを詳しく聞く

と、英語は大切だと言う一方で、日常生活では必要ないという認識があること
も見えてきました。

　英語が不要だという認識について、「高校生は英語の重要性をまだわかってい
ないだけだ」と言う英語教員がいるかもしれませんが、そう言い切れるでしょ
うか。夜間定時制高校に通う生徒の多くは、工場、スーパー、コンビニ、建設
現場などで（ほとんどが非正規の）仕事に就いて働いています。毎日働いてから
学校に来る外国人生徒たちもいます（家族滞在ビザなどで日本に滞在し、定時制高
校で学んでいる場合も、一定の条件を満たした上での労働は認められています）。彼
らは日本社会を支える労働力となっています。そのような生徒の中には、学校
以外の社会経験があまりない教員よりも、現在の日本社会の現実について鋭い
感覚を持つ人がいるかもしれません。

　例えば、建設業では、近年の深刻な労働者不足を補うために、政府が率先す
る形で、外国人労働者の雇用が増えていると内閣府（2018）は指摘しています。
聞き取り調査をした生徒たちが働く建設現場でも、中国やベトナムから来た外
国人労働者が働いているようでした。この生徒たちも、英語は海外に行ったと
きや日本に来る外国人観光客とのコミュニケーションに役立つだろうという認
識を持っていました。しかし一方で、建設現場で働く外国人とのコミュニケー
ションは基本的に全て日本語で行われているため、「職長さん（現場監督の責任
者）」や「通訳者」のような特定の立場の人でない限り、日本語を母語とする彼
らがあえて外国語を話す必要はないとも答えていました。つまり、建設現場で
実際に外国人労働者が働いていたとしても、共通語は英語ではなく日本語であ
ると認識されていたのです。

5．矛盾した意味を持つ英語と隠れた単一言語主義

　以上で見たように、夜間定時制高校に通う生徒は非常に多様です。そして、
夜間定時制高校に通う生徒たちの英語に対する認識を詳しく見ると、「国際共通
語としての英語」、「日本の生活の中の（不必要な）英語」、そしてもちろん「学
校教科としての英語」という一見矛盾した英語の意味が複雑に絡まり合いなが
ら、生徒たちの認識の中に共存していることが読み取れます。このような認識
の裏には、「結局英語は外国のもので、日本では日本語だけが必要。」という、

日本の単一言語主義的な言語観が隠されているように思われます。

　夜間定時制高校に通う生徒は日本の高校生全体の極少数にすぎません。しかし、彼らの多様性は、日本社会に存在する多様な社会・言語・文化的側面を反映していると捉えることもできます。日本の中の多様性と単一言語主義のせめぎあいが、夜間定時制教育における英語教育では意識せざるを得ない状況となっているのです。このせめぎあいをどのように捉え、乗り越えていけるのかは今後の英語教育の課題です。そしてこれは、今後多言語化が進むと思われる日本の小中学校、そして夜間定時制高校を含む高校においても取り組むべき課題でしょう。

主要参考文献

内閣府（2018）『経済財政運営と改革の基本方針 2018』
　　https://www5.cao.go.jp/keizaishimon/kaigi/cabinet/2018/2018_basicpolicies_ja.pdf
　　（2019 年 4 月 20 日閲覧）

文部科学省（2015）『日本語指導が必要な児童生徒の受入状況等に関する調査（平成
　　26 年度）」の結果について』
　　http://www.mext.go.jp/b_menu/houdou/　27/04/__icsFiles/afieldfi
　　le/2015/06/26/1357044_01_1.pdf（2019 年 4 月 20 日閲覧）

渡辺潔（1992）「定時制高校の変容と現状――都立 F 高等学校を事例として」門脇厚
　　司、飯田浩之編『高等学校の社会史――新制高校の「予期せぬ帰結」』東信堂、117
　　～ 140 頁

Q34
耳が聞こえない人たちはどんな風に英語を学んでいますか

岡 典栄

1. 耳が聞こえない人たちはどうやって言語を身につけるのでしょうか

現在日本には、約34.3万人の聴覚障害者（18歳以上）と約1.7万人の聴覚障害児（18歳未満）がいると平成25年版障害者白書で報告しています。それらの人々は音声言語（英語や日本語）を耳から聞いて自然に習得することがほとんど不可能です。中には補聴器などの補助手段を使ったり、人工内耳という、音を電気信号にかえて直接脳神経を刺激する人工臓器を埋め込むことによって、聴覚を利用することができ、音から言語を習得できる人たちも多少はいます。

しかし、聴覚を使って言語を習得できない人たち（ここでは彼らをろう児・者と呼びます）はどうやって言語を習得するのでしょうか。ろう児・者にとって、最もよく活用できる情報源は視覚です。彼らが自然に獲得できる言語は視覚言語である手話です。生まれ育った環境の中に日本手話があれば、日本手話を、アメリカ手話があれば、アメリカ手話を自然に習得します。ただ、90％以上のろう児は耳の聞こえる両親の下に生まれてきますので、デフファミリーと呼ばれる、両親や他の家族がろう者である家庭以外では、家庭の中に自然習得できるほどの手話があることほとんどないのです。また、視覚言語である日本手話と、日本語は文法も語いも異なる別の言語であり、ろう児は日本語を第二言語として身に付ける必要があります。

2. ろう児たちの英語学習はどのように行われているのでしょうか

ろう児たちも、中学校に入る年齢になると、義務教育の一環として外国語（英語）を学習することになります。聴覚障害児に対する教育は、特別支援教育の対象となるものであり、特別支援学校で教育を受ける児童・生徒に対する教育課程では、「特別の教科道徳、外国語活動、総合的な学習の時間及び特別活動

の目標・内容等は小・中・高等学校に準じている」と書かれています。2020年度から小学校5・6年で英語が教科化され、3・4年から外国語活動が導入されれば、特別支援学校においても、基本的に同じ教科編成になることが予想されます。

　従来の特別支援教育の中での英語教育は満足のいくものではありませんでした。浦崎（2014）によると、元々ろう学校での教科指導は小学部の段階で実際の学年より1年から2年遅れている場合が多く、中学校で学ぶ英語においても卒業時点で中学1年の教科書が終わった程度であったというような例が現在30歳代から40歳代の年齢層でも聞かれます。ろう学校における英語教育において特徴的な指導法は全ての英単語にカタカナで読み方のルビをふるという方式でしょう。この方法は2019年時点でも基本的に続いています。ろう学校の英語の定期試験の中では英単語の読み方をカタカナで書かせるというような問題もあります。そして、Aろう学校とBろう学校ではカタカナの振り方が違うので、例えばthisはジスかディスかなど、転校すると答えがバツになったりすることがあるそうです。fourをフォアと書く学校とフォーと書く学校があると、決められた方で書かないと正答と認められないそうです。そもそも英語をカタカナで表記することは可能でしょうか。いずれのルビも正しくないというべきではないでしょうか。

　この英語に全てカタカナで読み方を書くという方法で英語を学習してしまうと、英文自体を読むことができなくなってしまいます。試験で長文読解の課題文を読むにしても、英語だけだと読めないので、ルビをふってくれとある成人ろう者から頼まれたことがあります。数ページにわたるような英語の文章が例えば「アグネス　ワズ　ボーン　イン　マセドニア　イン　1910.　ウェン　シー　ワズ　スティル　ヴェリー　ヤング、シー　ワンテッド　トゥ　ギブ　ハー　ライフ　トゥ　ゴッド」というようなカタカナ表記にした場合、それを読んで意味が理解できたとしても、「Agnes was born in Macedonia in 1910. When she was still very young, she wanted to give her life to God」という英語表記の英語を読んだことになるのでしょうか。

3．ろう児・者にとっての英語四技能とは

　近年英語教育においては四技能の全てを伸ばすことが強調されるようになってきています。従来の方法が「読む」、「書く」だけを評価の対象としていたので、それを改めるために、大学入試にも「話す」、「聞く」能力を評価の対象に含めたいくつかの民間試験の利用が検討されました。これはそもそも「聞く」ことができないろうの生徒にとって、様々な困難の原因となり得ます。もちろん、「聞く」ことができないわけですから、「聞く」試験は免除してもらう、あるいは代替問題を用意してもらうことができるでしょう。

　しかし、「聞く」ことができないことが「話す」ことにどのように関わっているかの理解はそう容易ではないかもしれません。というのも、ろう児・者の構音（調音）構音（調音）器官には問題がない場合も多く、声を出すこと自体は可能だからです。しかし、聞いたことのない音を出すことが可能かどうか、また、それによって会話を成立させることができるかどうかは全く別の問題です。なぜなら、自分が話した後には、相手からの反応があるはずで、それが聞こえない場合には、応答ができないからです。したがって、声を出せ（音読せよ）という指導はろう者の英語指導において、適切ではありません。耳が聞こえる人でも、例えばコイサン語（南西アフリカの言語）の吸着音を一度も聞いたことがない状態で、「軟口蓋と後舌で閉鎖を作りながらそれより前の調音点でも閉鎖を作って空気を閉じこめ、舌の動きによって口腔内の気圧を下げると、外との気圧差で閉鎖が開放されて外から内向きの気流が発生して音がでるので、肺からの呼気を使わずに発音する」、と言われても、まず、できません。音を作るためには聞いたことがある必要があるのです。そしてむしろどのようにして発音するかという情報よりも、聞こえた音を自分なりにまねをしてみて、自分が持っている音の印象に近づけていくという方がずっと近道なわけです。

4．ろう児・者の英語習得のために

　では、ろう者は英語が習得できないのでしょうか。もちろん習得可能です。しかし、その方法が音声を媒介にしないということです。したがって、「読む」「書く」だけで英語を覚え、「読む」「書く」のみの英語を使うということになります。ろう者の中にも、英語を使って仕事をしている人はいます。グローバ

ル化の時代と言われ、日本の企業の中にも社内言語を英語にするところが出てきています。また、全ての社員に英語力向上を求め、そのために民間の英語テストを受けさせてその結果の提出を求める会社もあります。ろう者を例外扱いにしてくれとは言いにくい状況があります。六本木ヒルズで働いているような英語が堪能な日本人ろう者は収入も高く、また情報保障（手話通訳をつけたり、チャットなど文字によるコミュニケーション方法を使う）も手厚いことが多いので、英語ができるということはろう者にとっても経済的に価値があることです。英語ができることで職業選択の幅も広がり、社会的地位も向上します。

　社会に出る前の段階として、大学入試を突破するためには、英語ができることはやはり重要です。理系・文系を問わず、英語ができるかどうかは大学入試に合格できるかのカギとなることが多いでしょう。それでは、中学・高校の段階で大学入試に耐えうるような英語力をつけるにはどうしたらよいのでしょう。残念ながら、聞こえる日本人が英語を身に付けるための決定的に有効な方法が見つかっていないのと同様に、ろう児に対する最適な英語指導法の決定版と言える指導法は見つかっていません。それ以前にろう児が身の回りにある音声言語（＝日本語）を十分に身に付けるための最善の方法というのも見つかっていません。日本のろう者は日本語を身に付けるのに未だに苦労していますし、イギリスのろう者たちは英語を身に付けるのに苦労しています。非英語圏のろう者たちが英語を身に付ける方法に関する研究はいくつかありますが、決定打と言えるものはありません。

　いずれにしても、これから中学校でも求められることになる「英語で英語を教える」という方法が、ろう児にうまく機能するかは疑問があるところです。現在の応用言語学の考え方では、第二言語習得における母語の役割が認められており、ろう児たちにとって、母語である日本手話を使って英語の説明を見ることができるビデオ教材などが有効であると考えられます。絵や写真などの視覚情報を多用し書記日本語による訳語や説明を用いた指導があってもよいと思われます。また、日本手話と英語、日本語を比較した対照言語学的な授業も有効でしょう。第二言語習得において、母語からの転移の多くは正の転移であり、母語でできることは第二言語においてもそう難しいことではありません。負の転移が起きやすい部分を特に認識し、それについては十分な説明を行うととも

に練習をたくさんするといった方法で、意識的に間違いやすい分野を克服していくこともできるでしょう。そのような母語とは異なる言語について学ぶ経験は英語だけに限らず、今後学ぶかもしれない第4、第5の言語習得にも大いに役立つことでしょう。

主要参考文献

浦﨑源次（2014）「教育課程からみた「準ずる教育」の検討（2）――学習指導要領の変遷を手がかりに」『群馬大学教育実践研究第31号』127〜136頁

Q35
機械翻訳時代には英語教育は不要になりますか

波多野一真

1．機械翻訳によるコミュニケーション

　パソコンやインターネットが世に普及するようになって早くも20年以上が経ちました。その間、こうした科学技術のおかげで、コミュニケーションのあり方は大きく変わりました。例えば、電子メールがない時代、地球の裏側に住む友人には、時差を気にしながら電話で会話をしたり、数週間かけて手紙を交換し合ったりしていましたが、電子メールやSNS（ソーシャル・ネットワーク・サービス）を通じて、いまや時間を気にすることなく、瞬時に世界中の友人にメッセージを伝えることができるようになりました。また、ツイッターやインスタグラムなどを通じて、必ずしも特定の相手ではなく、世界中の不特定多数の人々へメッセージを発することもできるようになりました。本を出版しなくても、誰もがサイバー空間で「著者」になることができる時代です。コミュニケーションのあり方としては、大きな変化と言えるでしょう。

　しかし、これからそう遠くない未来、過去20年間を凌ぐ大きなコミュニケーションの変化が訪れる可能性があります。機械翻訳を介したコミュニケーションです。翻訳を介するということは、自分で発したことばを直接相手に伝えるのではなく、機械を通して別の言語でそれを表現するということです。このようなコミュニケーションの方法は、人間同士でいえば「伝言ゲーム」を行うようなものです。伝言ゲームでは、中間で伝言する人がどれだけ正しく理解し、伝えるかにかかってきます。同じように、機械がどれだけ発話者の意図通りの伝言を相手に適切に送ることができるかが、コミュニケーション成功の鍵となります。

　AI（人工知能）の話題を多く耳にするようになりましたが、それに伴い、AIを用いた機械翻訳の発達によって、英語教育が不要になるのではとの議論がさ

さやかれるようになりました。機械翻訳が飛躍的に向上すれば、今まで自分で学習して用いてきた英語はもはや不要で、機械が我々の脳の代わりとなって英語を訳してくれるというのです。現在のところ、機械翻訳があるからといって英語教育を中止しようという動きはありませんが、これから英語教育がどう変化していくかは大きな関心事です。

２．機械翻訳の現状

　近年、グーグル翻訳の精度が飛躍的に向上したという話を聞いたことがあるかもしれません。日経ビッグデータによると、グーグルは、脳の神経回路を模したニューラルネットという仕組みや、インターネット上にある大容量のデータを用いて世界中の翻訳例文を学習材料として機械自らが学ぶことにより、以前とは比べものにならないほど自然で高精度な翻訳を可能としています。世界的には、グーグルのような大企業により大きく開発が進められていますが、日本においては、公的機関である情報通信研究機構（NICT）が独自の開発を進めています。法務省が 2018 年に発表した「外国人材の受入れ・共生のための総合的対応策」の中では、今後増加すると予想される外国人労働者への支援策として、行政サービスの多言語化に機械翻訳を使っていく方針が明記されています。今後、様々な場面で機械翻訳を使用する機会が増えてくるでしょう。

　近年発刊された AI 関連の書籍や記事を読むと、人工知能や機械翻訳に最前線でかかわっている専門家の多くは、仕事で必要な英語使用の多くを機械翻訳で行えるようになると予想しています。例えば、上記の情報通信研究機構の研究者は、会議で同時通訳を行える機械翻訳が 10 年後にはすでに可能になっているだろうと予測しています。技術的には、そう遠くない未来に、我々の想像を超えた翻訳能力を持った機械が誕生し、多くの外国語コミュニケーションを代替することが可能になるかもしれません。

　しかし、そのように予想する専門家でも、完全に機械に翻訳を任せてしまうのではなく、翻訳をチェックするだけの英語力を各個人が持っている必要があるという意見が多いようです。高精度な機械翻訳が可能だったとしても、人間が行うコミュニケーションは複雑であり、文脈に合った翻訳を全ての場面で行うことは非常に難しいでしょう。特に文学的表現や笑いを含んだ表現の場合、

文化的背景や社会通念を理解して、感性に訴える翻訳文にすることが大切です。そうした文章については全面的に人間が翻訳するという選択もありますし、機械に翻訳してもらったとしても、それが意図した意味になっているかどうかを確認・修正できる英語力が必要になってくるでしょう。どちらにしても、完全に機械に任せられるようになるには、もう少し時間がかかるのではないでしょうか。

3．将来、英語教育は不要となるのか

　上記を考えると、英語教育が完全に不要になると訴えるには、まだその確証が得られる段階ではないようです。また、英語教育が不要になるかどうかは、機械翻訳の技術的側面を見ただけではわかりません。英語使用にかかわる社会的、心理的、教育的な側面も考えていかなければならないからです。そこで、以下では、機械翻訳の技術面だけではなく、いくつか別の側面も考え、将来において英語教育が本当に不要になるかどうかを考察していきたいと思います。

　第一に、英語教育が不要となるには、機械翻訳に対して、意図通りに訳してくれるという絶対的な「信頼」がなければなりません。英語が全くわからない状況においては、この信頼がないと、どんなメッセージが相手に届いているのかがわからず、コミュニケーションを円滑に行っていくことができません。信頼度を高めるには、翻訳精度や文脈に応じた柔軟性など、技術的な進歩が大きく関わってきますが、単なる技術面だけではなく、その信頼がどれだけ社会に広まるかが重要になってきます。この信頼は、英語を実用的に使用しているビジネスの世界から広がっていくでしょう。機械翻訳を使ってコミュニケーションが成功した例を積み重ねていけば、ある時点で信頼度が一気に高まっていき、英語教育は不要であるとの実質的議論が進むのではないでしょうか。しかし、逆説的ですが、意図したとおりの翻訳になっているかを確認し、その有用性に気づくには、ある程度の英語力が必要になりますから、こうした信頼が社会の隅々まで広がっていくまでの期間は、英語教育が不要との議論は進まないでしょう。

　第二に、機械翻訳を介したコミュニケーションが、どの場面でも受け入れられる方法となるかが鍵になるでしょう。日本人の多くが LINE アプリを使用し

192

ていますが、仕事上の正式な依頼を LINE メッセージで伝えることは通常あり
ません。伝言内容が同じであっても、LINE のような SNS で伝えることは、無
礼にさえなってしまうことがあるからです。何が適切なコミュニケーション方
法となるかは、ある程度社会の中で決まってきますが、時代によって受け入れ
られ方が変化することもあります。例えば、将来、LINE メッセージが正式な
ビジネスレターの代替として受容される日がくるかもしれません。機械翻訳に
ついてはどうでしょうか？　例えば、社内の会議で機械翻訳を使うのはよいが、
取引先の重役と会食をする時には無礼にあたる、などと社会の中である程度暗
黙のルールができ上がってくるかもしれません。こうした段階を経て、機械翻
訳がどんな場面でも使用可能なコミュニケーション方法となるには、長い間時
代の変化を待つ必要があります。それまでは、機械翻訳を使えない英語使用場
面が存在し続けることになり、「英語教育は必要ない」との主張は弱くなるで
しょう。

　第三に、英語は単なる実用的な道具ではないという点を考えなくてはなりま
せん。日本人にとって、英語は「あこがれ」や「理想」の対象でもあります。
「外国人と英語で話したい」、「うまく英語を話せるようになりたい」といった
欲求を機械翻訳は満たしてくれるでしょうか。機械を介してコミュニケーショ
ンをとることが、なにか「本物ではない」という感じを与え、敬遠する人も出
てくるでしょう。また、機械翻訳を使うことが、英語を話せないことの証明に
なってしまうため、向学心のある人は、逆に勇んで英語を勉強するようになる
かもしれません。学校から英語教育が消えてしまう、あるいは完全に選択科目
になった場合、機械翻訳があるからといって英語を勉強しない人と、「生のコ
ミュニケーション」を求めて英語を勉強する人の二極化が進んでいくのではな
いでしょうか。その意味で、そうした「格差」を作らないために、学校で全員
に英語教育を施すことが大切だという意見が出てくる可能性があります。

　最後に、英語教育の目的について考える必要があります。個人が英語を「学
習」する目的と、政策として英語「教育」を推進する目的は必ずしも同じでは
ありません。「英語教育は不要になる」との意見を考えるとき、上記二つの目
的を混同しないことが大切です。将来、あまり英語を使わないと想定している
人にとっては、機械翻訳によって「英語学習が不要になる」との意見は妥当で

しょう。しかし、「英語教育」として考えたときには、単に実用的な英語運用能力を養成するということが唯一の目的ではありません。例えば、日本語とそれ以外の外国語を比較することで、豊かな言語感覚を磨いたり、他の文化を学んだりすることもできます。個人が将来英語をたくさん使うかどうかにかかわらず、政府や日本社会が若者にそうした能力を身に付けてほしいとなれば、その目的のために英語教育を用いることもできるのです。また、機械翻訳を使用するといっても、コミュニケーションの相手は生身の人間ですから、相手の文化を理解することも大切になってくるでしょう。こう考えたとき、優れた機械翻訳が誕生したとしても、「英語学習は不要」だが、文化や言語感覚を養成する「英語教育は今後も必要」との結論もあり得るのです。

　機械翻訳の登場で英語教育が不要になるかについて考察してきましたが、こうした議論が数十年後にやってくるかもしれませんし、かなり早い段階で始まる可能性もあります。しかし、こうした議論も、人工知能の更なる発展によってもたらされる革新的なコミュニケーション変化のほんの入り口でしかありません。将来、人間の脳と脳とが世界的なネットワークとしてつながり、言語コード（文字などの記号）を介さずに、「感覚」を共有することで、あたかもテレパシーのようにコミュニケーションを図ることが可能となる日が来るかもしれないと、齊藤／井上も示唆しています。そうなれば、もはや機械翻訳すら必要なくなります。いまのところ SF 映画のような話ですが、機械翻訳が話題になる今、そうした壮大な未来のコミュニケーションのあり方について議論することは、とても夢のある話です。

主要参考文献

齊藤元章、井上智洋（2017）『人工知能は資本主義を終焉させるか──経済的特異点と社会的特異点』PHP 新書

日経オンライン（2017）「翻訳 AI の進化でこれ以上の英語学習は不要？　専門家NICT 隅田氏に聞く、AI 時代に必要な英語力」https://business.nikkei.com/atcl/report/16/113000186/120800004/（2017 年 12 月 11 日閲覧）

日経ビッグデータ編（2017）『グーグルに学ぶディープラーニング』日経 BP 社

第9章

世界における言語をめぐる格差

Q36
アフリカでの言語をめぐる格差とはどのようなものですか

山本忠行

1．英語を使うアフリカの国々

　サファリ・ツアーに出かけると、シニア世代の日本人に出会うことが珍しくありません。経済的・時間的な余裕があり、体力に自信のある人はアフリカへ一度は行ってみたいと思うようです。そのとき、言語のことを心配する日本人はあまりいないのではないでしょうか。なぜならアフリカ大陸には約 2000 の現地語があると言われますが、多くの国で英語が通じるからです。

　アフリカ 54 か国の中で英語圏とされる国は 20 か国以上あります。英語圏でなくとも英語を重視する国は少なくありません。しかし、その背後には言語を理由とする社会問題が横たわっていることを見落としてはいけません。ここでは英語圏アフリカ諸国を中心に、英語を使う意識と教育の問題から格差について考えていきます。

2．支配的な力を持つ英語、限定的使用にとどまるアフリカの言語

　1960 年代に次々と独立したアフリカ諸国はすでに半世紀以上経過した今も、かつてその国を植民地としていた旧宗主国の言語を公用語として使い続けています。中南米もスペイン語とポルトガル語が支配的ですから、似たようなものと思われるかもしれませんが、人口構成が違います。中南米ではメスチソ（白人と先住民との混血）が多数派を占めていますが、サハラ以南のアフリカの国々は人口のほとんどを現地の黒人が占めています。にもかかわらず、アフリカ大陸固有の言語は、家庭や地域、そして市場など、使用域が日常生活レベルとなります。マスメディアでも、ラジオで多少使われる程度です。

　政治的に独立しても、いまだに言語的には植民地支配が継続していると言ってよいでしょう。こうした状況を憂えて「精神の非植民地化」を叫び、自分た

ちの言語と文化に対する誇りを取り戻そうとしたケニア人作家グギ・ワ・ジオンゴの理想が実現する日は、なかなか訪れそうにありません。

　イギリスから独立し、スワヒリ語が最も普及しているタンザニアでさえ、中学以上の教育は英語によって行われ、スワヒリ語は1教科として扱われます。つまり、英語ができるかどうかで進学先が決まり、英語ができなければ、高い教育を受ける機会は得られず、できる仕事も限られます。当然のことながら、社会的上昇は期待できず、周縁化されていきます。こうして次の世代へと負の連鎖が繰り返されるのです。

　タンザニアでは過去に教育の完全なスワヒリ語化を目指し、教科書が作成されたこともありますが、それまでにタンザニアを支援してきたソ連の崩壊などの影響もあり、実現しませんでした。実はこうした外的要因だけでなく、国民が英語を望むという実態があります。英語ができる人は優れた人であり、英語ができれば、より良い暮らしができる、より高い地位に上がることができるといった強い羨望があります。

　一方、英語が堪能なエリート層には自分たちは苦労して勉強したから、今の地位と暮らしがあるという意識があります。そのため、努力をしない人間が貧困に苦しむのはしかたがないという冷ややかな態度が見え隠れします。

3．学力向上の障害となっている英語

　英語を使い続ける理由は何か、それによって何がもたらされるのか、を考えてみましょう。アフリカの教育を支援するヨーロッパ諸国や国際機関は、英語やフランス語は進歩・発展に不可欠のものとして、その普及と能力向上を重視します。国民の英語力が高まれば、経済も発展し、国も豊かになるというのです。それは一面の真理ではあるかもしれませんが、それは全ての人に当てはまるわけではありあません。

　英語を学べば、最新技術を学ぶことができると言われます。しかし、最新技術を必要とする人、活用する場がどれだけあるのか。国際的なビジネス展開にも英語力が必須というのですが、いったいどれだけの人がそういう仕事に就くのでしょう。こうした現実もあって、海外から援助をもらうために英語が不可欠なのだと皮肉を込めて言う人もいるぐらいです。

　そうは言っても、現状は英語に大きく依存した教育が行われているために、英語使用は今後も続くと思われます。その結果、英語ができない人は、十分な教育を受けることができません。政府が公表している識字率は、たいていの国は8割以上となっていますが、実態には厳しいものがあります。英語による授業についていけない生徒も多く、いつも低学力が問題となります。優良校であったとしても、英語の授業に多くの時間を割かざるを得ないために、他の教科教育の内容にしわ寄せが及びます。

　ある漁村の学校を訪ねる機会があり、そこの教師に生徒たちの親の識字率はどれぐらいかと聞いてみたところ、おそらく1割程度だろうという答えが返ってきたのには驚きました。生徒は教科書が買えないので、教師は黒板に英語の教科書の文章を書き写し、それを生徒に読ませて、覚えさせる教育を行っていました。学校には電気がないために、ITどころかラジカセも使えません。そういう地域の子どもに高い英語力が期待できるでしょうか。その国の教育省で全国初等教育修了試験の成績を見せてほしいというと、一日中たらい回しにされたあげく、何一つデータをもらえませんでした。公式発表と実態が乖離しているからだと思われます。英語が学力向上の障害になっていることは否定できません。それは一流大学でも同様で、数割の学生はアカデミック・イングリッシュの力が十分ではありません。そのため教科書丸暗記のような学習しかできなくなってしまいます。子どものときから英語で習えば、英語がネイティブスピーカー並みになるというのは、一部の優秀な生徒を除いて、あり得ないと考えた方が良いでしょう。

4．現地語の威信が低い理由

　アフリカで現地語の地位が向上しない理由として使用域の狭さと社会的地位の低さがあります。英語は世界語とも言える地位を確立している一方、アフリカの現地語は特定の地域でしか通用しません。多くの現地語は国内でさえ、意思疎通ができる相手が限られます。国境を越えて使われるスワヒリ語やハウサ語などの広域語もあるにはありますが、それでも生活言語や市場言語のレベルにとどまります。

　語彙不足も大きな課題です。教育や行政を支えるには豊かな語彙が必要です。

学者が造語したとしても、それが使われなければ普及しません。普及するには
メディアと教科書の役割が重要になりますが、新聞もテレビも英語が支配的な
ため、現地語の高度な語いに接する機会も乏しくなります。学校の先生もよく
知らない新語となると、その意味を調べる辞書が必要になりますが、辞書が古
かったり、小さかったりで役に立ちません。

　教科書を作るには、それなりの執筆者を集めなければなりませんが、現地語
で優れた教科書を書けるだけの人材が不足しています。製紙や印刷の技術も
低いために、できあがった教科書が英米などから輸入した教科書と比較すると、
みすぼらしく見えてしまいます。教科書の現地語化を進めようとしても、質の
低下を心配する教師や父母が反対します。

　アフリカ諸国では平均すると、一つの国あたり 40 以上の言語が話されてい
ます。現地語の教科書を作成したとしても、それを使って授業を行う教師がそ
の言語に精通していることは保証できません。なぜなら、生まれ育った地域で
教師になるとは限りません。また教育を英語で受けて教師になったのですから、
突然、現地語で教育をするようにと言われても、それは簡単なことではありま
せん。現地語の教員を養成するプログラムもないわけではありませんが、現地
語教師になりたいという学生は限られます。教師になっても英語教師と比べら
れ、英語が苦手だから現地語の教師になったのだろうと軽視されがちです。

　もう一つ付け加えれば、多くの親は学校というのは知らないことを習うため
にあると思っています。母語はすでに知っているのだから、学ぶ必要がないと
考えるのです。しかし、母語だからと言って、だれでも簡単に読み書きできる
わけではありません。それなりの教育が必要です。お世話になった、ある大学
教授は父親の仕事の関係で、他の地域で教育を受けたために、読み書きできる
現地語は母語ではない、母語は話すだけだと言っていました。

　いずれにせよ、初等教育の基礎を母語によって固め、思考力・表現力を育て
ることの重要性は、いろいろな研究から明らかになっています。言葉はコミュ
ニケーション・ツールであるだけでなく、論理的、抽象的思考を支えるもので
す。それを 10 歳ぐらいまでにしっかりと伸ばしておかないと、その後の学習に
支障を来します。

　流暢な英語を話し、高等教育を受けた人の豊かな暮らしを知っている庶民は、

自分たちもそうありたいと願い、英語で子育てしようとしますが、その英語の質に問題があるために、かえってその後の学習の障害になることも少なくありません。ガーナでインタビューした教育省の担当者は、しっかりと母語で考える力を身に付けた地方の子どもが、高校生ぐらいになると最初から英語で教育を受けた都会の生徒の学力をしのぐようになることは、珍しいことではないと語っていました。

5. 英語によってゆがめられる価値観

　言語はその背後に文化があります。英語を威信言語として学び、使っていると、自然に欧米崇拝になってしまう場合が少なくありません。ましてイギリスやアメリカで作成された教科書を使っていると、現地の文化や生活とは無縁の内容ばかりとなってしまいます。結果的にほとんどアフリカのことを知らないまま大人になります。

　さらには、英語を話し、キリスト教を信じ、洋食を食べる人がエリートという思い込みも生まれます。アフリカ人でありながら、心理的にはヨーロッパ人に親近感を覚えるようになります。ある大学の医学部教授に日本語と日本文学を教えていると言うと、「大学で教えるような文学が日本にあったのか」と笑われたことがあります。また、死んで墓の中にいるただの人間である仏陀を信じるような人間は「stupid（愚か）」だと言われたこともあります。極端な例のように思われるかもしれませんが、アフリカで暮らしていると、そうした価値観の根深さを痛感するばかりでした。

　英語ができないと社会参加の道が閉ざされ、しかも価値観までゆがめられるところに、英語が抱える問題が横たわっています。英語の過剰重視によって生じる言語障壁と固有言語の軽視が、アフリカ社会のSDGs（持続可能な開発目標）達成を難しくしているのです。

主要参考文献

梶茂樹・砂野幸稔（2009）『アフリカのことばと社会』三元社

山本忠行（2012）「西欧語はアフリカを貧困から救えるか」松原好次、山本忠行編著『言語と貧困──負の連鎖の中で生きる世界の言語的マイノリティ』明石書店、96〜116頁

Q37
アジアの多言語と英語はどういう関係ですか

野沢恵美子

1．アジアと英語の出会い

　英語は格差を生むのでしょうか。英語という言語そのものが、特に不平等や格差を生み出すわけではありません。英語も他の言語と同じように、コミュニケーションを媒介する大切な道具です。しかし様々な歴史的、政治的、経済的な関係性が言葉を話す私たちを取り巻いており、その関係性が不平等につながることがあります。さらに言葉をめぐる不均衡な関係性を人びとが当然のことと考えることで、ある言葉やその話し手に対して偏見や差別を生むこともあります。

　アジアと言っても、国や地域によって英語をめぐる事情は様々です。ここでは、イギリスやアメリカのような英語を話す国に支配されていた東南アジアと南アジアのいくつかの国を例に挙げながら、特に学校教育で英語がどのように教えられているのかを中心に述べていきます。

　ヨーロッパ言語である英語とアジアとの本格的な出会いは、植民地時代までさかのぼります。大英帝国は、北米大陸やオーストラリア大陸、インド亜大陸、中国の一部、南アフリカなど広大な地域を植民地としました。アジアでも18世紀から20世紀の初めまで、インド亜大陸、マレー半島、ビルマ、ボルネオ島のサラワクなどが大英帝国の支配下に置かれました。こうした英領では、英語で教育を行う学校と、現地語の大衆向けの学校の二種類がありましたが、英語の学校に通うのはごく一部の都市の富裕層で、また庶民向けの学校であっても通えない子どもは大勢いて、大きな教育格差が存在しました。英国式教育の目的は、植民地の運営に携わる西洋化した現地エリートを養成することで、英国式の教育を受けた中には、イギリス本国の大学で学んだり、司法やビジネスなど諸分野で活躍したりする人もいました。しかしそれは特別な地位にあるか裕福な家庭の男子に限られ、少数のエリートと大多数の人々の間には教育的、文化

的、経済的なかい離がありました。インド独立運動の父と言われるインドのマハトマ・ガンディも英国式教育を受け、ロンドンの大学で法律を学んだ一人です。しかしガンディは英語の使用が英国への依頼心を生み、インドの自立を阻んでいるとし、現地の言葉を使うべきだと主張しました。学校教育も英国式ではなく、農村生活に即した生産活動を取り入れて、教師が子どもに教えるのも、インドの言葉であるべきだと提唱しました。

2．独立後の英語教育

　20世紀になると、アジア各地で独立を目指す運動が高まり、第二次世界大戦後には多くの地域が独立を果たしました。朝鮮半島、台湾が日本統治から、フィリピンがアメリカ軍政から、ベトナム、ラオスはフランスから、インドネシアはオランダから独立を勝ち取りました。英領では、ビルマ、インド、パキスタンが大戦後まもなく、1957年にはマレーシアが独立国となり、後に中華系の住民の多いシンガポールがマレーシアから独立しました。

　独立国家となった多くの国々では、土地の言葉を国語・公用語と定め、同時に学校教育を現地の言語で行うことも進めました。植民地時代とは異なり、この新しい教育の目的は、国の全ての子どもたちが平等に、近代的な知識を身につけることです。そのためには外国語ではなく、日常話している母語で教育を行うことが大切だと考えられたのです。また公用語となった国の言葉を学校教育で使うことで、独立したばかりの国の統合を図ることも目指しました。

　しかし独立後も、実は公的な場での英語の使用を完全にやめた国は少数で、多言語が話されている国では、共通語として英語を公用語、または補助的な公用語にしていることも珍しくありません。同様に学校教育でも、英語が重要な地位を占めている国が多くあります。

　貿易や国際金融が主な産業であるシンガポールでは、公立学校での主要教科の教育は全て英語で行われています。多民族国家であるシンガポールでは、建国直後の1960年代には子どもは中華系、マレー系、インド系の学校に通い、それぞれの言葉で教育を行っていました。しかし英語能力が子どもの将来性を左右すると考える保護者の英語志向は強く、1970年代終わりには、子どもの大多数が英語の私立学校に通う事態となり、結局政府も公立学校の教育を英語で行

うよう方針を転換しました。英語による教育は、国際的な人材育成、より速い情報伝達、経済的利益に結びつくとの期待もありました。それでも当時は、英語はあくまでも文化や歴史とは切り離された「中立的な言葉」で、多民族間のコミュニケーション、経済活動のための言葉と捉えられていました。外で英語を話す一方で、家庭では民族の言葉でそれぞれの民族文化を伝承していくとされていたのです。しかし近年では、シンガポール英語と呼ばれる英語を母語とする若い世代が増加し、英語を経済的利益のためだけではなく、「シンガポール人」というアイデンティティの基盤をなす言葉と考える人も出てきています。

　英語と国の言葉の両方を同時に学校で教える国もあります。フィリピンでは多くの言葉が話されていますが、小学校から算数と理科は英語、ほかの教科は国語であるフィリピノ語（タガログ語を基盤として整えられた公用語）、または地方の言葉で授業を行っています。この方針はフィリピン人の英語力の高さにつながっている一方で、都市と地方の教師の英語能力の格差も懸念されています。地方には流暢な英語で授業を行える教師が少なく、それが地方の子どもたちの学習到達レベルに悪い影響を与えていると考えられているのです。

　他方マレー系、中華系、インド系の人々の住むマレーシアは、英語とマレーシア語、その他の民族言語間のバランスに苦慮しているように見えます。1957年の独立後、国民の約半数の第一言語であるマレーシア語を独立国のシンボルとして国語とする一方で、学校教育は英語で行っていました。その後1970年代には脱英語化し、国民学校の教育はマレー語で行い、中華系の子どもには中国語、インド系の子どもには南インドのタミル語で教育を行う国民型学校も設立しました。とはいえその間も大学の理数系教育は英語で使われ、都市に住むマレー系、中華系、インド系の異なる民族間では「文化的に中立」な共通語として英語が話されていました。一方で英語のレベルは家庭環境や教育レベルによって著しい差があり、就業機会にも多大な影響を与えていました。やがてグローバル化が進む中、若い世代の英語力の低下や、大学での理数系教育との連携不足を懸念する声が高まり、2002年には小学校から算数と理科が英語で教えられることになりました。しかしこの施策はマレー系だけではなく、中華系、インド系からも強固な反対を受け、2012年には再び国民学校・国民型学校での理数系科目も民族語で教えることになりました。母語で教育を行ったほうが子

どもの理解度が高く、民族のアイデンティティを保ちやすいという理由からです。ただその同じ時期に、英米豪の大学と提携して英語で授業を行う民間大学が相次いで設立され、アジア諸国からの留学生が増加するなど高等教育の国際化と英語への傾斜が進みました。つまり、マレーシアでは独立以来、公立学校で使用する言語を英語にするか民族語にするかで揺れ続け、現在のところは民族語で教育することとなっています。しかしもう一方では、私立学校での英語教育が強まり、特に1990年代以降の大学教育は英語化が急激に進むという、矛盾するような動きが見られたのです。

　南アジアでは独立以来、公立初等教育は現地の言葉で行われていますが、近年は英語で授業をする私立学校が増加しています。数百の言葉があり、州ごとに公用語が異なるインドでは、大学教育では多くの科目の授業が英語で行われます。ヒンディー語が国家の第一公用語ですが、国の行政はもう一つの公用語、英語で行われ、国家公務員になるには高い英語能力が求められます。公務員や医師など社会的地位の高い職業を目指す家庭では、幼少期から英語の私立学校に通わせることも珍しくありません。もともと英語はエリートの言語でしたが、グローバル企業の進出や、中間層が豊かになったことによる海外留学の増加など、英語と経済的利益との結びつきが広く認識され、近年では一般的な家庭でも英語教育熱が高まっています。ただし英語の学校と言っても質はまちまちで、名ばかりで実質の伴わない学校も少なくありません。また経済的に貧しい家庭では英語の学校に子どもを通わせることができず、職業選択の幅も限られるなど、言語を軸とした社会的な格差が固定化していると批判もされています。

3. 現代アジアの「再英語化」

　アジア全体で人の移動が活発化しグローバル化が進む現代、吉野（2014）は「第二の英語化」が起きていると述べています。上記の国々に加え、植民地化された経験のないタイでも近年英語教育熱が高まっており、また国の言葉による教育が確立して久しい東アジアでも、英語で学位が取得できるコースが多くの大学に導入され、留学生の受け入れが強化されています。大学を国際化させて国内外の学生が切磋琢磨する学習・研究環境を整えると共に、大学国際ランキングでの順位を押し上げたいとの大学の願望もそこには見え隠れしています。

　現代のアジアの「再英語化」は、植民地時代の英国の覇権とアジアの隷属といった関係性とは異なり、外からの圧力ではなく、各国の人々が自発的に選択していると言えます。東南アジア諸国連合（ASEAN）の共通語も、参加諸国の同意のもと、英語が選ばれました。言語学分野でも、それぞれの地域性を反映した発音・文法の特徴を持つ「多彩な英語」に関する研究が盛んです。そこでは「ネイティブスピーカー」信奉は陰を潜め、地域や文化ごとの英語の違いが賛美されています。

　しかしシンガポールやマレーシアでの認識に見られるような「英語＝中立的な言葉」は、本当に存在するのでしょうか。確かにシンガポールやマレーシアでの英語は、ローカルな文脈ではそれぞれの民族集団から一定の距離を保った言葉と言えるでしょう。しかしより大きな視野でみると、英語が経済や近代化と結びき、社会的成功のための資本とみなされているという事実そのものが、グローバル資本とローカルの間の経済的な不均衡を映し出しています。この言語資本へのアクセスは社会階層や、都市と地方など地域間で大きく異なり、それが不均質な教育システムの中で増幅され、さらなる不平等を生み、固定化しているという一面にも、十分目を向け理解する必要があります。

主要参考文献

吉野耕作（2014）『英語化するアジア──トランスナショナルな高等教育モデルとその波及』名古屋大学出版会

Alsagoff, L. (2012). The development of English in Singapore: Language policy and planning in nation building. In E-L., Low, & A. Hashim (Eds.) *English in Southeast Asia: Features, policy and language in use* (pp.137-154). Amsterdam, John Benjamins Publishing Company.

Kirkpatrick, A. (2012). Theoretical issues. In E-L., Low, & A. Hashim (Eds.) *English in Southeast Asia: Features, policy and language in use* (pp.13-31). Amsterdam, John Benjamins Publishing Company.

Omar, A. H. (2012). Pragmatics of maintaining English in Malaysia's education system. In E-L., Low, & A. Hashim (Eds.) *English in Southeast Asia: Features, policy and language in use* (pp.155-174). Amsterdam, John Benjamins Publishing Company.

Rao, A. G. (2016). The (Illusory) Promise of English in India, In P. Bunce, R. Phillipson, V. Rapatahana, & R. Tupas (Eds.) *Why English? Confronting the Hydra* (pp.197-207). Bristol, Multilingual Matters,

Q38
言語教育と人種はどのように関わっていますか

杉野俊子

1．人種という考え方

　英語教育を人種とむすびつける学者もいます。英語学習や教育と人種は関係しているなんて、と疑問に思う人もいるかもしれません。カチュルー（Kachru）の英語使用三心円（Q9 の図参照）の真ん中に相当する、英語圏の英語（単数の English）がお手本になっている時に、どのような事が起きるのかを、バンクーバーの British Columbia 大学で教鞭をとっている Kubota Ryuko（久保田竜子）の論文を中心に考えてみたいと思います。

　人種という考え方はどのように出てきたのでしょうか。民族中心性とヨーロッパ中心性の考え方は、欧州人が植民地帝国を築く前にすでに存在したのですが、この「にせの生物的」分類である人種の概念は、1600 〜 1700 年代に搾取を正当化するために欧米人によって広く定着しました。この身体的特徴で分類した人類の区分は、生物の分類としては存在しないので、何らかの目的で行われる社会的かつ通俗的な区分という方が良いようだと藤川（2011）は説明しています。

2．人種と英語教育との関係

　では、人種の意識も大きく変わってきている現代で、それがどのように英語教育と関わってくるのでしょうか。英語を学ぶということは、他の英語話者とコミュニケーションをとるためです。それでは学習者はどんな相手を想定しているのでしょうか。筆者の経験から、多くの日本人学習者は英語圏の英語話者をイメージしています。英会話の宣伝写真でよく見かけるパターンです。実際の授業でも、「将来外国人と話すために英語が必要」と答える学生に、「外国人はどんな人を想定しているの」と聞くと、「アメリカ人で、金髪で目が青い人」

と答える学生が未だに多いのは事実です。これは、アメリカは多民族国家なのに、日本の学習者が想像するアメリカ人は白人である可能性が高いことを意味します。

　人種の身体的特徴は、例えば、黒人は短距離走が速いとか、アジア人は数学ができるとか、また教材にも、正義感にあふれた白人と野蛮なアメリカインディアンが描かれるなど、典型的なイメージが往々にして出てくると Kubota（2017）も指摘しています。

　英語教授（English Language Teaching）の世界では、ここ30年ほど、どんな英語をお手本にして学習したり教えたりするのか議論されています。伝統的なELT では、学習者のお手本は英語圏の英語話者、つまり学習者から見た英語のネイティブスピーカーで、そのイメージは白人なのです。また、見た目の印象から、日本の学習者が思い描いていた英語圏の白人は、先生としても知識や物の見方が優れているに違いないと思いこんでしまう傾向があるのも事実です。

　Rivers と Ross（2013）の研究で、日本人英語学習者が理想的だと思う英語の先生は、ネイティブスピーカーの先生であることが第一に優先されるのですが、ネイティブの先生の中でも、白人の先生が黒人やアジア人系の先生よりも望まれることが明らかになりました。これは、Kubota と Fujimoto の研究でも明らかにされています。彼らの研究の目的は、教育の分野の「対抗する語り」（Counter-storytelling）という方法を使って、性差（gender）、社会階層（class）、言語（language）、国籍（nationality）、宗教（religion）と性的アイデンティティ（sexual identity）について、黄色人種の人たちの経験を自ら語ってもらうことで、人種的平等や正義を訴え、あらゆる抑圧を排除しようとするものです。

　日系アメリカ人、ジョナサンの経験（Kubota と Fujimoto より）
　日本の大学で講師をしている日系アメリカ人の女性が、とある語学学校でアルバイトを依頼された。偶然に、自分は、いわゆる白人の先生のお給料の60％しかもらえないことに気が付いた。理由を聞いたところ（日本人のように見える日系アメリカ人なので）、白人の先生のように写真映えがしないからだそうだ。それを聞いて直ちにその勤めを辞めた。

　これは、語学学校の経営者たちが、「本物らしく見える外国人」、つまりこの場合は白人の教師を、求めているという考え方に多々影響を受けているせいか、教師の専門性ではなくて見た目を重視した結果起きたことでしょう。Kubotaと Fujimoto（2013）は、もう一人の日系アメリカ人の話を紹介していています。アメリカで生まれ育った日系アメリカ人のジョアンは、同僚の白人の男性教師が、「なぜこの学校にはアメリカ人の白人女性の先生がいないんだろう」と無頓着に呟いているのを聞いて、「私もアメリカ人よ」と答えたところ、「いやー、僕は日系アメリカ人のことを言っているんじゃないんだよ」と答えたそうです。ジョアンは、アメリカ生まれのアメリカ人英語教師なのに、日本人的な見た目で判断されてしまい、アメリカ人教師と数えられてもらえなかったと吐露したそうです。

　このような例は枚挙にいとまがありません。日本で日本語を勉強したいため、英語の先生として来日したイギリス人女性は、日本語が話せるとわかるとネイティブスピーカーとしての価値が下がるから日本語を話さないように雇用者に言われたり、外国語として英語を学んだ南米コロンビア出身の白人女性は、アメリカ人の配偶者の苗字で応募したのでネイティブスピーカーとして雇われたりしたのですが、同様の条件で申し込んできたアジア系の女性は白人ではないので雇用を断られたとか、デンマーク出身の白人女性の先生は、自身の実際の出身地ではなく、（英語圏の）ネイティブスピーカーの先生だと生徒には言うようにと指示されたりと、例は数えきれないほどあります。

３．解決方法はありますか

　それでは、人種だけでなく、それに伴う文化・性差・社会階層・言語の差別にどのように対応したら良いのでしょうか。Kubota は社会的に優位な多数派の人たちはしばしば少数派が経験した痛みに気が付いていないので、少数派の人たちが自分たちの考え方や感情を表すことが、多数派の人たちの意識を高めるためには重要だと言っています。さらに、教師や学習者が、歴史や経済や社会的な要因を考慮にいれて、他の差別的扱いを受けているグループと比較して、自分たちが恵まれている点を認識したり疑問を持ったりすることが大事だと言っています。また、社会の正義と平等を推奨する立場にいる先生の役割は、

勇気と気遣いを持って、人種的に少数派でも多数派でも社会と個人の幸福のために、お互いに話し合いができるように、これらの問題を認識したり取り組んだりすることが大事だと Kubota は提案しています。

主要参考文献

藤川隆男（2011）『人種差別の世界史——白人性とは何か？』刀水歴史全書

Kubota, R. (2017). *Illuminating and scrutinizing race in English language teaching*. Selected Papers from the 26th International Symposium on English Teaching, 41-51, English Teachers' Association, Taiwan.

Kubota, R. & Fujimoto, D. (2013). Racialized native speakers: Voices of Japanese American English language professionals. In Houghton, S. A & Rivers, D. J. (Eds.) *Native-Speakerism in Japan: Intergroup dynamics in foreign language education*, Toronto: Multilingual Matters, pp. 196-206.

Rivers, D. J. & Ross, A. S. (2013). "Idealized English teachers: The implicit influence of race in Japan", *Journal of Language, Identity & Education, 12*, pp. 321-339.

Q39
アメリカの先住民はどのように英語を話すように
なったのですか

杉野俊子

1．言語的人権とは

　まず言語的人権（linguistic human rights）から話を始めましょう。言語的人権とは、基本的人権の一つとして、ある領域や国の誰もが母語（mother tongue）で教育や公的支援を受けることだと定義されています。スクトナブ＝カンガスとフィリプソン（Skutnabb-Kangas & Phillipson）によると、ほとんどの少数言語の話者は言語のせいで差別を受けています。例えばトルコのクルド族のように、母語が自分達の言語であると認めてもらえない少数派もいますし、世界の 6000 語以上の話者は、自分達の言語を使って教育や公的支援を受けられないでいるのです。

2．アメリカインディアンの排除の試み

　言語的人権を拒否された例として、現在はアメリカ先住民（ネイティブアメリカン Native American）と呼ばれている、かつてのアメリカインディアンの同化政策から見ていきましょう。もちろん、北アメリカにはカナダの先住民、アラスカの先住民がいますが、当時のアメリカ合衆国が一番強く「アメリカ化」を強制したアメリカインディアンの例をここでは取り上げたいと思います。

　現在、先住民が生活する 300 以上もあるインディアン居留地の総面積は、アメリカ全土のわずか 3％未満です。白人が来る前は人口と国土が 100％先住民のものだったことを考えると、鎌田（2009）も指摘しているように、インディアンに対する迫害と略奪がいかに酷いものだったかわかると思います。入植者によるアメリカ合衆国が成立した後も、先住民への抑圧はさらに激しくなり、連邦政府は先住民からさらに土地を奪い、特定の場所（居留地）に隔離していく政

策を推し進めました。その一例として、鎌田によると、1830年の「インディアン強制移住法」のもと、ミシシッピ以東の肥沃な大地に住んでいた先住民族を「インディアン・リザベーション（居留地）」への移住を強要したせいで、チェロキー族は、この強制移住の過酷な道中や移住先で、当時の人口の4分の1にあたる約4000人が命を落としたそうです。また、ナバホ族のロングウォーク（The Long Walk of the Navajo）と呼ばれる1863～64年のアメリカ合衆国政府によるインディアン排除の試みもありました。ナバホ族は、自分達の伝統的な土地の支配権と生活様式を維持するため、合衆国政府に激しく抵抗したため、政府のキット・カーソン（Kit Carson）の号令の下、子どもを含めた8500人が、480キロの行進をさせられたのです。その行進が余りにも過酷だったため、途中で寒さと飢えで何百人もが亡くなりました。しかも、強制疎開先は、インディアンたちにとって文字通り収容所のような所でした。1868年の条約で、ナバホ族は、故郷へ帰ることを許された数少ない部族として、空腹とボロボロの服でアリゾナとニューメキシコ州境沿いにある自分達の故郷に帰って来たのです。大幅に減ってしまった土地で羊を飼い、数年のうちにナバホ族は家畜の数を倍増し、ふたたび繁栄しはじめました。今日、ナバホ族自らが呼んでいるナバホ・ネーション（ナバホ民族国家）は、アメリカでチェロキー族についで二番目に大きな部族共同体（2010年の時点で33万2129人）となっています。

3．インディアン寄宿学校

　1880年頃、軍事的にインディアンの征服を終えてインディアンを保留地に追い込むことに成功していたアメリカ合衆国政府の指導者層は、「文明という贈り物」をインディアンに与え、その見返りとしてインディアンの土地をせしめる政策を実行に移そうとしていました。

　そこで思いついたのが、インディアン寄宿学校（Boarding School）と呼ばれる教育を使っての白人文化への同化政策でした。1886年の連邦政府インディアン局（The Bureau of Indian Affairs）は、「こどもたちの野蛮な方言をなくし、インディアンとしてではなく、アメリカ人として教育されるべきだ」という計画を打ち立てました。寄宿学校の利点としては「寄宿学校は、①子どもを親元から引き離し、インディアンの文化的背景を遮断することができる。②しつけ、マ

ナーを強制的に植え付けることができる。③教育内容を管理統制することがで
きる」というものだったと、トレナート（Trennert）は説明しています。つま
り、インディアンの子どもたちを親元から引き離し、部族の言語と伝承と風習
を剥ぎ取り英語だけの同化政策を行い、二度と故郷に帰らないようにすること
でした。

　立案者の騎兵隊将校リチャード・プラットが「インティアンを殺し、人間を
救う」という教育理念の下、子どもたちは自分の家から遠く離れた軍隊式の寄
宿学校に強制的に入れられ、Tom や Jane などのアングロ・サクソンの名前に
改名され、男女共長かった髪を切られ、西洋式の洋服を着せられ、靴を履かさ
れ、そして後にキリスト教も押し付けられました。中には本人や両親の同意を
えず、拉致のように強制的に寄宿学校に連れて来られた子も多かったと伝えら
れています。

　それまで自然の中で暮らしていた生活とは全く異なり、寄宿学校で子どもた
ちは軍隊のように制服を着せられ、学校と寮の行き帰りは軍隊式に行進し、厳
しい規律のもと生活しなければならなかったのです。母語（部族語）で話すこと
をいっさい禁止されただけでなく、母語で話しているのを見つかった場合は厳
しい体罰が待っていました。以下は、そのような寄宿舎生活の体験談です。

　　「私はあの奇妙な寄宿舎で毎朝目をさまして、周りを見まわせば言葉も通じ
　　ない異なった部族の生徒でいっぱいだった。私はベッドに横になり涙がとめ
　　めどもなく流れてきた。寝ていても目がさめるたびに涙を流し。涙は一晩
　　中流れる」（トレナート：162）
　　「（英語はインディアンにとって外国語だった。生徒の母語を厳しく禁止して、英
　　語だけを話すように強制した）母語であるモハベ語を話すと、口の中に洗濯
　　用洗剤を入れられ、『悪魔の言葉を吐く口』をごしごし洗われたうえ、うが
　　いをさせてもらえなかった」（鎌田：85）

　異文化に強制的に同化させられることが、学校当局者の非情な態度とあい
まって、インディアンの生徒の気持ちにプレッシャーをかけ、精神的に不安定
にさせ、中には耐えられずに脱走する者もいました。さらに、あまりにも厳し

い母語使用の禁止や厳格な扱い、家族と故郷から離れて住んでいることの孤独
で、インディアンの子どもたちは成長してからも心理的トラウマに苦しみまし
た。インディアン局は1934年に正式に同化教育を廃止しましたが、部族の言葉
を使うと罰を受けることは1950年代まで続いたとトレナートは明らかにしてい
ます。伝統や部族語をなくした若者たちは、卒業後に居留地にもどっても部族
に適応できず、都市部に住んでもアメリカ社会からは疎外され、精神的なトラ
ウマから家庭内暴力やアルコール依存症が多いと言われています。

4．現代のアメリカインディアン

　現在は政治的にアメリカインディアンという呼び名の代わりに、ネイティブ
アメリカン（アメリカ先住民）と呼ばれています。最近は、8割以上の部族が
4分の1の血縁関係があれば、自分達の部族と見なす基準になっています。つ
まり、個々の部族にとって血族の濃さが大事になります。それゆえ、アリゾナ
州に留学していた筆者の経験からも、自分達のことを言う時には、「私はナバ
ホ族」とか「僕の祖先はチェロキー族」とかいう人の方が一般的でした。日本
に住んでいると、アメリカインディアンは過去の遺産のように思いがちですが、
2016年7月のアメリカンインディアン（American Indian）とアラスカネイティ
ブ（Alaska Native）対象の国勢調査の統計結果のように、現在、670万人程が
合衆国に住んでいます。

　言語と文化は切っても切り離せないものです。アメリカインディアンの子ど
もたちに対するBoarding School（寄宿学校）という形の言語政策は、インディ
アンの子どもの部族語を取り上げるだけでなく、彼らの文化も破壊してしまっ
たと言っても過言ではないでしょう。現在154程の部族語が残っていますが、
そのうち半分は、70歳以上の人しか話しておらず、子どもには教えられていま
せん。1990年代に、アメリカ政府も言語の復活が部族共同生活を活発にする大
きな要因と認識して、「1992年アメリカ先住民族言語法」を通して、法的にア
メリカインディアンの言語権を再認識しようとしました。

　ナバホ族の場合、言語を保存推進するグループが、個人、二人一組、家
族、共同体でできる活動のリストを作ったり、族都のあるアリゾナ州のウィン
ドー・ロックの公立校では、ナバホ語を第一言語として英語を第二言語とする

表11　現代のネイティブアメリカン概況

項目	概況
総数	670万人（全人口の2%）　約半数が混血だと答えています
先住民の居住者が10万人以上いる州	アラスカ、アリゾナ、カリフォルニア、コロラド、ニューメキシコ、テキサスなど他15州
人口の多い部族	チェロキー（Cherokee）、ナバホ（Navajo）、スー（Sioux）、チプワ（Chippewa 別称 Ojibwa）、アパッチ (Apache)
年齢の中央値	31.0歳（アメリカ全体：37.9歳）
居留地の数	326のインディアン居留区（特別保護区の別称）
連邦政府に承認されている部族の数	573 白人系アメリカ人は部族（tribe）という用語を使うが、インディアンは部族連合（nation）を使う。合衆国憲法に抵触しない範囲で各部族連合は独自の法律や規則がある。
持家率	52.9%（アメリカ全体63.1%）
家庭言語が英語以外	27.0%（アメリカ全体21.6%） ナバホ族の場合、73％がバイリンガル
25歳以上の最終学歴	高校卒業率79.9%（アメリカ全体87.5%） 大学・大学院　14.5%（アメリカ全体31.3%）
平均年収	39.719ドル（約440万円）（全体57,617ドル－620万円） （1ドル＝110円で算出）
失業率	8.9％（アメリカ全体4.9%）　BLS（労働局統計2016）
貧困水準以下	26.2%（アメリカ全体14.0%）
保険未加入者	19.2%（アメリカ全体8.6%）

出典：United States Census Bureau, 2017

試みをしたり、ナバホ短大（Navajo Community College）では少なくとも教職の教科はナバホ語だけで行うという試みをしています。しかし、未だに貧困率や失業率が高く、進学率や年収が低いという状況は変わりがありません。つまり、合衆国の言語政策のせいで母語を犠牲にして英語化しても、未だに政治的・経済的・社会的な地位が上がっていない現状があります。

主要参考文献

鎌田遵（2009）『ネイティブ・アメリカン——先住民社会の現在』岩波書店

杉野俊子（2012）『アメリカ人の言語観を知るための10章——先住民・黒人・ヒスパニック・日系の事例から』大学教育出版、全166頁（本稿のためテーマに沿って簡略化・編集した）

トレナート、R（Trennert）（斎藤省三訳）（2002）『アメリカ先住民——アリゾナ・フェニックス・インディアン学校』（The Phoenix Indian School 1988）明石書店

Skutnabb-Kangas, T. & Phillipson, R. Eds. (2017). "Linguistic human rights", London/New York. Series Critical Concepts in Language Studies. 4 volumes. *In Volume 1: Language Rights: Principles, Enactment, Application*, pp. 28-67.

Q40
アメリカのヒスパニックの教育はどのようになっていますか

杉野俊子

1．ヒスパニックはどのような人たちで、どこから来ているのですか

　英語がうまくなりたければ英語圏に住めばすぐに上手になると言われますが、それは本当でしょうか。ここではアメリカに何十年住んでいても英語が話せない、あるいは話せなくても生活できるヒスパニックを例にとって考えていきましょう。

　ヒスパニック（Hispanic）とは、もともとスペインの植民地だった中南米のスペイン語圏からアメリカ合衆国に渡ってきた移民とその子孫を指します。通称ラティーノ（Latino）とも言います。スペイン語を話すカトリック信者が大半ですが、肌の色や髪質などの肉体的な特徴で区別する人種と違って、白人も黒人も混血も先住民も多く実に多様性に富んでいます。

　アメリカの国勢調査は自己申告制なので、混血の人たちがどの人種を選ぶのかは自己の判断次第になっています。2016年7月の国勢調査で、ヒスパニックと申告した者はアメリカ総人口の17.8％を占め、13％の黒人をぬいて民族的・人種的に第2位の少数派になりました。その内、メキシコ系が63.2％（3600万人）を占め、メキシコ系以外はプエルトリコ9.5％（540万人）、100万人以上は、エルサルバドル、キューバ、ドミニカ、グァテマラ、コロンビア系です。34.4％は移民ですが、アメリカ国内生まれが65.6％と15年間で5.7％増加しています。

　一番多くヒスパニックが住んでいる州はカリフォルニア州（1530万人）で、そのうち約500万人がロスアンゼルス郡に住んでいます。

　このようにヒスパニックが増えた理由は、移民の他に、アメリカ政府の土地の買収や戦争があります。1800年代以降、アメリカは積極的にフロリダ等の土地の買収をしました。また、別の例は、アメリカがメキシコとの戦争（米墨戦

争）に勝利し、1848年の領土譲渡（現在のテキサス州、ニューメキシコ州、カリフォルニア州にあたる地域）で、約7.5万人のメキシコ国民が土地と共に残されたり、1898年のプエルトリコ征服の結果、ムラート（混血）を含めアメリカにとり残されたスペイン語話者は総計88.5万人にものぼったため、1870年代に公の場でもスペイン語が優勢な程だったとマシアス（Macías）は述べています。

　アメリカ政府は、外国語話者の中でもドイツ語話者が一番多かった頃は、まだその存在に寛容でした。ドイツ語話者を例にとると、1910年頃、ドイツ語話者は移民中最大の880万人（39.7％）にも上りました。第一次・第二次世界大戦中はドイツと敵国になったとはいえ、常にドイツ系に対しては人種的・文化的な寛容性を示してきました。しかし、ヒスパニックやアジア人が急増した1990年代になると、急に「言語がアメリカを分断する」という危機感が生まれたのです。

2．二言語使用教育廃止の提案に至るまでの背景

　メキシコ系移民と他のヒスパニックが急激した要因は、多くの黒人が北部に移動したため、その農業労働力の不足をメキシコ人労働者が補ったことと、もう一つは、第二次大戦後の移民政策の変化が、メキシコ人と他のヒスパニックやアジア人をアメリカにひきつけたからです。

　1980年代になり、見た目が異なっている移民人口が増えるにつれアメリカ人の間に危機感がつのってきました。ついには1981年に当時カリフォルニア州の共和党上院議員の日系移民のS. I. ハヤカワが、合衆国憲法では英語をアメリカの公用語だと定めていないため、「英語を公用語」にという決議案の提出や、ロビー団体である「USイングリッシュ」の設立を提案して英語の優位性と二言語教育に警告を発したので、やがてこの運動は全米に飛び火をしました。彼らは、「英語は国を統一する、多言語は国を分断する」、「アメリカに来た移民は英語を習うべきだ、英語は国の言葉として保護されるべきだ」と主張したのです。

　そのような運動が出ている一方、現実の教育現場では、英語ができない移民の増加により、二言語教育法（the Bilingual Education Act）整備の必要性が出てきました。日本のようにエリート教育の一環として行われているものではなく、英語がわからないマイノリティの子ども達の教育の不利益を是正するためだっ

たのです。

　1990 年には総人口 2 億 5253 万人中、ヒスパニック系と申告したものが 2230 万人で、家庭でスペイン語を使っている 5 歳以上の子どもの数が 173 万人に達しました。アメリカの小学校入学時の調査票に家庭言語を書き入れる欄があり、そこに英語以外の言語が書いてあれば、児童は英語だけで効果的に授業を受けることはできないとされ、英語低学力（Limited English Proficiency：LEP）と判断されました。母語（この場合はスペイン語）を使って徐々に英語に慣れていく二言語使用教育や、第二言語としての英語（English as a Second Language：ESL）の授業を受ける権利を要するし、またそうすることが必要だと見なされました。1996 〜 1997 年の調査では、公立と私立の幼稚園から高校 3 年生まで 338 万人が英語低学力者と判断されました。

　しかし、億万長者のロン・アンツ（Ron Unz）は、二言語使用教育に反対を表明し、二言語使用教育の排除を目的とした「提案 227（Proposition 227）」、いわゆる「二言語使用教育廃止法案（English for the Children）」をカリフォルニア州に提出しました。結局、提案 227 は、1998 年 6 月 2 日に 61％の住民の賛成票で可決されたのです。この判決で、カリフォルニア州の学校は、47 日以内に推定 140 万人の英語低学力者とみなされた子ども達は、一年間だけ集中的に英語だけで教えるプログラムに入れられ、翌年から普通授業をとらなければいけなくなったのです。

　もちろん、これはあまりにも現実に即していないため、2016 年に「提案 58（Proposition 58）」が採択され、提案 227 によるカリフォルニア州でのバイリンガル教育への制限、「English only（英語のみ）」の強制はなくなりましたが、提案 227 を通した以下の考え方は残ってしまいました。

　そのメッセージとは、アメリカに居たいなら英語を話せ、そのためには母語は多少犠牲になってもしかたないという多くのアメリカ人の考え方です。たとえ二言語が堪能でも、言語的にみて、進学や就職の時に実際有利なのはほぼ英語の能力だけです。結局子ども達は、アメリカは排他主義であり、「英語中心主義」とは白人オンリーの別の言い方なのだと教育システムを通して実感してしまい、自分達の言語と文化は社会的に低い地位にあるという「恥」と「劣等感」のひきがねになってしまうと、ジャーナリストのクロフォード（Crawford）は、

TESOL Newsletter, April 1998 の寄稿文で警告したほどです。

3．落ちこぼれ防止法（The No Child Left Behind：NCLB）

　2002年に二言語使用教育法は34年の論争に幕をとじました。二言語教育法は英語習得法（the English Language Acquisition）に、英語低学力（Limited English Proficiency：LEP）は、英語学習者（English Language Learner：ELL）に名称を変更され、英語だけの教育（English-only Education）にできるだけ早く慣れさせるため、移民の特典になるような公のバイリンガル教育はかなり減少しました。

　昨今のアメリカの教育改革は、「基準（standard）」と「成果を出し説明する責任（accountability）」に基盤をおいてきました。その一つが「落ちこぼれ防止法」（The No Child Left Behind：NCLB）です。2002年にブッシュ大統領の署名で成立したこの法案は、2014年までに英語の読解と数学が目標レベルに達するように、各州がカリキュラムに合わせて作る学力検査を義務付けるものでした。ブッシュ大統領は、この法案によって、学業成績における人種間格差を10年以内に完全になくすための目標をたてましたが、その目標を実現するために必要な学区資源の配備を一切しなかったばかりか、それをひきついだオバマ政権も、当然落ちこぼれが出るであろうと予想できる能力別学級編成を廃止しようともしなかったのだとワイズ（2011）は指摘しています。

　アメリカでは、人種と経済格差が居住区による学区制に深くかかわっています。貧困層の人たちは貧困地区に固まって住んでいるため、各家庭で教育費が負担できず、従ってその地区の公立学校の学力試験の点数も上がりません。学区予算のうち連邦と州政府からの支給分を除いた分は、その学区内の固定資産税に頼っているため、富裕層の住む学区と貧困層の住む学区では、教育予算に差ができてしまいます。また、州や政府は学力試験の上昇率で教育援助をするシステムをとっているので、教育援助の差がまたさらなる格差を生む原因になっています。例えば、貧困度が上位25％の学校は、裕福度が上位25％の学校に比べて、教育援助が少なくなるのは明白です。48州中35州が、マイノリティの生徒が多い学校への教育援助は少なく、その差は、全国的な平均だと、子ども一人につき100ドル少なくなっています。コゾル（kozol, J）による

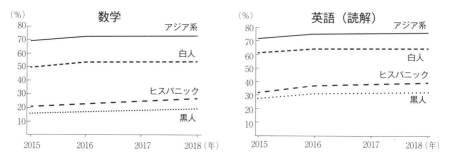

図14　カリフォルニアの人種別成績（2015〜2018年）

注：％は標準か標準以上に達している生徒の割合。小数点2けた四捨五入
出典：Fensterwald, 2018

と、ニューヨーク州、テキサス州、イリノイ州、キャンサス州の内、一番差が大きいところは一人当たり2200ドルもの差があると言われています。

　実際、2015〜2018年のカリフォルニアの人種別成績（図14）からもわかるように、カリフォルニア州の学力試験の結果は、基準以上に達しているヒスパニックは、上昇率として数学が5.6％、リーディングが7.2％と上がっています。しかし、2017年の数学の到達度を見ると、アジア人生徒の73.5％が標準あるいは標準以上の到達度に達していますが、ヒスパニックは26.6％しか達していません。英語（読解）の到達度を見ると、アジア系の76.4％や白人の64.9％が標準あるいは標準以上の到達度に達しているのに、ヒスパニックで到達度の標準に達した生徒はアジア系の約半分の39.2％しかいません。

　結局、この法律は大きな矛盾をはらんでいると言われています。その理由として、この法律で具体化したのは標準テストを行うことだけであり、その性質上、受験者の半分が得点分布の50％ライン以下になってしまうということは、落ちこぼれゼロと平等という意図とかけ離れ、必然的に不平等を作り出す仕組みを作り出しているからだとワイズ（2011）は述べています。

4．アメリカで家庭内言語が英語以外の場合

　2016年の国勢調査で、5歳以上の合衆国住人が家庭で英語以外の言語（Language Other than English：LOTE）を話している数が記録的な6550万人になったことを示しました。表12では、2016年度を中心に、話者が多い順に12

表12　家庭言語が英語以外（LOTE）の話者数
　　　　　（多い順）

	2000	2010	2016	2010年からの増加率
総人口数	282.160,000	309.340.000	323.328.961	
LOTEの総数	46,951,595	59,542,596	65,518,938	10%
1. スペイン語	28,101,052	36,995,602	40,489,813	9%
2. 中国語	2,022,143	2,808,692	3,372,930	20%
3. タガログ語	1,224,241	1,573,720	1,701,960	8%
4. ベトナム語	1,009,627	1,381,488	1,509,993	9%
5. アラビア語	614,582	864,961	1,231,098	42%
5. フランス語	1,643,838	1,322,650	1,216,668	− 8%
7. 韓国語	894,063	1,137,325	1,088.788	− 4%
8. ロシア語	706,242	854,955	909,374	6%
9. ドイツ語	1,383,442	1,067,651	905,691	− 15%
10. ハイチ語（フランス語のクレオール）	453,368	746,702	856,009	15%
11. ヒンディー語	317,057	609,395	810,877	33%
12. ポルトガル語	564,630	688,326	767,210	11%
他の全部の言語	2,813,371	3,757,931	4,622,704	23%

出典：Data comes from American Fact Finder at Census. gov. 2000年と2010年の少数言語話者数を割り出すのに Public-use ACS と Census データを使用。筆者が2016年の人数の多い順に並びかえたもの。

の言語と話者の数を示しています。

　ここで問題なのは、2016年のアメリカの総人口（約3億2332万）の内、家庭言語が英語だけでの家庭は76.4%（2億3781万23人）ですが、家庭で英語以外の言語を話している数は、2010年より10%増加して23.6%（6551万8938人）になっていることと、英語がうまく話せないと答えた数が5.5%（1659万392人）もいたことです。ですから、もっと「English-Only」を推し進めるべきなのか、ヨーロッパのように多言語が話せる能力を言語資源として使うべきかは、意見の分かれるところですが、グローバル時代の現代においては、「English-only」だけではなく、彼らの言語も言語資源に使えるような社会が望ましいと思います。これは近い将来日本にもあてはまってくることだと思うからです。

主要参考文献

杉野俊子（2012）『アメリカ人の言語観を知るための10章──先住民・黒人・ヒスパニック・日系の事例から』大学教育出版（本書のテーマに沿って簡略化・編集した）

杉野俊子（2013）「17章　アメリカの教育──教育格差を助長する学区制」杉田米行編『アメリカを知るための18章──超大国を読み解く』大学教育出版、174～184頁（本書のテーマに沿って簡略化・編集した）

ティム、ワイズ（脇浜義明訳）（2011）『アメリカ人種問題のジレンマ──オバマのカラー・ブラインド戦略のゆくえ』明石書店

Kozol, J. (2005). *The shame of the nation*. New York, NY: Broadway paperbacks, p.223.

Macías, R. F. (2000). The flowering of America. In S. L. McKay & S. L. C. Wong (Eds.) *New immigrants in the United States* (pp.11-57). Cambridge: Cambridge University Press.

Q41
黒人英語のエボニックスとはどんな英語ですか

杉野俊子

1．肌の色を常に意識しているアメリカ社会

　みなさんは、2018年のアカデミー賞受賞時に、俳優部門の候補者が二年連続で全員白人だったと批判を受けたことを覚えていますか。アメリカで生活してみると、普通に使われている黒・白・黄色・赤銅といった色が、常に人種と関係してくるので、配慮が必要にもなります。その理由と経緯をまず歴史的に見ていきましょう。

　アメリカ南部で19世紀半ばまで続いた奴隷制の特徴は、生涯労役する家畜同様の動産すなわち財産とみなされた奴隷を黒人という人種に割り当てた点にあります。リンカーン大統領（1809〜65）が南北戦争中（1861〜65年）に出した奴隷解放宣言により奴隷制は廃止され、400万人近くの黒人が奴隷身分から解放されたのですが、廃止後も黒人の状態はそれほど改善されず、逆に制限が強固になったと松岡（2006）は述べています。

　具体的には、1960年代の公民権運動（Civil Rights Movement）まで続いた、生活習慣の中で黒人の権利や自由を厳しく制限したジムクロウ法（Jim Crow Laws）のせいでした。ちなみに、Jim Crowとは、白人のバラエティーショーに出てきた黒人役のことで、それが法律の通称名になったのです。それは、学校・乗物・食堂などあらゆる施設を白人と黒人用に分けて徹底した差別化を図っただけでなく、白人と同じ墓所に埋葬してはいけない、白人と同じ病棟で治療は受けられない等、日常生活の細部に至るまで制約をしたものでした。

　このジムクロウ法は、南部のいくつかの州で施行された様々な法律の通称であり、連邦法ではないとはいえ、教育でも同様に制限がありました。例えば、「白人とニグロ（黒人蔑視の言い方）の子どもの学校教育は別々に行われるべきだ」と、ミシシッピ州、アラバマ州、ジョージア州、フロリダ州等南部の各

州で決められていました。ワイズ（2011）によると、当時のアメリカ南部では、黒人学校の生徒一人あたりの教育予算は白人学校の30％ほどで、3分の1の地域では黒人が行ける高校がなく、存在する学校も過密状態で教育資源は極度に貧弱だったようです。

　黒人の人種問題を連邦政府が解決すべき課題から市民レベルの運動（Civil Rights Movement 公民権運動）として率いたのが、キング牧師（Dr. Martin Luther King Jr.）でした。キング牧師は指導者としてアラバマ州モンゴメリー市で一年間にわたり黒人と白人の座席を分けていた「バス・ボイコット運動」を導きました。反対派の白人グループとの激しい対立の末、1963年8月に20万人の市民がワシントン大行進に参加し、キング牧師の"I have a dream"の演説でこの運動は頂点に達しました（松岡、2006）。そして1964年と65年に公民権法と投票権法が制定され、投票権を得た黒人たちは政治的な力をつけていきました。

　2017年国勢調査では、全人口（3億2647万人）の約13％にあたる4139万人以上が「黒人またはアフリカ系アメリカ人」という人種区分を選択しました。名称は、奴隷当時は差別的・蔑視的に「ニグロ（Negro）あるいはニガー（Nigger）」と呼ばれていましたが、70年代前半には、社会的な人種区分を反映した「黒人（Black）」、近年ではアフリカ系アメリカ人（African American）と呼ばれています。

2．黒人英語エボニックス（Ebonics）はどのように生まれたのですか

　エボニックスは、1975年にRobert Williamsが考案したEbony（黒檀）とphonics（フォニックス：音声中心の語学教授法）の造語で、アメリカ黒人英語（African American Vernacular English：AAVE）の総称を指します。エボニックともよばれますが、会社名との混同を避けるために、ここではエボニックスと統一します。

　エボニックスは発音や文法が独特で、例えば、① 'be' 動詞の使い方：例 He be talkin when the teacher be talkin（先生が話している時に、彼は話している）、②二重否定：例 I can't get nothin' from nobody.（誰からも何ももらえない）、③その他：left の最後の子音がぬけ lef になる等があります。ボー（Baugh）に代表

される言語学者は、人種偏見と相まってエボニックスの話者は無知や怠け者あるいは知的能力に欠けるとみなされがちですが、エボニックスはきちんとした言語システムがある英語だと主張しています。

　このような黒人独特の英語が発達した背景には、自分達の故郷であるアフリカ言語の影響（Niger-Congo African Language）などが考えられますが、最大の原因は、植民地の歴史で黒人奴隷の言語の抑圧を目的とした最初の言語政策です（Wiley, 2005）。それらは①出身地のアフリカの言語（母語）を使ってはいけない、②奴隷の親はアフリカの母語を子どもに教えてはいけない。破ったものは、鞭打ちの刑が待っていました。また、③強制的無知法（compulsory ignorance (or illiteracy) laws）によって、黒人の読書きを禁止しました。奴隷は読み書きを習っているのを見つかっただけでも、他の農園に売られたり、むち打ちの刑を受けたりと厳しい罰則を受けました。また、教えている所を見つかった白人や奴隷以外の黒人にも罰が下りました。そのため、奴隷たちは大農園の白人の命令などを理解する英語を文字を使わないで耳から覚え、そこから独特の英語を発達させ、奴隷同士のコミュニケーションに使ったのです。

3．アメリカの学区制とエボニックスの関係

　それでは、エボニックスがなぜ現代まで残ったのでしょうか。それは、奴隷が解放された後、仕事を求めて南部から北部の工業地帯に大量に移住した時に、一緒にこの独特の言語パターンを持っていったからです。北部の白人は黒人が大挙して押し寄せると地価が下がることを恐れて、意図的に彼らをゲットーと呼ばれる密集した居住区に隔離されるように押し込めたため、そこで黒人英語が維持されたのだとボーは説明しています。ゲットーは貧困や犯罪の温床とだけ見られがちですが、実際は相互に助け合う共同体としても機能しているようです。

　アメリカの学校システムはK-12（幼稚園から高校3年まで）と言われ、大多数は学区の公立学校に子どもを通わせています。もちろん、私立や教会母体の学校に通わせることもできますが、年間授業料は貧困層の年収と同じくらい2万3500ドル（約260万円）もかかるため、親は私立に通わせるより、もっと良好な学区に子どもを送ろうとします。そのため、雇用均等法で多くの黒人が白人

地区に移住してきても、住宅の値段を釣り上げて、それ以上黒人たちが自分達の学区に来ないようにと、白人に都合が良いように学区を調整したりしました。当然のことながら、学区による教育格差が生じます。ワイズによると、特に大都市での分離現象がひどく、シカゴでは、一般の黒人生徒が通う学校は在校生の86％までが黒人であり、ニューヨークでは10人のうち6人までの黒人生徒が、在校生の90％以上が黒人で占める学校に通っている事実を指摘しています。政府は、1970〜80年代に人種の融合を図るために「差別撤廃のバス通学、あるいは、強制バス通学（busing）」を実施しましたが、これによって、多くの生徒は自分が住んでいる地域から何十キロメートルも離れた学校に通わなくてはいけなくなり、郊外の高いレベルを保っていた学校のレベルが下がったと中流層以上の住民から不満が出たりしました。

4．エボニックス論争の引き金となった黒人生徒の成績

　1996年にカリフォルニア州オークランド地区にある全5万1706校の53％が黒人生徒で、黒人生徒の平均成績が「C −（ほぼ不合格）」であり、停学者は黒人生徒が80％を占めるという現状に、オーランド地区の教育委員会は危機感を覚えました。以下、富裕層地区の代表であるパロアルト（白人75.8％、アジア系17.2％、黒人2.0％）と貧困層地区のレイヴンズウッド（Ravenswood − 1969年には87％黒人だったが、2000年にはヒスパニックの比率が高くなった）の学校の成績比較の例です。

表13　1996年時点のカリフォルニア州学力テスト

小学校	Palo Alto（富裕地区）	Ravenwood（貧困地区）
3年生リーディング	（正答率）96％	16％
ライティング	94％	21％
6年生リーディング	99％	3％
ライティング	99％	3％

出典：Rickford, 2005: 31-32

　このように低学力者が多いのは、彼らがコミュニケーションとして使っているエボニクスが学習を阻害するので、それを是正するべきという以前の議論

とは違って、今回はその解決策として、エボニックスを第二言語と認め、それを媒介として標準英語を教える試みを教育委員会が議決するという、いわゆる「エボニックス論争（ebonics controversy）」がマスコミの注目を引きました。教師側は単にエボニックスに理解を示そうとしただけでしたが、オークランド以外の住民から、なぜ黒人生徒に合わせて先生もエボニックスを習わないといけないのかという誤解も受けました。オークランドでは、エボニックスを第二言語として教育委員会が認めることで、ヒスパニックを代表とする言語少数派が受けていた二言語教育の恩恵、つまり多額の援助を受けることができ、マスコミの注目をあびたことは確かですが、教育的にはあまり効果がなかったと言われています。その論争の10年後の2007年でも、学力の低下に関してほぼ全く解決に至っていなかったとボーは言及しています。

　以下の図は、図14でも示したように、2015年から2018年の1〜8学年生と11年生が受験した学力テストの平均を表しています。

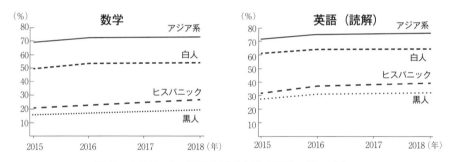

図15　カリフォルニアの人種別成績（2015〜2018年）
注：％は標準か標準以上に達している生徒の割合。小数点2けた四捨五入。
出典：Fensterwald, 2018

　この図からも、標準か標準以上に達している生徒の割合は、2018年時点でアジア系の生徒は数学も英語も70％以上と一番高く、黒人生徒では数学が約20％、英語（この場合は彼らの国語）が32％と一番低いことがわかります。

　次にアメリカ全体と比較した人種別の貧困度の表をみてください。基準になっている貧困水準は、4人家族で273万4600円（1ドル110円で算出）です。

　この表の％は貧困度の割合を表しています。人種別に見るとネイティブアメリカンに次いで、黒人の貧困度が21.2％と高くなっていることがわかります。

表14　2017年調査時の人種別4人家族の貧困度（年収が＄24.860以下）

	割合（当該項目全体から見た割合）	当該項目全体の人数から
アメリカ全体	全人口の12.3％が貧困	3970万人（総人口の12.3％）
子ども（18歳以下）	17.5％	1280万人
ネイティブアメリカン	25.4％	70万人
黒人	21.2％	900万人
ヒスパニック	18.3％	1080万人
白人	8.7％	1700万人

出典：Basic Statistics - Talk Poverty (2018) talkpoverty.org/basics/

前述のように、エボニックス自体が自動的に成績の悪さを意味するわけではありませんが、貧困と教育レベルに相関関係があるのは特に人種の括りのあるアメリカ社会では明白です。

5．なぜエボニックスは存在し続けるのですか

　それでは、エボニックスはなぜ存続し続けるのでしょうか。エボニックスは黒人にとって、個人的にも公的にも、文化的・精神的な支えや連帯感を表すために大事な役割を果たしているからです。例えば、口承伝統としての教会の掛け合い、ゴスペル音楽、ヒップホップなど、人種と言語が複合的にまざってアイデンティティとして機能していると言われています。

　エボニックスはあくまで教育界や社会言語学の中で便宜上使われているもので、黒人自身が"I speak Ebonics（私はエボニックスを話します）"とは言わないでしょう。全ての黒人がエボニックスを話すわけではなく、エボニックスを話す人でも、教育程度が高く中流以上にいる黒人も多いわけです。しかし、上記の表からもわかるように、経済的な格差は人種（この場合は黒人）と相関関係にあり、それがレイヴンズウッドのような黒人が密集した地区で再生され、黒人英語を話す子どもたちが、アメリカ社会の底辺から抜け出せないという負のスパイラルに陥っていることが容易に想像できます。

　日本のように英語が外国語として学習されている所とは違って、このように、

言語と言語教育（この場合は英語）が社会の構造と直結していて負のスパイラルを繰り返している社会現象を日本人英語学習者も認識しておくことが大事だと思います。

主要参考文献

杉野俊子（2012）『アメリカ人の言語観を知るための 10 章——先住民・黒人・ヒスパニック・日系の事例から』大学教育出版（本書のテーマに沿って簡略化・編集した）

杉野俊子（2013）「17 章　アメリカの教育——教育格差を助長する学区制」杉田米行編『アメリカを知るための 18 章——超大国を読み解く』大学教育出版、174 〜 184 頁（本書のテーマに沿って簡略化・編集した）

松岡泰（2006）『アメリカ政治とマイノリティ』ミネルヴァ書房

ティム、ワイズ（脇浜義明訳）（2011）『アメリカ人種問題のジレンマ——オバマのカラー・ブラインド戦略のゆくえ』明石書店

Baugh, J. (1999). *Out of the mouth of slaves: African American language and educational malpractice*. Austin: The University of Texas Press.

Wiley, T. G. (2005). Ebonics: Background to the current policy debate. In J. D. Ramirez, T. G. Wiley & others (Eds.) (2nd Ed), *Ebonics: The urban education debate* (pp. 3-18). Clevedon: Multilingual Matters.

第10章

多言語社会に向けて

Q42
欧州評議会が掲げる「複言語主義」の理念は
どのようなものですか

山川智子

1.「複言語主義」って何でしょう？

　「複言語主義」は欧州評議会が提唱した概念です。この概念は、2001年に公開された欧州評議会の文書、『ヨーロッパ言語共通参照枠 (*Common European Framework of Reference for Languages*：CEFR)』の中で紹介されています。言語学習に対する姿勢や心の持ち方に焦点をあてた考え方です。

　この概念と、広く普及している「多言語主義」という概念の違いはどこにあるのでしょうか。欧州評議会は、「複言語主義」を個人の領域、「多言語主義」を社会の領域に関するものと位置づけています。つまり、「複」数の言語的・文化的背景をもつ個人の集まる社会が「多」言語・「多」文化社会であると見なしているのです。

　これまで「多言語主義」と表現された時、社会に焦点を当てているのか、それとも個人に焦点を当てているのか、敢えて明確にされてきませんでした。そのため、社会に焦点が当てられる場合、個人の存在が見えにくくなることもありました。そこで欧州評議会は、個人に焦点をあて、その個人の言語・文化的背景、学習実態、および異言語・異文化との関わり方を市民に意識化させたのです。

　欧州評議会はよくEUと混同されやすいのですが、全く異なる組織です。また、言語政策においても、欧州評議会の言語政策とEUのそれとは本質的な部分が異なっているのですが、混同されやすいのが現実です。欧州評議会は「多言語主義」とは異なる概念として「複言語主義」を掲げています。一方、EUは「多言語主義」という言葉で、欧州評議会の「複言語主義」、「多言語主義」の両方の意味をあらわそうとしていると、山川（2010）で指摘されています。

欧州評議会と EU は、互いを意識しながらも一定の距離を保ちつつ言語政策に関する活動を行っています。

２．コミュニケーションの原点に気づかせる発想

　「複言語主義」は、一人ひとりの経験に基づいて、それぞれの言語を活用していこうとする姿勢を重視します。この姿勢において、自分の中にある複数の言語が相互に創造的な関係を築いていることを意識化することができます。そのことによって、一人ひとりが、他者との関係を構築していることを自覚できるのです。つまり、学習している言語・文化に関して僅かな知識しかなくとも、それを駆使して交流しようという意欲が重要であると考えるのです。異なる言語を話す他者と理解し合うには、相手の言語を少しでも理解できることが望ましいですが、それ以外にも、相手を理解したいという気持ちを伝えることも必要です。「あなたを理解したい」という思いを伝えるのは、実はコミュニケーションの基本ではないでしょうか。それを一人ひとりが意識し、実践してゆくことで異言語・異文化交流が促進されることを「複言語主義」は教えてくれます。

　また、共有できる言語・文化が全くない者同士が歩み寄る必要がある場合、助けとなる存在、つまり間を取り持つ人物も必要です。通訳や翻訳という作業は、まさに「複言語主義」の実践であると言えます。この考えにそうと、仲介に入る人が、双方の言語に関してほんの少しの知識しか持ち合わせていなくとも、その知識を活用し、歩み寄りの場を構築していこうとする場面もあるでしょう。こうした場面では、個人が習得・理解したそれぞれの言語・文化を、状況に応じて創造的に活かしてゆく行動力が重視され、そのための学習が必要となります。つまり、「複言語主義」は、一人の人間の心理面や情緒面に深く関係する考え方として提唱されたのです。

３．「複言語主義」を具現化する「ポートフォリオ（自己管理ツール）」

　「複言語主義」は、日常生活で母語をはじめ様々な言語に囲まれて過ごす市民がこれまで漠然と持っていた考えに与えられた名前ということができます。欧州評議会は、ヨーロッパ市民一人ひとりがこの概念を意識する際、何らかの気

持ちの変化が現れることを望んだのです。

　ここまで説明したところで、次のような疑問を持たれる方もいるかもしれません。例えば、「『複言語主義』概念といっても、抽象的でいま一つピンとこない。結局は英語以外の多くの言語を勉強することを奨励するだけなのではないか」という疑問です。この抽象的な概念を具体的にイメージするのに適した道具があります。

　「複言語主義」という概念を具現化するのが、欧州評議会がCEFRで提唱した「ポートフォリオ」です。「ポートフォリオ」とは、学習者自身が自分の学習履歴を記述したものを蓄積し、自身で管理・点検するというシステムを指します。「ファイルに記録を挟み込む」という行為を意識化するものです。「ポートフォリオ」を活用することによって学習者が自分の学習記録を振り返ることができ、またそれぞれの学習者がどのような学習履歴を持つか、教員が可視化できるようになりました。これは、学習者が自らの学びを記録し続けることで学習効果を高めようという考えに基づいて考案されました。その起源はルネサンス時代に遡ります。Häcker（2006）によると、当時、芸術家や建築家は「ポートフォリオ」に自らの作品の特徴を書き込み、それを作品とともに提示するという方法で活動していました。つまり「ポートフォリオ」は彼らの履歴書の役割を果たしていました。これが現代の言語教育にも応用されたのです。

　「ポートフォリオ」の持つ様々な可能性の一つに、肯定的評価を蓄積していくことで学習者が達成感を得られることが挙げられます。「……しかできない」という否定的な能力の記述ではなく、「……ができる」という肯定的な能力の記述を積み重ねることを目指しています。多民族が暮らすヨーロッパでは、言語能力が複合的なものであり、多面的な要素を考慮に入れて評価しなければならないと認識されているからです。その際、蓄積された学習履歴が力を発揮するのです。

　肯定的評価には下準備が必要です。特に入門レベルでは、「できる」ための環境設定を具体的に明示する必要があるので、肯定的評価は否定的評価よりも工夫を要します。つまり、肯定的な評価が広がれば複眼的な思考力を育むことができると言えるのではないでしょうか。これが「複言語主義」の思想にもつながります。他者を肯定的に評価するにあたり、それを無理なく実感を込めて表

現できるのが CEFR に掲載された「……できる」という表現を活用する「能力記述文」なのです。

　「ポートフォリオ」をどのように活用するかは、それぞれの現場の事情も含めて考えていく必要があります。ヨーロッパの実践例を参考にしつつ、日本の教育現場で特有の問題を浮かび上がらせ、それにどう向き合っていかなくてはならないかを考える時、杓子定規ではない「ポートフォリオ」の柔軟な使い方が見えてくるのではないでしょうか。

4.「複言語主義」の可能性

　相互理解を考えるための姿勢として提唱された「複言語主義」ですが、この視点から日本の外国語教育を考えると、近隣諸国の言語を学ぶ学生が増えてきていることは必然と言えます。また、「複言語主義」の意義と可能性はさらに広がっていくことが考えられます。そのためにも、ヨーロッパの言語教育政策の背景にある事情、歴史的経緯も改めて振り返っておく必要があります。戦争再発防止という目的をかかげたヨーロッパは、相互理解こそが平和構築の要であるという認識を新たにしました。相互理解には時間も手間もかかりますが、ヨーロッパでは民主主義という価値観を徹底させる必要がありました。つまり、戦争ではなく、民主主義にお金を使おうとしたのです。そのために欧州評議会は地道な活動を続け、試行錯誤の末に「複言語主義」概念を提唱したのです。私たちは今一度この概念、そして概念の生まれた背景に思いを馳せ、言語学習・教育に励んでいく必要があるでしょう。

主要参考文献

山川智子（2010）「『ヨーロッパ教育』における『複言語主義』および『複文化主義』の役割——近隣諸国との関係構築という視点から」細川英雄、西山教行編著『複言語・複文化主義とは何か——ヨーロッパの理念・状況から日本における受容・文脈化へ』くろしお出版、50 ～ 64 頁

山川智子（2015）「『複言語・複文化主義』とドイツにおける『ヨーロッパ教育』——『記憶文化』との関わりの中で」文教大学文学部『文学部紀要』29-1、59 ～ 76 頁

山川智子（2016）「欧州評議会：ヨーロッパの『民主主義の学校』——『複言語・複文化主義』の背景にある理念とその課題」文教大学文学部『文学部紀要』29-2、1 ～

21頁

Council of Europe (2001) *Common European Framework of Reference for Languages: Learning, teaching, assessment.* Cambridge University Press（吉島茂、大橋理枝他訳編（2004）『外国語の学習、教授、評価のためのヨーロッパ共通参照枠』朝日出版社）

Häcker, T. (2006). Wurzeln der Portfolioarbeit. Woraus das Konzept erwachsen ist. In: Ilse Brunner, Thomas Häcker, Felix Winter (Hrsg.) *Das Handbuch Portfolioarbeit.* Kallmeyer, pp.27-32.

Q43
ニュージーランドの言語教育は
どのように行われているのですか

岡戸浩子

1．ニュージーランド社会と言語

　英語圏すなわち English as a Native Language の国の一つにニュージーランドがあります。日本からの観光客や留学生等も多く、多数の羊やヨーロッパ系住民が代表的なイメージとして大きく持たれている国ではないでしょうか。確かに、ニュージーランド統計局（Statistics New Zealand, 2019）による民族別人口構成を見ると、ヨーロッパ系が 70.2％を占めており、そのことには、長年に渡り先住民のマオリが独自の文化を保持しながら生活していたこの地にイギリスを中心とするヨーロッパ系の人々が入植し成立したというこの国の歴史的背景が大きく関わっています。民族別ではその他にも、マオリ系が 16.5％を占めており、近年増加傾向にあるアジア系が 15.1％、ニュージーランドから地理的に近い太平洋島嶼系が 8.1％、そして中東系、ラテン・アメリカ系、アフリカ系の総称である MELAA（Middle Eastern, Latin American, African）が 1.5％となっています。ニュージーランドの三大都市としてはオークランド、ウェリントン、そしてクライストチャーチが挙げられ、中でも近年オークランドでは様々な民族・人種の住民の増加による多文化化が進んでいます。

　ニュージーランドと日本の言語社会的な背景の違いとしては、日本では母語を日本語とする人が多く、ニュージーランドでは英語を母語とする人が多いことが挙げられます。ニュージーランドの公用語は英語、マオリ語、そしてニュージーランド手話の三言語ですが、ニュージーランド社会で日常的に最も使用されているのは英語です。したがって、移民である成人および子どもたちは、ニュージーランド社会に適応するために英語を学ぶことが求められ、そして、そのような人々に対しては様々なかたちで ESL（English as a Second

238

Language）教育がなされています。子どもに対しては、主として初等学校および中等学校（日本の小学校・中学校・高等学校に相当）において、通常の授業とは別に英語を習得するための ESL 授業が設定されています。

２．学校における「英語以外の言語」教育

　母語が国際共通語とも呼称される「英語」である多くのニュージーランド住民にとって、グローバル社会における言語面でこれほど便利かつ有利であることはなく、学校などで「英語以外の言語」教育が必要であるという考えには及ばないかもしれません。しかし、ニュージーランドの初等・中等学校では「英語以外の言語」教育が行われていますがなぜでしょうか。例えば先述のように、ニュージーランド社会では近年の人口増に伴い異文化を背景に持つ住民が増加の一途を辿っている現状があります。このことから、多文化化が進む社会状況の変化への共生的な対応が必要であるという認識の下に、言語教育政策の一環として、学校では「英語」に加えて「英語以外の言語」教育が行われているのです。ニュージーランド教育省による *The New Zealand Curriculum* (2007) では八つの学習領域の中に言語に関連する領域として「英語（English）」と「言語学習（Learning Languages）」が示されています。「英語」は日本における「国語」に、そして「言語学習」の「言語」は「外国語」に相当します。ただし、この「言語学習」の中の各言語は選択科目です。「言語学習（Learning Languages）」の Languages とは具体的に「英語以外の言語」を指します。母語以外の言語とそれに関わる文化を学ぶことは、生徒の言語および文化の理解の促進、人々と交流する能力の養成、そして多種多様な人々、言語、文化により構成される世界で生きていくための知識、技術の獲得、そして態度の育成に結びつくと示されています。言語（外国語）教育政策を考える上で重要なのは「総合的な言語教育」という視点です。そのあり方については、大きく「教育理念」と「社会的要請」の両側面から検討する必要があります。人格形成および地球益に基づいた人間教育に関わる「教育理念」、そしてその時代の政治的、経済的、地域社会の側面からのニーズおよび職業的人材の育成に関わる「社会的要請」等の様々な視点から言語教育のあり方を考えることが重要です。

　上記を踏まえて、ニュージーランドの学校における英語以外の言語教育の現

状をみてみましょう。どの言語を教えるかについては、学校の学校理事会に
よって決定されるため、言語種および言語数は各学校により異なります。全体
として、初等教育で科目として多く教えられている言語としては、中国語、フ
ランス語、スペイン語、日本語、ドイツ語、サモア語等が挙げられます。また、
中等学校では、これらの言語に加えてマオリ語、スペイン語が選ばれ比較的多
く教えられています。「社会的要請」の色が強い言語としては中国語、日本語、
スペイン語が挙げられますが、これらはグローバル社会で国として生き抜いて
いくための経済的要因に大きく関わる言語です。また、マオリ語やサモア語は、
先住民であるマオリや周辺の太平洋島嶼からの移民であるサモアの言語であり、
アイデンティティ保持あるいは地域社会での異文化理解の促進にきわめて重要
であると捉えられています。とりわけ、公用語の一つでもあるマオリ語につい
て言えば、メインストリーム校（ニュージーランドの通常の学校）では言語科目
の一つとして教えられていますが、この他にマオリ語のイマージョン教育が行
われている教育機関として初等教育のカウパパ・マオリ（Kaupapa Māori）、中
等教育のファレクラ（Wharekura）、そして高等教育のワナンガ（Wananga）が
あります。筆者の以前の研究（2011）で、その背景には、たとえ現在の優勢言
語が英語であっても、自らの民族としてのアイデンティティの確立、文化およ
びマオリ語の保持を望む親の強い意向が少なからず存在していることを明らか
にしています。

3．多文化社会と学校における言語教育のあり方

　前述の「教育理念」と「社会的要請」の観点から改めて、ニュージーランド
の言語（外国語）教育を考えてみます。「教育理念」の観点からは、多様な言語
を学ぶことは、「言語の平等性」と言語と密接な関係を有する文化を知ることを
可能とし、また、国内のみならず地球社会において多種多様な人々が共生する
上で必要とされる「グローバル」な意識および姿勢の醸成に大きな役割を果た
すと捉えられていると言えます。また、「社会的要請」から見ると、とくに国家
の発展・維持に関わる経済的要因から、また近年ますますの多文化・多言語化
の様相を呈するニュージーランド社会での現実的な多文化共生をめぐる様々な
問題の解決への一方策として、外国語が必要だと認識されていることがわかり

ます。

　ニュージーランドの言語教育から学ぶこととして、今日のグローバル社会で共通言語として確たる地位を占める「英語」圏の国の一つであり、多くの国民が英語母語話者であるニュージーランドにおいてさえ、その必要性の認識の下、言語教育政策的に学校で多様な「英語以外の言語」が教えられていることが挙げられます。今後、多文化化・多言語化がますます進むと予測されるグローバルあるいはローカルな社会でのキーワードの一つである「多様性」の概念が言語教育に反映されていると言えます。日本では差し迫った重要な課題として短期的な将来に向け、現在、英語教育が重点化されていますが、そのような教育的施策に加えて中長期的あるいはより総合的な言語教育の視点からの日本の「外国語教育のあり方」への一考が求められると言え、その際、ニュージーランドの事例は参考になるのではないでしょうか。

主要参考文献

岡戸浩子（2011）「ニュージーランドにおけるマオリの文化保持と言語──マオリ語イマージョン・スクールの現状をめぐって」『人間学研究第 9 号』名城大学人間学部

Statistics New Zealand (2019). 2018 Census population and dwelling counts.
　https://www.stats.govt.nz/information-releases/2018-census-population-and-dwelling-counts#moredata.（2019 年 11 月 29 日閲覧）

Q44
複数の言語が話されている小さな国では
どのように教育をしていますか

岡山陽子

1. パラオについて

　人口約 1.7 万人の太平洋の島国パラオ共和国では、憲法で公用語はパラオ語
と英語と定めています。言語には、「歴史、信念、文化、話し手自身の価値観
が埋め込まれているとツイとトールフソン（Tsui & Tollefson）が述べている他、
「人間の交流とともに、発展し、広がり、あるいは縮小し、借りて、混合する」
とショハミー（Shohamy）も述べています。それでは、パラオの言語状況はどの
ようになっているのでしょうか。また、パラオ語と英語はどのように教育をさ
れているのでしょうか。これらの点について、本稿で考察していきます。

　パラオにはパラオ語のほかトビ語、ソンソロール語という言語がありますが、
それぞれの話者は非常に少なく、トビ語はユネスコの消滅危険度評価では極め
て深刻、ソンソロール語は重大な危機言語とされていますが、パラオ国として
の教育制度ではこれらの二言語は教育されていません。

2. 公用語がパラオ語と英語になった理由

　パラオ共和国は、第二次世界大戦以前は、スペイン（1886 〜 1898）、ドイツ
（1898 〜 1914）、日本（1914 〜 1945）に占領され、戦後は国連の信託統治領とな
り、アメリカが統治しました。帝国日本の占領当時、パラオ語の使用は禁止さ
れ、パラオで史上初の義務教育も日本語でした。パラオ人子弟への教育内容は
日本人子弟とは異なり 3 年間の公学校教育のみが義務付けられました。教科書
は 1 冊で全ての教科を網羅され授業は午前中のみで午後は農作業等にあてられ
ていました。優秀な生徒は、2 年制の補修科に進むことができましたが、ここ

では、午後は日本人家庭にお手伝いさんとして派遣されていたようです。学校でパラオ語を話すと体罰もあり、厳しい教育環境だったことが窺えます。そのような中で使用されていた日本語ですが、現在使用されているパラオ語には当時使用されていた日本語の表現がそのまま、あるいは変形して残っています。若いパラオ人の中には、日本語由来の表現だとは思わずに、例えば、siukang（習慣）、sembuki（扇風機）、mochi（餅）、koshimi（腰蓑）、yasai（野菜）、sori（ビーチサンダル）などをパラオ語として使用している場合もあります。

　第二次世界大戦後はアメリカの統治下で英語が中心になりました。アメリカは、戦後、小学校は設立しましたが、高等学校は 1962 年まで設立しませんでした。その代わりに奨学金を豊富に提供し、高校に行きたい生徒はグアム、ハワイ、アメリカ本土へ留学することができました。留学して英語に堪能となった生徒がパラオに帰国すると、その多くがパラオの主要な職業に就きパラオ社会の中心人物となっていきました。

　パラオは独立に向けて、パラオ共和国憲法を制定することになり、憲法制定委員会が置かれて、1979 年にパラオ共和国憲法が発表されました。憲法制定委員会のパラオ人は海外で高等教育を受けていたので、英語を公用語に加えることは自然でした。結果として、パラオ語と英語が公用語として制定されました。憲法は、英語版とパラオ語版が制定されましたが、最初の憲法には、「何か問題が起きた時には英語版の憲法が優先される」とありました。後に（2008 年）この項目は、「パラオ語版が優先する」と国民投票により改訂されました。

　1994 年にパラオは、アメリカとの自由連合盟約国として独立を果たしました。アメリカは、パラオの国家としての独立を承認し経済援助を与える一方、安全保障（主に軍事権と外交権）に関してはアメリカが統括しています。従って、現在でもアメリカとのつながりは強く、流通貨幣は米ドルで、アメリカとの電話・郵便料金はアメリカ国内並となっています。また、米軍への兵役志願制度もあり、給与も良く恩給もつく、とのことで、志願する若者もいます。

3．パラオ語の書き言葉について

　パラオ語には、もともと書き言葉はありませんでした。1950 年代にパラオ語を収集しパラオ語の書き方体系を作り上げようとしていたアメリカ人神父

マクマナスの業績をもとに、Palau Orthography Committee（パラオ語書き方制定委員会）が1970年代後半に作成したものが現在の書き方の標準体系の原型となっています。1997年にはRPPL4-57という法律が制定されてPalauan Studies（パラオ語・パラオ学）という科目が主要5教科（英語、数学、科学、社会、Palauan Studies）の一つと定められ、パラオ語の書き方の標準体系が導入されました。

　しかし、この標準化された書き方は英語の影響が強く、パラオ語独自の文法や言葉の使い方にそぐわない、と反対する人々も多く、2009年には、RPPL8-7という法律によって、Palau Language Commission（パラオ語検討委員会）が設立され、パラオ語の保存や普及だけでなく、パラオ語の書き方についても研究していくことになりました。そして、2012年のRPPL8-55という法律で正式にこの書き方の標準体系の学校教育への導入が決まりました。

4．学校教育での言語使用状況

　学校教育ですが、義務教育は12年で公立学校の授業料は無料で教科書も無償で配布されます。Palauan Studiesの授業用の教材を除いて、全てアメリカなどで出版された教科書を使用しており英語で書かれています。小学校の授業を見学したところ、黒板に書かれる文字は英語ですが、先生の説明はパラオ語が中心でした。パラオ語を十分理解できない生徒には英語での説明を付け加えていました。

　指示言語は、1〜2年生はパラオ語、3年はパラオ語と英語、4年以降は英語とされていますが、英語だけだと理解できない生徒もいるし、また、逆にパラオ語だけでは理解できない生徒もいる場合が多く、低学年から高学年までパラオ語と英語が使用されていました。特に、1年生のクラスでは、単語一つを取ってみても、パラオ語と英語が混在していますので、教師は生徒たちが混乱しないように教材作成に注意を払っていました。

　Palauan Studiesでは小学校ではパラオ語教育に焦点をあてています。その教科書は、1年生向けのものが2011年に公立小学校の1年生に配布されましたが、他の学年では教科書がなく、教師は自分たちで工夫して教材を作成しています。教育省のPalauan Studies担当官ジェイ・ワタナベ（Jay Watanabe）によ

れば、すでに4年生までの教科書用原稿は作成されているが、教科書作成のための十分な予算がないために印刷する許可が下りないとのことでした（2019年2月21日インタビュー）。

　トビ語とソンソロール語に関しては、各々の島では、それぞれの言語を指示言語として使用して教育をしているようですが、今でも書き言葉はありません。Ministry of Financeのデータによると、2017～2018年度の全生徒数がハトホベイ（トビ）小学校は12名、ソンソロール小学校は5名です。パラオの旧首都コロール近郊の村にこれらの島から移住してきた人たちが約700名（約300名のトビ語話者と約400名のソンソロール語話者）でコミュニティを作り住んでいますが、その子どもたちは近隣の小学校に通い、パラオ語と英語で授業を受けています。ただし、このコミュニティにあるHOPE Centerという集会場ではトビ語を話しています。また、島の文化と言語を残すために、「伝統的料理の会」や、「伝統的手法による漁の会」などを実施して子どもたちに伝統的文化の体験とトビ語使用の機会を提供しています。

５．家庭や社会での言語使用状況

　家庭や勤務先などでの使用言語についてアンケート（回答者137名）で尋ねました。家庭で話される言語は全世代を通じてパラオ語を選択した回答者数が最大でしたが、若い世代では英語の割合が増加しています。友人と話す言語も若い世代では英語が増えています。仕事先や学校で使用される話し言葉はパラオ語と英語ですが、若い世代では英語の選択が増えています。読んだり書いたりする場合は英語を使用するという回答者が圧倒的に多かったのですが、将来の公的文書の使用言語という項目で、「英語とパラオ語の2言語で書く」を選択した回答者が多かったのが、学校で書き方の標準体系を習った世代でした。パラオ語でも公的文書を書けるという意識を持っていることは、学校教育で書き方を学習した成果かもしれません。

６．パラオの今後の言語状況

　パラオでは、話し言葉ではパラオ語、書き言葉はほぼ英語が使用されています。しかし、話し言葉も英語使用の頻度が若い世代では増えており、家庭でも

その傾向がみられます。ある高校生が「自分たちが話しているのは Palinglish」、と言っていましたが、英語の影響を受けて、パラオ語そのものが変化していくこともありえます。

　トビ語とソンソロール語に関しては、国レベルでは何の対策も取られていません。コミュニティに住む 700 人余りの人々にこれらの言語の存続がかかっていると言っても過言ではありません。現在でも両言語に関しては書き方が確立していません。「辞書制作」という話もあるそうですが、早急に何らかの対策が必要だと思われます。今後も、パラオの言語状況を注視したいと思います。

　そして、このパラオでの言語状況について知ることにより、日本が行ってきた過去の歴史の一端に触れ、また、戦後の英語とパラオの現地語の間での葛藤にも触れることにより、英語教師が英語を外国語として日本人に教える意味を考えるきっかけになると良いと思います。

主要参考文献

Ministry of Finance. *2017 Statistical Yearbook*. Republic of Palau: Bureau of Budget and Planning, Ministry of Finance.

Shohamy, E. (2006). *Language policy: Hidden agendas and new approaches*. London, U.K.: Routledge.

Tsui, A. B. M. & Tollefson, J. W. (Eds.) (2007). *Language policy, culture, and identity in Asian contexts*. Mahwah, NJ: Erlbaum.

Q45
言語が消滅する、復興するとはどういうことですか

長谷川瑞穂

1．言語の消滅と保持

　二つ以上の言語が共存する社会において、ある言語が次第に使われなくなり、衰退していく現象はしばしば起こります。言語シフト（language shift）とは、ある言語の話者が自分の母語より他の言語を使うようになり、結果として言語の移行が起こることです。

　例えば、北アメリカの先住民が自らの言語よりも社会的に価値の高い英語（またはフランス語）を次第に使うようになり、先住民の言語は衰退し、やがては消滅していきます。言語が消滅する過程は、強制的な場合と自発的な場合がありますが、両者は複雑に絡み合っています。強制的な例として、アメリカやカナダでの先住民に対する寄宿学校での英語への同化教育が挙げられます。カナダでは、1950 ～ 1960 年代にかけて先住民イヌイットの子弟に対して、寄宿学校や平日学校で、徹底した英語への同化教育が行われました。特に、初期の教会運営の寄宿学校では、イヌイットの生徒は半ば強制的に親元から寄宿学校に隔離され、イヌイット語を使うことは厳しく禁じられ、徹底した英語、英語文化への同化教育が行われました。その結果、イヌイットの子どもたちは学校での英語や英語文化教育と親元でのイヌイット語とその文化の狭間で悩み、彼らの言語や文化を無視した同化教育は失敗であったと考えられています。その後、1970 年代にはイヌイット語と英語（またはフランス語）のバイリンガル教育が研究され、徐々に実行されていきます。現在、1999 年に創設されたイヌイットが約 85％を占めるヌナブト準州では、イヌイット語、英語、フランス語を準州の公用語と規定し、イヌイット語と英語（またはフランス語）のバイリンガル教育を導入し、イヌイット語保持に努めています。また、人間の大切な遺産である言語の消滅を防ごうという動きが、ユネスコ、世界各地の言語学会などで

なされています。しかしながら、このような努力が実を結び、言語の消滅を防ぐには、その言語を話す人たち自身が自らの言語に誇りを持ち、家庭や地域で使い続けることが大切です。

　日本においても、明治時代にはアイヌの人たちに日本語への同化教育を行い、アイヌ語は消滅の危機にありました。しかし、アイヌの人たちのアイヌ語保持の努力の結果、1997 年には、「アイヌ文化振興法」が定められ、大学や地域でアイヌ語やアイヌ文化を教える講座が設けられました。2019 年 4 月にはアイヌを先住民族と規定した通称「アイヌ新法」が国会で成立しました。2020 年には北海道白老ポロト湖畔に、アイヌの尊厳を尊重し、アイヌの言語、歴史、文化の復興を目指す国立アイヌ民族博物館、国立民族共生公園が誕生する予定です。将来に向けて、新たなアイヌ文化の創造と発展に繋がることが期待されています。

　言語保持の成功例として、デンマーク・グリーンランドのグリーンランド語（エスキモー系）の事例があります。1953 年にグリーンランドが植民地的な立場から他のデンマークの州と対等な州となるまでは、グリーンランド人にデンマークの歴史、文化が教えられましたが、家庭や地域でグリーンランド語が使われていたため、グリーンランド語は保持されていました。1960 年代の初期にはデンマーク語を話せるグリーンランド人は 10 〜 15％と少ない状況でした。その後、デンマーク語をより重視したグリーンランド語とデンマーク語のバイリンガル教育が行われ、多くのグリーンランド人がデンマーク語に堪能になり、デンマークの大学で学ぶ者もでてきました。しかし、グリーンランド語を守ろうという動きが強まり、1979 年にグリーンランドでの教育言語はグリーンランド語であると規定され、現在では約 88％を占めるグリーンランド人の殆どはグリーンランド語とデンマーク語のバイリンガルです。一時はデンマーク語を使用するグリーンランド人が増え、グリーンランド語衰退の兆しがありましたが、グリーンランドは自治政府として、グリーンランド議会が教育に関する法的基準や規則を決め、グリーンランド語の教員養成に力を入れ、グリーンランド語保持に成功しました。

２．言語の復活

　言語復活（language revitalization）とは、衰退の道を辿っていた言語の話者が増え、再び活力を取り戻すことを言います。ここでは、ニュージーランドのマオリ語とアメリカ・ハワイ州のハワイ語の言語復活の事例を挙げます。

　ニュージーランドの先住民マオリ族は、1840 年のワイタンギ条約で、資源の保障と引き換えに主権を英国に譲渡しました。学校教育では 1860 年代からマオリの子弟に英語への同化教育が行われ、マオリ語は家庭や地域で使われ続けましたが、衰退の傾向にありました。1970 年代からの先住民運動の中で、土地や言語・文化保持のための権利要求がなされ、1987 年にマオリ言語法（Maori Language Act）が成立し、マオリ語はニュージーランドの公用語となりました。マオリ語保持のために、公立の小学校でもマオリ語と英語のバイリンガル教育を行なう所が増え、一部にマオリの教師によるイマージョン校もでき、次第にマオリ語のできる生徒の数は増加しました。就学前の子ども達にマオリ語で教える早期教育校も 800 を超え、成功を収めました。現在では、約 50％のマオリがマオリ語をある程度話せるまでになり、マオリ語復活はかなり成功したといえます。

　アメリカ・ハワイ州では、1898 年にハワイがアメリカに併合されて以来採られてきた英語への同化政策に対して、1970 年代以降ハワイ先住民の言語や文化を取り戻そうというハワイアン・ルネッサンスの運動が活発化しました。1978 年にはハワイ語（条件付き）と英語がハワイ州の公用語に規定されました。1970 年代にはハワイ語を話せる子どもは 1％に満たない状況で、ハワイ語は完全に衰退していました。英語の強いハワイ州でハワイ語を復活させることは至難であり、就学前や低学年の子ども達を対象とした早期教育から手掛けることとなりました。その後、公立小学校にハワイ語コースを設けるところも現れ、ハワイ語によるイマージョン教育が行われました。1994 年にはハワイ大学の傘下でハワイ語イマージョン一貫校が誕生し、成功しています。現在、20 余りのハワイ語イマージョン一貫校で学ぶ生徒は約 2000 人で、ハワイ語は少しずつではありますが、確実に復活しています。

　以上のマオリ語、ハワイ語の事例は、予算を十分注ぎ、しっかりした言語政策の下、先住民の教員によるイマージョン教育を行えば、言語は復活できるこ

とを示しています。

　1992 年の国際言語学者会議で、「言語が消滅することは、それがいかなる言語であっても、人類にとって取返しのつかない損失である」との宣言がなされました。また、2019 年は国際連合の定めた「国際先住民族言語年」(International Year of Indigenous Languages) です。世界中の先住民族の言語が絶滅の危機に瀕していることについて意識を高めることを目的としています。言語は人類の資産であり、民族の歴史、文化、知識と深く関わっており、言語の保持は重要です。

主要参考文献

岡戸浩子（2002）「ニュージーランドにおける多文化共生への模索」河原俊昭編『世界の言語政策』くろしお出版、145 〜 159 頁

松原好次（2010）『ハワイ語の復権をめざして』明石書店

Olsen, K. (2006). *Education in Greenland*, University of Alaska.

Q46
ことばの市民権 (Linguistic Citizenship) とはなんですか

野沢恵美子

1．ことばを通じた市民形成

　"Linguistic Citizenship" は、多言語社会や言語教育に関連して議論される比較的新しい概念です。対訳が定まっていないので、本項では「ことばの市民権（Linguistic Citizenship）」とします。私たちは日々様々な場面でことばを通じて他者とつながり、社会に参加しています。誰かと感情や経験を分かち合う時、相談する時、正当な権利を主張する時、不当な要求を拒絶する時、多くの場合そこでは言語を通じた交渉が行われます。「ことばの市民権」は、人々が日常の中でどのように言語を使って自己を表出させ、社会とつながっているのかに着目し、多様で自由な言語活動を促進することを目指したアプローチです。

　日々の言語活動は、わたしたちがどのように自己を形成し、共同体に参加するのか、ということと密接につながっています。日本語で自分を呼称する時、「わたくし」、「わたし」、「うち」、「ぼく」、「おれ」など、様々な言い方がありますが、どれを選択するかで、自分が何者なのか、相対している他者とどのような関係性なのかを端的に表すことができます。一人の男子学生が、就職活動中は「わたし」、授業中は「ぼく」、友人との会話では「おれ」と称する姿はよく見られます。このように一人称を使い分けることによって、学生はその都度その場に応じて異なる自己を表出させ、他者との関わりを構築しています。また地方や時代によって呼称やそれに付随する関係性は異なり、相手に与える印象や、場に応じた適切度は変わってきます。これがさらに複数の言語やその言語変種（標準化されていないの地方や階級による言語変化を含む、コミュニティごとの変種）が話されている国や地域においては、その場でどの言語や言語変種を話すのか、複数の言語変種をどの程度まぜながら話すのか、その選択の一つ一つ

が、話し手の自己形成と相手との関係性の構築過程となります。例えば筆者が
研究を行っているインドでは、大学生が、首都デリーの大学で教授と話す時と、
地元に帰省する列車で乗り合わせた乗客と話す時、生まれ育った村で幼なじみ
と話す時、それぞれの場面に応じて英語、ヒンディー語、地元のことばを、そ
の場にふさわしい度合いで選び、それらをまぜながら話し、相手との距離や関
係を最適化するのです。

２．言語権アプローチへの批判

　複数のことばが話されている社会では、多くの場合、言語変種間に社会的な
認知において格差があります。公用語や標準語、学校の教授言語などは「正
統性が高い」とされ、公用語以外のことば、少数民族言語や方言、クレオール、
ピジン、移民の言葉などは「正統性が低い」とみなされます。正統性の高いこ
とばは社会的地位が高く、正式な場での使用が推奨される一方で、正統性の低
いことばの使用は制限・排除されたり、矯正の対象となったり、さらにはその
話者への差別につながることもあります。フィリプソン（Phillipson）らはこう
いった言語間の格差と排除を批判し、少数言語話者などを含めた全ての人が、
母語で表現する権利を同等に有するべきと主張しました。フィリプソンはさら
に世界規模での英語使用の拡大が政治・経済・学問など諸分野での英語支配に
つながり、英語以外の言語話者の権利が侵害されているとも論じています（Q10
参照）。フィリプソンらの言語権の保障を訴える主張は広範な支持を得る一方で、
特に近年様々な疑義も唱えられてもいます。

　言語権アプローチでは、言語間の不平等解消のために、少数言語や周縁化さ
れたことばの公用語化、行政、司法、教育などの公式な場での使用を訴えます。
制度上の地位を確立することによって、そのことばの話者の権利が保証される
と考えているためです。一方でストラウドやリム（Stroud & Lim）などの研究
者たちは、フィリプソンらの言語権アプローチは固定的な言語観と、均一的な
「民族グループ」像を基盤としており、グループ内の差異に対し抑圧的である
と批判しています。そして公用語化は、必ずしも話者一人ひとりの権利を守る
ことにつながるとは限らないとの立場を示しています。一般に公用語化を実現
するためには、その少数者言語の文法や語い、表記方法などの標準化が図られ

ます。この標準化により言語としての「正統性」は高まりますが、その一方で「標準」からはずれた地方や階層による様々な言語変種の切り捨て、格差や標準化圧力が生まれる危険があるからです。また言語権アプローチが想定する「少数言語話者像」に対しても、「XX 族」をそのまま「XX 語話者」とみなす傾向があり、一面的で、民族アイデンティティの在り方を外から一方的に決めつけているとも批判しています。同じ民族グループの中でも、標準とは異なる言語変種を話す人々がいたり、必ずしも民族言語に強いアイデンティティを持っていない人もいたりするなど、ことばに対する距離や態度は本来様々ですが、そういった個人とことばとの関係性を、言語権アプローチでは捉えることができないためです。

　ここで理解しておかなければならないのは、「ことばの市民権」を唱える研究者たちも、少数者や周縁化された人々のことばへの権利は保障されなければならないと考えていることです。ただどのような「言語観」を持つのか、何を目指すのかという方法論において言語権アプローチとは相違があり、言語権アプローチでは少数者言語内での差別や抑圧が生まれかねない点を批判しているのです。

　さらに英語教育を専門とするペニークック（Pennycook）は、言語権アプローチや英語帝国主義理論を批判し、植民地主義的な硬直した枠組みから言語間の関係性を論じており、人々がことばを使用している実態や、様々なことばの話者がまじりあうことで起きる変化を捉え損ねていると指摘しています。というのもフィリプソンは、植民地モデルをもとに、英米の政治的・経済的覇権により英語が広がり、非英語圏でも英語を使用する人が増加してきたことを、言語による帝国主義であると論じているからです。しかしペニークックは、非英語圏の人々が英語と出会う時、そこで引き起こされるのは「支配―被支配」という単純な図式だけではなく、学習者による英語への抵抗、ことばの取捨選択、混成、盗用など種々様々な「自発的な」反応も含まれていると論じているのです。

3．日常の活動から見ることばの市民権

　「ことばの市民権」アプローチでは、公的な制度の内でのことばの地位では

なく、人々の日常の言語活動に注目します。言語権アプローチが法律や行政といった政府機構、制度内での地位の獲得を目標とするのに対し、「ことばの市民権」アプローチでは、人々がことばを通じて自己を形成し、市民社会の一員となる過程を動的に理解しようとしています。特に複数の言語変種が話される場において、人々がどのように異なる言語変種を使用し、そこからどのように社会的な自己を形成し、共同体に参画しているのか記録し、分析していくのです。南アフリカの言語を研究しているストラウドなどは、市場や街中や学校などで、人々が標準的ではない様々なことばの変種を使って、社会的な自己を確立させていく様子をつぶさに観察しています。南アフリカでは多くの言語変種が話され、地方や階層によって異なる語いや表現方法が見られます。しかし言語の公的地位を目指して標準化圧力が強まると、それぞれの話し手の用いる独特の表現は排除されていきます。言語活動を自己形成そのものとするストラウドは、言語権獲得の犠牲として起こることばの変種への抑圧や排除は、多様な話し手の自己表現、社会参加を阻むものだと批判しています。代わりに様々なことばの変種を通して自己を表現し、コミュニティを創造する草の根のことばの実践を記録し事例を集めることで、多様な言語変種を共存させながら、人々がつながりを構築し、自律的に多言語社会を作り出していく様相を生き生きと描き出しているのです。

　英語教育の分野では、必ずしも「市民形成」という観点からの研究ではないものの、ペニークックらが、英語学習者たちの自律性に着目しています。英語学習者たちは支配的な「標準英語」をそのまま吸収するのではなく、自分たちに都合良く英語を改変し、母語表現と混淆させ、自己と言語、自己と他者との間に新しい関係性を作り上げています。そこで起きているのは、非英語圏の話者による標準英語からの逸脱や改変、そして「自分のことば」として新しい英語の変種を生成していく姿です。この話者と言語との関係についての理解は、本書でも紹介されている「いろいろな英語」（Q3）や「リンガフランカとしての英語」（Q4）といった概念にもつながっています。

　英語以外の言語でも、言語教育と市民形成についての議論がされています。日本語教育の研究者である細川（2012）は、教室とは、多様な個が言語を通じて自己形成を行い、対話を通して共同体に参加する場であると位置付けていま

す。そのようにことばを通じて自らの考えや経験を共有しながら自律的に他者と関係性を築き、社会参加をする主体を、細川は「ことばの市民」と呼んでいます。日本語教育現場の多くでは、標準的な「正しい日本語表現」を学ぶことに重点が置かれています。しかし「ことばの市民」育成のためには、教師は画一的な知識を教え間違いを正すことばかりに腐心するのではなく、学習者それぞれが関心のある事柄に取り組み、自己を表現し、必要な社会ネットワークを構築する手助けをすることが重要で、それこそが言語学習の目的となるべきだと細川は述べています。

　言語権アプローチが、国民の共通語があることを前提とした「モノリンガル（一言語主義）の国家」の概念に、複数の少数者言語を公用語として「追加していく」ことを目指すのに対し、「ことばの市民権」アプローチでは、公的な制度の枠外で起こっている、うねりのように多様で自律的な言語活動を掘り起こし、知識として積み上げていくことにより、モノリンガルを基盤とした国家概念や「制度の枠組みそのもの」に挑戦するという、より根本的な変革を内包していると言えるのではないでしょうか。

主要参考文献

細川英雄（2012）『「ことばの市民」になる——言語文化教育学の思想と実践』ココ出版

Lim, L., Stroud, C. & Wee, L. (2018). The Multilingual Citizen: Towards a Politics of Language for Agency and Change. Bristol: Multilingual Matters

Pennycook, A. (2001). Critical applied linguistics: A critical introduction. New York: Routledge

Phillipson, R. (1992). Linguistic Imperialism. Oxford: Oxford University Press.

Q47
日本の多言語状況はどのようになっていますか

佐々木倫子

1．日本は単一言語の国ではない

「我が国は単一言語の国である」と主張する政治家が、忘れた頃に出てくる日本ですが、実は昔から多言語状況が存在していました。キリスト教系の少数言語の研究団体である国際 SIL のウェブサイト Ethnologue には、日本の項に15 言語挙がっています。15 という数字に関しては、琉球語の諸方言を言語として数えるからとする見方もありますが、主要言語である日本語の他に、アイヌ語や朝鮮語が存在することは、多くの方の認識するところではないでしょうか。ろう者が用いる日本手話も立派な独立した言語ですし、英語が運用されている場面を目にしてきた方も多いでしょう。

さらに白井恭弘（2013）は『ことばの力学』で、「日本はよく単一言語国家と言われますが、実際は多くの言語変種がしのぎをけずっています。標準日本語、方言、外国語、外国人の話す日本語、日本人の話す英語、また音声言語と手話言語などが日々接触しています。」（pp. iii - iv）と述べています。「日本語」だけ見ても当然一枚岩ではなく、位相差を持つ言語なのです。日本学術会議（2017）も、音声言語及び手話言語の多様性の保存・活用とそのための環境整備の重要性を訴えています。ただ、これまでは一般的に、多言語状況があまり認識されてこなかったのです。

2．多言語状況の加速化とそれへの対応

しかし、21 世紀の今、多言語状況の加速化ははっきりと姿を見せています。少子高齢化克服の一環として新たな外国人材の受入れが挙げられ、2018 年 12 月に外国人労働者の受入れを拡大する改正入管法が成立、2019 年 4 月から施行されました。介護、建設、自動車整備、宿泊、農業、漁業、飲食料品製造業、

外食業などで受入れの大幅増員が見込まれています。2019年6月には日本語教育推進法案が成立し、今後、日本語教育の充実が見込まれますが、それぞれの就労現場で交わされる言語は日本語とは限りませんし、英語とも限らないでしょう。

　このように多言語状況が強まり、多言語対応の充実が必要とされる日本ですが、現状はどうでしょうか。田中他（2012）では、多くの外国人をひきつける街である秋葉原で、店舗掲示類調査とWeb調査を行っています。例えばフロアガイドの言語を見ると、日本語と英語の各単言語表示が大半を占めたと言います。「フロアガイドでは日本語単言語が最も多く、多言語化自体があまり進んでいない。多言語化した場合も言語の組み合わせは店ごとに様々で、日本語・英語・中国語（簡）、韓国語の"標準タイプ"にはこだわっていないようである。」（p.247）とまとめられています。「免税」、「歓迎」といった簡単なメッセージにおいて使用される言語で多いのは英語と中国語（簡）で、この二言語は日本語よりも多いとあります。次に、Web調査結果では、日本語単言語使用が大半で、日本語以外では英語が最多だが出現数は少なかったと言います。つまり、秋葉原の店舗とWebサイトの多言語化は、さほど進んでおらず、これは首都圏のデパートも同様でした。

　一方、公的な動きは民間の商業施設とは異なります。平成27年度の国勢調査では、日本語の他に27の言語版が用意されました。自治体の資料などは、英語版の他に中国語、韓国語、ポルトガル語、スペイン語、タガログ語、さらにやさしい日本語版などが用意されるようになってきています。市町村や地域国際化協会の窓口等で配布されることを念頭に作られている、自治体国際化協会の「多言語生活情報」は、外国人の方々が日本で生活するために必要な「医療」、「教育」、「緊急・災害時」などの生活情報を17項目にわたり、15言語で説明しています。ホームページの多言語化を専門とする会社などもできていますが、全体的に言うと、まだまだ対応が不十分なことは明らかです。

3．どんな言語が現在の日本で見聞きされるのか

　日本国内における多言語状況の活発化と多言語対応の不十分さを見てきましたが、もう少し細かく数字と言語を抑えてみましょう。法務省・在留外国

人統計の入国外国人数を見ると、2013（平成 25）年から 2017（平成 29）年まで、1125 万 5221 人⇒1415 万 185 人⇒1968 万 8247 人⇒2321 万 8912 人⇒2742 万 8782 人と急増しています。うち再入国者は 1 割にも達していないのですから、入国の活発化は明らかです。さらに、日本に中長期滞在する在留外国人数で見ても、「過去最高」が更新され続け、2018（平成 30）年 6 月末で 263 万 7251 人となりました。日本の総人口のほうは 2018 年 7 月 1 日現在 1 億 2652 万 9000 人で、前年同月に比べ 25 万 7000 人の減少ですから、日本の総人口に占める外国籍の人の割合は 2% を超え、50 人に 1 人が外国籍というわけです。その内訳ですが、国籍・地域の数は 194（無国籍を除く）で、上位 10 か国・地域は、多い順に、中国、韓国・朝鮮、ベトナム、フィリピン、ブラジル、ネパール、台湾、米国、インドネシア、タイとなっています。かなりの韓国・朝鮮籍の人々が日本語を母語とすることは確かですし、多くの外国人が日本国内では日本語を運用しているわけですが、それでも中国語、ベトナム語、ポルトガル語、ネパール語などを耳にする機会はかなりあるのではないでしょうか。外国人集住都市などに見られますが、ある地域に特定の国の人が固まって、自分たちの言語を媒介とする学校や教会を作り、小さなコミュニティを形成すると、そこでは特定の言語が優勢となることでしょう。

４．外国にルーツを持つ子どもと多言語状況

　日本に在住する成人を中心に多言語状況を見てきましたが、子どもを囲む多言語状況はどうでしょうか。まず日本語母語話者である多数派の子どもがどの程度の多言語状況下にあるかを考えてみます。家庭とコミュニティ言語がほぼ日本語の中で、公教育の場で子どもたちが接触する、日本語以外の言語を運用する人としては、JET（語学指導等を行う外国青年招致事業）関係者が挙げられます。この事業は 2018（平成 30）年度に 32 年目を迎え、招致国は 4 か国から 54 か国に、参加者も 848 人から 5528 人へと、大きく発展してきました。その中の 90% 以上が ALT（外国語指導助手）で、主に学校または教育委員会に配属され、日本人外国語担当教員の助手として外国語授業に携わり、教育教材の準備や英語研究会のような課外活動などに従事します。ALT の言語は圧倒的に英語です。英語圏の ALT は、アメリカ合衆国、英国、オーストラリア連邦、ニュー

ジーランド、カナダ、アイルランド、南アフリカ共和国、シンガポール共和国、ジャマイカ、バルバドス、トリニダード・トバゴ共和国、フィリピン共和国の出身者たちです。彼らが授業をする時と、ごく限られた他言語の体験的授業を除けば、日本の公立校で生徒たちは日本語のみの単一言語状況下に置かれていると言えるでしょう。公的教育の世界では「日本は単一言語の国」なのです。

では、日本語以外の母語を持つ、学齢期の子どもたちはそこでどうしているのでしょうか。文部科学省では、公立小・中・高等学校等における日本語指導が必要な児童生徒の受入れ状況等について調査を行ってきました。平成 28 年度の結果を見ると、日本語指導が必要な外国籍の児童生徒は 2016 年には 3 万4335 人で前回調査より 5137 人［17.6％］増加しています。彼らの母語を見ると、ポルトガル語が 25.6％で最も多く、次いで中国語 23.9％、フィリピノ語 18.3％、スペイン語 10.5％で、これら 4 言語で全体の 78.2％を占めました。また、国際結婚家庭の子どもや帰国児童生徒など、日本語指導が必要な日本国籍の児童生徒は 9612 人で、前回より 1715 人［21.7％］増加しています。

外国人児童生徒に対する母語支援員や教育担当教員は拡大していますし、外国人児童生徒等に対する教育支援の「拠点校」や「日本語指導教室」「日本語サポートセンター」等の拠点的な機能の整備を行う地方公共団体数も増加しています。しかし、彼らを受け入れている公立校の授業言語は日本語で統一されており、多言語状況とのズレを補うような外国語プログラムは存在しません。国際文化フォーラムという民間組織は、中国語、韓国語を「隣語」と呼び、その学習の重要性を説き、教育方法やカリキュラム開発・普及を助けてきましたし、日本の外国語教育が現在のような英語一辺倒の動きではいけないとする、一般社団法人日本外国語教育推進機構（JACTFL）などの動きもあります。「英語以外の外国語教育」に対する対応が皆無というわけではなく、大学入試センター試験（2020 年 1 月廃止）には、英語、ドイツ語、フランス語だった外国語試験科目に中国語と韓国語が加えられ、一応の多言語化を見ています。

しかし、これらの動きは英語教育の強大さに比して、あまりに規模が限られているのです。ここで私たちができることは、第一に日本語および英語の持つ権力の巨大さを意識し、第二に日本の多言語状況とのずれ・ゆがみを正す方向を模索する一歩を踏み出すことではないでしょうか。

主要参考文献

白井恭弘（2013）『ことばの力学——応用言語学への招待』岩波書店、pp. ⅲ - ⅳ .

田中ゆかり、早川洋平、冨田悠、林直樹（2012）「街のなりたちと言語景観——東京・秋葉原を事例として」『言語研究』142、155 〜 170 頁

　http://pj.ninjal.ac.jp/shutoken/ pdf/5-21302_17.pdf（2019 年 4 月 1 日閲覧）

日本学術会議（2017）『音声言語及び手話言語の多様性の保存・活用と そのための環境整備』

　http://www.scj.go.jp/ja/info/kohyo/pdf/kohyo-23-t247-9.pdf（2019 年 4 月 1 日閲覧）

法務省・在留外国人統計

　https://www.e-stat.go.jp/stat- search/ page=1&layout files?=datalist&toukei=00250012&tstat=000001018034&cycle=1&year= 20180&month=12040606&tclass1=00001060399）（2019 年 4 月 1 日閲覧）

文部科学省「日本語指導が必要な児童生徒の受入状況等に関する調査（平成 28 年度）」

　http://www.mext. go.jp/b_menu/houdou/29/06/__icsFiles/afieldfile/2017/06/21/1386753.pdf（2019 年 4 月 1 日閲覧）

JET とは

　http://jetprogramme.org/ja/about-jet/（2019 年 4 月 1 日閲覧）

Q48
「外国人を見たら英語で話しかけてみよう」の問題はなんですか

中川洋子

1．外国人はみんな英語を話すのでしょうか？

　現在、子ども達のまわりには、どのくらいの外国人がいるのでしょうか。そもそも子ども達のまわりの外国人は、英語が通じる人々なのでしょうか。

　Q47でも言及していますが、法務省の「平成29年度現在における在留外国人数について（確定版）」では、以下のような内訳が示されています。（平成29年末の在留外国人数256万1848人）

表15　国籍・地域別在留外国人数

順位	国名	人数	順位	国名	人数
1	中国	730,890	7	台湾	56,724
2	韓国	450,663	8	米国	55,713
3	ベトナム	262,405	9	タイ	50,179
4	フィリピン	260,553	10	インドネシア	49,982
5	ブラジル	191,362	11	その他	373,339
6	ネパール	80,038			

　上記の表から、子ども達のまわりの外国人は、必ずしも英語圏出身ではなく、アジア出身者が多いことがわかります。しかし、この現状は教材には必ずしも反映されていないようです。上位5位以内に入っているフィリピンとベトナムは、6年生の教材で初めて登場します。しかも、英語圏出身は8位の米国のみで、フィリピノ語と英語を公用語とするフィリピンが4位に位置しています。

　日本に来る外国人観光客の内訳もみてみましょう。日本政府観光局（JNTO）

によれば、2018 年の推計値は 3119 万 2000 人で、中国、韓国、台湾、香港、ア
メリカ、タイ、スペインの順です。これらのデータから、「外国人を見たら英語
で話しかけてみる」ことが必ずしも適切ではないことがわかります。

　また、日本語で生活している在留外国人も多く、それはメディアに登場する
日本語を話す外国人の様子に象徴されています。例えば（2019 年 7 月現在）日本
語を話す外国人が登場する CM は以下の通りです。

・ロート C キューブ……KARA（韓国出身）

・トリバゴ……ナタリー・エモンズ（アメリカ出身）

・ソフトバンク……ダンテ・カーヴァー（アメリカ出身）

・ライフネット生命……厚切りジェイソン（アメリカ出身）＆ヴィクトリヤ・ラ
　ブロワ（ロシア出身）

　2018 年に出入国管理法改正案が可決されたことから、今後さらなる外国人労
働者の増加が見込まれます。厚生労働省によると、日本で働く外国人労働者は
2017 年 10 月末現在、128 万人で、5 年前の 68 万人からほぼ 2 倍増となってい
ます。全就業者に占める割合は 2% ですが、コンビニや工場で働く外国人を見
かける機会も増えています。

　外国人労働者数の増加に伴って、国内の学校に入学する子弟の数も増加しま
す。つまり、日本語指導の需要が増えているのです。文部科学省の「日本語指
導が必要な児童生徒の受入状況等に関する調査（平成 28 年度）」によると、小
学校、中学校、高校、義務教育学校、中等教育学校及び特別支援学校において、
日本語指導が必要な外国籍の児童生徒は 3 万 4335 人（2 万 9198 人）で、前回調
査より 5137 人 [17.6%] 増加したとのことです。

　日本語指導の需要が増えていることに伴って、「やさしい日本語」が注目を集
めています。『医療に「やさしい日本語」』、『入管法改正「英語より有効」普及
に力』（東京新聞 2019 年 1 月 13 日（月））という記事からも、医療や公共機関な
どで、「やさしい日本語」の使用が増えていることがわかります。

　「『やさしい日本語』でおもてなしをしよう！英語でなくていいんです」を宣
伝文句にしている「やさしい日本語ツーリズム研究会」では、「日本（にほん）
で外国（がいこく）のひととはなすとき、いちばんつたわりやすいのは、日本語
（にほんご）なのです」というメッセージを発信しています。その HP に登場す

る日本の大学院で日本語を学ぶエジプト人留学生は、次のように話します。

日本語で　質問（しつもん）してるのに、いつも　英語とか　かえってくる。こどもが　日本語で　はなしかけてくれました。店（みせ）で「この　おもちゃは　どうですか？」って　わたしに聞（き）いて　わたし、お母（かあ）さんじゃ　ないけど。うれしかったですね。（中略）わたしは　がいこく人（じん）だけど、英語は　そんなに　上手（じょうず）じゃないし。英語より　「やさしい日本語」で　はなしかけて　ほしいです。

　国内の言語教育で英語に偏った言語教育が行われている一方で、子ども達のまわりでは、日本語を必要としている外国人が増えているのです。

　このように、国内の言語環境は、ここ数年で大きく変化しています。自治体のサービスでも多言語対応を増やしていますが、その一方で、入試や小学校での英語の教科化などを通じて、子どもや生徒達を英語学習に追い込む教育施策がさらに強化されています。

　言語教育では、まず自分たちを取り巻く言語環境の実態を知り、様々な言語を話す人々が自分たちの周りにいること、その母語話者の母語や文化を理解し、尊重する姿勢を養うべきでしょう。

　また、日本では外国人と話す機会があったら、まず日本語で話せば良いという発想を小学校で育て、コミュニケーションに自信を持たせてあげましょう。小学校では、英語は多言語の一つとして楽しみながらコミュニケーション能力の素地を養い、多言語に興味関心を持たせることで、その後の自律的な言語学習につなげていけば良いのではないでしょうか。

主要参考文献

やさしい日本語ツーリズム研究会（2019）yasashii-nihongo-tourism.jp（2019年2月11日閲覧）

日本政府観光局（JNTO）文部科学省の「日本語指導が必要な児童生徒の受入状況等に関する調査（平成28年度）」

Q49
日本の大学生は多言語社会をどのように見ていますか

植田麻実

1．日本社会は多言語に対応しているのでしょうか

　国際化社会へ対応していけるようにと現在小学校から義務教育の中に英語が教科として加わりました。そして、国際化社会の一員になれる手形のように英語を話せることが強調されています。もちろん、英語を操れればコミュニケーションをとれる相手の幅はぐんと広がります。国内にとどまらず海外に行っても英語を使ってコミュニケーションをとったり仕事をしたりする機会はたくさんあります。

　しかし、普段の生活の中で一歩街に出てみると、英語以外の多言語がたくさん聞こえてきませんか。私たちは今、いわゆる多文化・多言語社会の中で生活している、といっても過言ではないでしょう。2011 年 3 月 11 日に起きた「東日本大震災」の際にも、当時東北で生活をしていた外国出身の人たちの母語が50 種類を超えていて、震災に関しての情報が日本語と英語だけでは決して十分ではなかったことを鳥飼（2016）も指摘しています。

　このような日本社会で生活している私たちですが、学校で学ぶ言葉にこうした現実が果たしてどこまで反映されているのかは疑問です。つまり、学校教育の中でしばしば私たちが与えられているイメージは、国際化が進み、日本で生まれ育ったといえども英語ができなければ、国際社会の一員となるのは難しくなってきていますよ、だから、英語を勉強しましょう。というものではないでしょうか。けれども、観光で日本を訪れる外国の人たちがいるのとは別に、日本で生活をしている、いわゆる在留外国人たちがたくさんいる社会がもたらしているのは、多様化された社会で、その中で使用されている言語も様々な言語であるという事実です。法務省の HP からは 2019 年の時点で日本在留の外国人数が 263 万人に及んでいると示しています。この数字は 100 人に 2 人くらいの

割合で現在日本には日本語を母語としない在留外国人が生活しているということになります。

2．大学生の多言語社会への見方や考え方

　小学校教育の段階から身近になった英語ですが、大学生ともなると、社会に出てからの自分の姿と英語を操る自分、あるいは反対に英語が操れなくて不安になったり自信を無くしてしまったりする自分の姿を想像するかもしれません。また、大学での授業に関しては、英語はほとんどの大学で必修かもしれませんが、その他に、語学の授業として何をとろうかな、と考えたりする人もたくさんいると思われます。大学生へのアンケート調査から見えてきた、こうした多言語社会への見方・考え方について紹介します。

2.1　調査方法

　大学の英語の授業をとっている人たちを対象としてアンケート調査を 2018 年に実施しました。この調査の目的は、大学で英語の授業をとっている 1・2 年生たちが、英語に対して、また英語以外の他言語に対してどのように考えたり、感じていたりするのかを調査するためのものでした。以下、その調査の概要と結果についてです。

　調査は二つの大学で行われました。一つ目の大学からのアンケート協力者を A グループ、二つ目の大学からのアンケート協力者を B グループとします。両グループの大学は首都圏にあります。A グループと B グループは、偏差値が同じくらいの学生です。A グループは 66 名でした。全員が文系の学生で男性51 名、女性 15 名でした。B グループは 73 名でした。全員が理系の学生で男性6 名、女性 73 名でした。　A グループと B グループの大きな違いは、A グループの学生は英語以外にも様々な外国語を選択する機会があるのに対して、B グループの学生は英語しか大学で選択肢が無いという点でした。

　まず初めに、アンケート協力者の学生たちは、1.性別、2.学年、3. 学部、4.英語がどのくらい得意か、5.英語がどのくらい好きか、に関して選択肢から選んでもらいました。4 と 5 の質問に対しては、（3= とても得意・とても好き、2= どちらともいえない、1= 全然得意ではない・とても嫌い）という三つから

選んでもらいました。その後で、学習する英語の種類（例えばリスニングやリーディングなど）について、どのような英語を学びたいか、という質問が続きましたが、ここの主旨とは離れているのでこの部分は割愛します。そして最後に英語以外の他言語に興味があるかどうかを 5 〜 1 から選んでもらいました（5= とても興味がある、4= 少し興味がある、3= どちらともいえない 2= あまり興味が無い、1= 全然興味が無い）。理由を書いてもらう欄も設けました。

2.2　調査結果

　結果として、英語が得意な割合はどちらのグループも少なかったのですが、英語が好きかどうかは A グループでは 47% が、そして B グループでは 41% が好きと回答しました。英語が好きかどうかについて二つのグループの間で統計的に差が無いことがわかりました。

　この結果からは、どちらも英語が好きな学生が半数近くいる、英語学習に比較的肯定的なグループと言えましょう。その学生たちに対しての英語以外の他の言語に関して学ぶ機会があれば学びたいかどうか聞いた結果は表 16 のようになりました。

表 16　他の言語学習への興味の有無

他の言語学習への興味	とてもある	少しある	どちらでもない	あまりない	全然ない	計
A グループ	12	16	15	15	8	66
B グループ	8	26	14	16	15	79

　ここからわかったことは、A グループ 66 名の大学生のうちの 28 名（42.3%）が英語以外の他の言語学習への興味に対して肯定的な答えを寄せ、また B グループ 79 名のうち 34 名（43.0%）が同じように肯定的だったということでした。（ここで肯定的としたのは、とても興味がある、少し興味がある、を選んだ協力者の数です）。

　それでは、他の言語も学びたいと答えた大学生たちが具体的にどんな言語を学びたいと回答したか、その内訳は以下のようになりました。

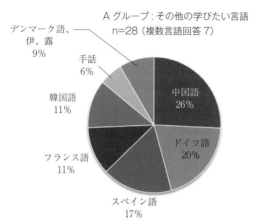

Ａグループ：その他の学びたい言語
n=28（複数言語回答 7）

デンマーク語、
伊、露
9%

手話
6%

韓国語
11%

フランス語
11%

スペイン語
17%

中国語
26%

ドイツ語
20%

図16　Ａグループ－他の言語学習への興味

Ａグループの、他の言語にも興味を示した28名のうち複数の言語を回答したのは7名でした。こうした英語以外の他の言語学習への興味を持っている理由を具体的に書いてくれた人たちの声をいくつか紹介します。

学生1「韓国語－韓国語を独学で勉強しているから」
学生2「ドイツ語、フランス語、スペイン語、中国語、韓国語－なるべく多くの人と話したいから」
学生3「中国語－中国語は現在必修科目として学んでいて、楽しいと思えるし、発音は大変だけどやりがいがある。また、英語以外で必要となる言語は中国語だと考えているため。今よりもさらに上を学びたい」
学生4「ドイツ語－大学で学んでいて、サッカーの試合を見にいきたい」
学生5「スペイン語－スペイン料理店で働いているから」
学生6「フランス語、イタリア語－フランス語は学校で専攻しているが、イタリア語は一度留学して学んだから」

これらの回答からは、自分が海外へ行く時や楽しみのために他の特定の他言語を学びたい、という理由と、海外でのことに特定はせずに、例えば現在のアルバイトとの関係で、日本にいても他言語を学びたいという意見が見られまし

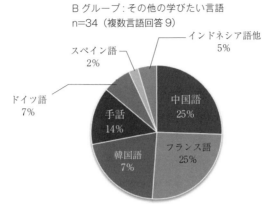

B グループ：その他の学びたい言語
n=34（複数言語回答 9）

図17　B グループ―他の言語学習への興味

た。また、学びたい理由として、大学で科目として英語以外の言語が提供され
ている、という回答が複数見られました。

　次に B グループを見てみましょう。

　英語以外にいくつかの複数の他言語を学びたいと回答した人は 34 名中 9 名で
した。理由をいくつか紹介します。

　　学生 1「フランス語―国境無き医師団に必要だから」
　　学生 2「スペイン語―南米から来た人がたくさんいるからです」
　　学生 3「日本手話、中国語―身近にあるから」
　　学生 4「韓国語―日本に近い所の言語を学びたい」
　　学生 5「フランス語、インドネシア語―よく行くので」
　　学生 6「日本手話、ドイツ語、フランス語―病院で働くことになれば聴覚障
　　　　　害のある人とも会う。手話を知っていれば役立つ」

　B グループは医療系の大学ということもあり、A グループと違い、将来働く
分野が医療に関係する分野をめざす学生がほとんどです。そのこともあって
か、海外で使いたいという理由と共に将来の職業との関連で在留の人たちとの

コミュニケーションを見越したものも見られます。

　どちらのグループも同じくらいの割合で英語以外の他言語学習にも興味がある人たちがいたわけですが、もう一度前述の表16に戻ってみると、Aグループでは全体の18%が、「とても興味ある」を選択したのに対して、Bグループでは「とても興味ある」を選択したのは10%に留まり、強い興味を示した人たちの割合ではAグループがBグループの2倍近くとなっています。また、英語以外の他言語を学びたい理由を自由記述欄に具体的に書いてくれた割合もAグループの方がずっと多かったのです。

　大学を卒業して社会に出てからの業種がまだ具体的に決まっていない、経済学部の学生であるAグループでは、具体的に職業とは結びつかずともバラエティーに富んだ理由が挙がりました。一方でBグループの理由を見てみますと、日本にいて医療という職業についた場合、様々な言語を母語とする人たちとのコミュニケーションが必要になり、その時に手助けとなってくれるであろう他言語を選んでいる人たちが目立ちました。そして、もう一つの傾向としては、Bグループは、他の言語学習に対して「とても興味ある」まではいかない「興味ある」を選んだ人たちが26名と全体の32.9%で、Aグループの24.2%よりもかなり多かったことです。

3．研究の結果から推測できること

　これらの結果から推測されたのは、英語以外にも様々な言語を選択肢として提供されているAグループでは、英語学習以外の他言語への興味を抱くきっかけとして授業がその牽引役になっているのではないだろうか、ということです。一方で、英語という選択肢しかないBグループでは、他の言語に対しては比較的漠然と興味はあるけれど、具体的な理由を聞かれるとそこは白紙になってしまった例が多かった、すなわち、興味があっても、実際に大学などで学ぶ機会がなく、その学びが具体的にどのように自分にとって学ぶ意味があるのか、想像するのが少し難しかったのではないか、というものでした。

　この調査からは、次のような点もわかりました。まず、結果として詳しく述べた4割以外、つまりアンケートに協力してくれた大学生たちの約6割は英語以外の他の言語学習に興味がなかったという事実です。この結果は、例え

ばハンガリーで 10 代の子どもたちを対象とした他言語への興味を追った調査
（Dörnyei, Csizér & Neméth, 2006）の結果とも一致するもので、現在英語がいか
に他言語学習の対象として関心を持たれているのか、それを裏打ちするものと
なりました。実際、英語が日本の中でも共通言語として母語を異とする話し手
同士のコミュニケーション手段となっていることは否めません。

　しかし一方で残りの約 4 割の大学生たちは英語に加え他の言語、それには
ヨーロッパの言語、アジアの言語、そして日本手話が含まれたのですが、それ
らの言語学習に対しても興味を持っていたということです。日本政府は「多言
語」という言葉を公式な文書では使っていませんが、今回の調査で明らかに
なったのはこの調査の協力者となってくれた大学生たちの中にも、日本語以外
の言語に対して、そして多言語・多文化となってきている社会に対して、その
事実を捉え興味を示したという結果ではないでしょうか。

　では英語教育としてどのようなことができるのかについて考察をしてみま
しょう。まず第一点目としては、英語の授業の中でこれらの多言語・多文化社
会に関しての理解を深める方向性です。アメリカの研究者の Master（1997）は
英語学習の目的としてその中に社会文化的なものを含むことを提唱しています。
Master は移民へのサバイバル英語などを念頭におき、英語学習者をアメリカ社
会におけるいわゆるマイノリティにしぼったのです。この社会文化的な側面で
すが、学び手そのものがマイノリティである場合に限らずとも、社会に存在す
るマイノリティへの理解の一環としてとして日本の学生向けの英語教育の中に
取り入れ、そうした人々が既存社会の一員となっていくための視点を日本の学
生たちが養うことは十分に可能だと考えられます。

　第二点目としては、英語教育も大きなくくりとしては他言語教育の中の一つ
である、ととらえることで英語以外の言語に対して、またその話し手に対して
の理解を英語を学ぶ体験を通して教師も学習者も共に深めていこうという姿勢
です。今回の調査結果と結びつけてみると、A グループの他の言語を大学で単
位として修得できる機会のある学生たちは、バラエティー豊かな多言語学習の
理由を挙げていました。個人の学習者が自分なりの学習の目的をはっきりと見
つけるためのきっかけづくりとして、様々な他言語に触れることに積極的な姿
勢を持つことも大切と考えられます。

　そして第三点目としては、これら全ての背景にあることですが、日本という社会が多言語・多文化社会へと変遷してきていて、日本で生活している在留外国人の人たちとの、日本におけるコミュニケーションが大切になっていることへのきちんとした認識です。"国際人として活躍するためには英語が必要です"というような単純化されたフレーズに惑わされることなく、様々な母語や文化を持つ人々が共に暮らす社会で、自分なりの学習目的をしっかりと見出せる、そんな機会を常に提供できる英語教育を目指すことではないでしょうか。

注

本原稿は English Teachers' Association-Republic of China 学会 (ETA-ROC) が 2018 年台湾台北市で開催した The 27th International Symposium on English Language Teaching における植田麻実・杉野俊子・阿部恵美佳による発表 "What a Learner should Bear in Mind if English Becomes the Lingua Franca" をもとにした。

主要参考文献

鳥飼玖美子（2016）「グローバル社会で生きる──異文化コミュニケーションの視点から」『日本慢性看護学会誌』10 (2)、88 ～ 91 頁

Dörney, Z., Csizér, K., & Nemeth, N. (2006) *Motivation, language attitudes and the L2 self*. New York: Multilingual Matters.

Master, P. (1997). ESP teacher education in the USA. In R. Howard & G. Brown (Eds.) *Teacher education for LSP* (pp.22-40). Clevedon, England: Multilingual Matters.

Q50
日本人は英語にどう向き合うべきですか

波多野一真

1.「対話」を通じて英語に向き合う

　ここでは「自分にとって英語とは何か？」という問いをテーマにしてみたいと思います。ただし、その問いに対する具体的な答えを出すことが目的ではありません。そうではなく、その「問う」という行為自体をメタ認知的に考えていこうというのがここでの目的です。キーワードになるのは「対話」という考え方です。

　「対話」を通じて英語を考えるといっても、人と人とが英語で会話することではありません。ここでの「対話」とは、「自分の心との内省的な対話」を指します。日本人にとって、英語はとても身近な外国語であり、世代にもよりますが、多くの方が学校で学んできた科目です。また、日常においても、英語をベースにした多くの外来語を用いています。テレビや日常会話の中で「英語は大切だ」との意見を聞くことがたくさんあるでしょう。ゆえに、日本人にとって、英語は必要不可欠な言語だと感じるかもしれません。しかし、本書を読まれて、「グローバル社会の中で、英語はこれから大切になってくる」との一般的な意見が、必ずしも正解ではないと思われるかもしれません。こうした「一般的にいわれていることと違う」という感覚が、英語について自分の心との内省的な対話を始める出発点になります。

　ここでいう「対話」は、ロシアの哲学者・文芸評論家であるバフチン（Mikhail Bakhtin, 1895 ～ 1975）という人物の哲学を基礎としています。少々難解な考え方ですので、便宜上詳細な説明は避け、なるべく必要最小限の説明で紹介したいと思います。

　バフチンは、人間の生活、社会の中には常に複数の声（主張）が同時並行で存在しており、そうした声が双方向に影響し合う関係を「対話」と呼びました。

例えば、ある映画を友人と見ていたとします。あなたは面白い映画だと思っていますが、その友人はあまり気に入っていません。その映画に対するあなたの声と友人の声は同時に存在していますが、その複数の声は時にぶつかり合うこともあるだろうし、声が違っていてもお互いに良い影響を与え合うこともあります。あなたにとってその映画は面白かったが、友だちの指摘する欠点も理解でき、総合すると 70 点ぐらいの映画だったと判断することもあるでしょう。このように、複数の声はただ同時に存在するだけでなく、双方向に影響をし合い、受容したり反発したりしながら、ダイナミックな交流をしているのです。

2．異なる声との「対話」が成長をもたらす

　ここで大切なのは、バフチン（Bakhtin）は、複数の異なる声がぶつかり合うとき、つまり対話が成立するとき、人や社会が成長すると論じていることです。ここで、対話が成長をもたらすことを理解するために、二つの概念を紹介したいと思います。一つは「権威的言説」（authoritative discourse）、もう一つは「自己説得的言説」（personally persuasive discourse）です。言説とは、社会や文化の底流として流れる考え方と密接に結びついた言語表現、言語の使い方、またはその内容を指します。ここでは、議論の理解のために便宜上「主張（声）」と言い換えてもいいでしょう。

　権威的言説とは、ある社会の中で権威として働く力からの主張です。例えば政府見解、教科書、教師の説明は、それぞれの権威レベルは違いますが、全て権威的言説（権威者からの主張）と捉えることができます。一方、自己説得的言説とは、権威の支持を得てはいないが、日常生活の中で大切だと思われている、人々が納得する主張のことです。あなた個人の考えは、そうした社会の中にある自己説得的言説との交流を通じて、時に受容し時に反発しながら、あなた自身にとって説得性のある、あなた独自の自己説得的言説へと成長をしていきます。

　権威的言説と自己説得的言説との間には、相違が発生することがあります。例えば、先ほどの映画の例をとって考えてみましょう。映画を鑑賞したあと、あなたは映画好きな別の友人がその映画を酷評しているのに遭遇します。あなたは、映画のことをよく知っている友人（映画についての「権威者」）が言うこと

だから、その評価は正しいのだろうと一瞬思いますが、実際に映画を観てみて「はたしてそんなに悪い映画だっただろうか？」と疑問に思うことがあるかもしれません。このように、権威的言説（映画好きな友人のことば）は、自己説得的言説（あなた自身の心に忠実な意見）から反論を受ける可能性をはらんでいるのです。

　ここで重要なのは、権威的言説がそうした反論にどう反応するかです。もし権威的言説が一方的に個人に主張され、その反論が抑圧されるようなことがあれば、そこには双方向の対話関係が成立しません。逆に、そうした反論に対して権威が反応するとき、そこには大なり小なり対話が生まれ、その権威は「絶対的な権威」ではなくなると Morson（2004）も論じています。例えば、あなたが映画の評価（権威的言説）に疑問を投げかけたとき、友人はどのような反応を示すでしょうか？　友人があなたの疑問に何かしらの答えを返してきたとき、それがしぶしぶの返答であったとしても、そこには対話が生まれます。この瞬間、「評論家」としての友人の権威は絶対的なものではなくなり、他者（あなた）の声との交流を始めるのです。

　しかし、友人の権威は完全になくなったというわけではありません。あなたに返答し、なぜあの映画が良くないかを理路整然と説明することで、あなたを納得させることができたなら、友人の「評論家」としての評価はさらに高まるでしょう。そして、あなた自身も、その権威から映画についての新たな知識や観点を学ぶことができるかもしれません。一方、もし友人があなたを無視し、同じ主張を繰り返すだけで権威を貫き通そうとすれば、そこには対話関係が生まれず、お互いに学び合う機会を失ってしまうことになるのです。このように、Holquist（2002）によると、異なる二つの声（権威的言説と自己説得的言説）が交流するとき、そこに成長の可能性を生み出すのです。権威的言説は、多様なものを受け入れず、単一性（oneness）を好む傾向があります。しかし、個人や社会が、そうした言説に対して挑戦状を突きつけるとき、そこには成長の可能性が生まれるのです。言い換えれば、権威的言説が存在すること自体が人や社会の成長を阻んでいるわけではなく、権威的言説と自己説得的言説との間に対話を認めないことが、成長を妨げることになるのです。ゆえに、個人や社会の成長においては、この二つの声の間に「対話があるか否か」という問いが重要と

なってきます。

3．英語についての権威的言説

　ここで英語の話題に戻りたいと思います。英語を「対話」で考えることが重要なのは、英語という外国語にまつわる「権威的言説」が大きく日本社会に影響を及ぼしているからです。最近では、「グローバル人材育成」という名のもとに、大学や中学校・高校のみならず、小学校においても、グローバルに活躍できる人材を多く輩出するために、英語教育をさらに推進すべきだという論調が多く聞かれるようになりました。とくに、1990年代以降の政府発行資料には、英語教育についての記述で「コミュニケーション能力」、「グローバル化に対応」「国際競争力」等の表現が多く用いられています。これらは日本人一般に大変に馴染みのある表現であり、英語教育に関する政府の権威的言説として重要なキーワードです。その中でも、「グローバル化」ということばは、英語をなぜ学習しなければならないのかを説明する上で最も頻繁に用いられるキーワード中のキーワードでしょう。

　上記の権威的言説は、読者の目にはどのように映るでしょうか？　グローバル化に対応するために英語を学ぶという観点は、多様な個人の学習目的の一つでしかありません。しかし、多くの日本人は、グローバル化が英語を学ぶ理由であるかのような錯覚に陥っています。最近の高校生への調査（波多野、2017）で、彼らは「英語は高校生にとって大事な科目か」という質問に対し、多くが「重要」と答え、そのほとんどが理由について「（世界が）グローバル化しているから」と答えました。ところが、自らがなぜ英語を学んでいるかを尋ねると、「受験のため（83.3%）」、「単位を取るため（58.3%）」という答えが優勢で、「グローバル化に対応するため（37.5%）」という理由は一転して二次的な位置に追いやられてしまいました。これは、前者の質問が「一般論」としての英語の重要性についての答えを喚起したのに対し、後者の質問は、自らの「具体的」な目的についての答えを喚起したからです。つまり、「グローバル化に対応するため」という目的観は、個人のそれではなく、単に一般論を表したにすぎない場合が多いということです。「グローバル化に対応するため」というのは、日本社会における英語教育についての一般論を表す言説であり、個人の具体的な生活

や人生における目的観と一致するとは限りません。

　このように、われわれの「英語観」は、「権威的言説」に大きく影響を受けているかもしれません。「自分にとって英語とは何か？」という問いに対して、飽くなき「対話」を続けていくことが大切です。これから英語を学ぼうという方は、自分の学習目的について、自らの心と「対話」することが重要でしょう。英語教員となって教育に関わりたいと思っている方は、なぜ英語を教えるのか、教え子に何を学んでほしいのか、教員としての自己説得的言説を自らのことばで語ることができる人材になることが大事ではないでしょうか。本書全体に、そのヒントがたくさん隠れています。本書が「対話」開始の一助となれば幸いです。

主要参考文献

波多野一真（2017）「第 10 章　日本における英語必要・不要論——バフチンの「対話」の概念が示唆する第三の道」杉野俊子監修、田中富士美、波多野一真編集『言語と教育——多様化する社会の中で新たな言語教育のあり方を探る』明石書店（先に出版された拙稿を本書のテーマに沿って簡略化・編集した）

Bakhtin, M. M. (1981). Discourse in the novel. In M. Holquist (Ed.) *The Dialogic imagination: Four essays by M. M. Bakhtin*. (Trans. Caryl Emerson and Michael Holquist). Austin, US: University of Texas Press.

Holquist, M. (2002). *Dialogism: Bakhtin and his world (2nd ed.)*. New York: Routledge.

Morson, G. S. (2004). The Process of ideological becoming. In A. F. Ball and S. Warshauer Freedman (Eds.) *Bakhtinian perspectives on language, literacy, and learning*. Cambridge, UK: Cambridge University Press.

おわりに

　2020 年の東京オリンピックが目前に迫ってきました。そして政府の訪日外国人旅行者誘致の目標は、年間 4000 万人とも言われます。2019 年に入り、国内鉄道の大動脈である新幹線では通常、英語は自動アナウンスだけであったものに、車掌による肉声アナウンスが加わりました。「英語おもてなし加速、苦手な車掌も英語アナウンス」（産経新聞 2019 年 6 月 19 日）、「東海道新幹線、肉声の英語放送に踏み切ったワケ」（日本経済新聞 2019 年 7 月 23 日）。それぞれの記事によれば、自動音声では表現できない細かなサービスの実現のため、乗務員への英語訓練を始め、それを通常乗務で実践しているということです。実際のアナウンスを聞くと「伝えたい」「もてなしたい」「気を付けて」、そういった思いがこめられた人間味のあるものに聞こえます。コミュニケーションとして十分機能しています。ところが鉄道の英語対応、乗務員による肉声アナウンスには様々な意見があるのです。ネット上で寄せられるものは「上手」「下手」あるいは「流暢」「つたない」と判断されているのですが、車掌が乗客とインタラクティブになっているわけではないので、アナウンスされている情報は同じはずでしょう。つまり、その発音や話し方について、「つたない」と批判的なコメントが多くなされ、そして反対に「ネイティブスピーカー発音」に近く流暢なものに対しては「流暢」とコメントがなされる、というものを目にしたということです。たとえ「ネイティブスピーカー発音」から遠く、流暢でないとしても、正しい情報の提供であれば批判されるものでは決してなく、外客には十分伝わっているのではないでしょうか。

　ここでひとつ考察してみます。なぜ、ここで「流暢」「つたない」とコメントをする人は、そのような意図をもつのでしょう。私たちは日本国内で英語教育を受けた場合、少なくとも 3 年、6 年、あるいは 10 年以上、英語の教材を手にして、外国語として教科教育を受けています。「読む」「書く」「聞く」「話す」の 4 技能を段階的に進め、高校 3 年生の終わりに手にしていた教科書は、かなりのレベルの文章が書かれていたはずです。「流暢」と評されるものは、その学んで来た 4 技能のうち「話す」、さらにその中の「発話」部分の「発音」が今までの学習の規範通りに、あるいはこれまで多く学習過程で耳にしてきた「ネイ

ティブスピーカー」のものに極力近いもので非常に聞きやすいからと説明できるのかもしれません。そして「ネイティブスピーカー」のものに近くなければ「つたない」と感じるのではないでしょうか。

　自動音声の英語アナウンスのほかに、肉声で英語アナウンスを始めた理由として、「丁寧な接客をするためには自分の口で英語を話すことが重要」（東洋経済オンライン 2019 年 9 月 17 日）と、JR 東海は東海道新幹線のアナウンスについて述べています。英語を学び、それを必要な人の情報提供に活かす場面があること、そこで学んだ結果を出すこと、これは私たちの経験してきた英語教育が何らかの形になって役に立つ姿であると言えます。この場合、アウトプットとして「発話」という行為で役に立っているのですが、他の技能部分で役に立つ多様な場面がここかしこに存在することは言うまでもないでしょう。

　さらに、ここで付言しておきたいと思います。English as a Lingua Franca について先述したように、英語はネイティブスピーカーの手を離れたところで、世界中でたくさんの人々に使用され、現代の共通語としての役割を担っています。

　イギリスが 2020 年 1 月 31 日に、EU を脱退しました。イギリスは 11 か月間の「移行期間」に入り、その間はこれまでどおり EU の法規に縛られる（ただし、EU 内での発言権は失う）とのことです。EU 離脱後のイギリスは税負担が軽く、規制が少ないシンガポールのような国際ビジネスのハブになるような構想を掲げているとも言います（*The Straits Times*, January 31, 2020）。ところで、EU からイギリスが脱退しましたが、英語は残りました。イギリス脱退まで加盟 28 か国、24 言語がすべて公用語ですが、英語が母語であったのはイギリスのみで、マルタ、アイルランドは国内の公用語の位置づけです。EU の作業言語（working language, 業務遂行のために使用される言語）は英語、ドイツ語、フランス語でありながら、EU 市民の 67％が母語の次に有用な言語を英語とし、続くドイツ語 17％、フランス語 16％を大きく開けています（Special Eurobarometer 386, June 2012）。また EU 内における科学技術・イノベーション政策をリードする国として、European innovation scoreboard 2019 ではスウェーデンがトップ、次いでフィンランド、デンマークが続きます。北欧は 4 か国のビジネスを協同で行なう場合 Business English as a Lingua Franca（BELF）として、英語を媒介言語としています。これらは、英語を母語とする「本家」の国から手を離れて使用

される顕著な事例と言えるでしょう。そして「本家」から離れた英語が、それぞれの使用者間でのコミュニケーション手段となるならば、「ネイティブスピーカー」に近いことは重要視される点ではなくなります。

　本著で見てきたように、英語には広域性があり多様性があります。多様な文化、価値観を超えて相互理解をするための媒介言語としての役割を英語は持ち得ています。そして、このような言語は有史においても唯一無二であるという見方もあります。媒介言語であるならば、コミュニケーション手段として英語を使用するときには互いが相手の発信を尊重する態度を持ち、理解しあう行為でなくてはならないでしょう。

　多文化にまたがる英語は宝石の facet（断面）のように多面体として存在し、合わさって輝きを放つもののようにも思います。

　最後に、本書の刊行にあたっては、2019 年度金沢星稜大学研究成果出版助成費を出版費用の一部として受けました。厚く感謝申し上げます。また、明石書店の兼子千亜紀氏、編集の岩井峰人氏に大変お世話になりましたこと、そして最終稿全編を浮田未砂子氏に試読いただいたことを記し、ここに謝意を表します。

　2020 年 2 月 27 日

田中富士美

索　引

執筆者紹介

【執筆者】（五十音順）

氏名　　阿部恵美佳（あべ・えみか）（担当 Q31）
所属　　大東文化大学他兼任講師、M.A. in Second Language Aquisition
専門分野　自律学習、学習動機、英語教育

氏名　　飯野公一（いいの・まさかず）（担当 Q13）
所属　　早稲田大学国際学術院教授、Ph.D. 社会言語学
専門分野　社会言語学

氏名　　井上恵子（いのうえ・けいこ）（担当 Q20, Q23）
所属　　津田塾大学他兼任講師、修士（English as a Second Language）
専門分野　英語教育学

氏名　　植田麻実（うえだ・あさみ）（担当 Q31, Q49）
所属　　千葉県立保健医療大学准教授、Ph.D. in TESOL
専門分野　自律学習、学習動機

氏名　　岡　典栄（おか・のりえ）（担当 Q34）
所属　　明晴学園、博士（学術）
専門分野　社会言語学、手話言語学、ろう教育

氏名　　岡戸浩子（おかど・ひろこ）（担当 Q15, Q43）
所属　　名城大学教授、博士（学術）
専門分野　言語社会学、国際コミュニケーション、言語政策

氏名　　岡山陽子（おかやま・ようこ）（担当 Q44）
所属　　元茨城大学准教授、博士（教育学）
専門分野　言語政策、第二言語教育、外国語としての英語教育

氏名　　蒲原順子（かんばら・じゅんこ）（担当 Q14, Q19, Q25 〜 26, Q28）
所属　　福岡大学他兼任講師、博士（応用言語学）
専門分野　第二言語習得、イマージョン教育、社会言語学

氏名　　黒田協子（くろだ・きょうこ）（担当 Q32）
所属　　上智大学大学院総合人間科学研究科教育学専攻博士後期課程
専門分野　日本語教育学、学生の学力保障

氏名　　江田優子ペギー（こうだ・ゆうこ・ぺぎー）（担当 Q5, Q16）
所属　　跡見学園女子大学他兼任講師、修士（国際政治経済学）
専門分野　シンガポール英語、言語政策、社会言語

氏名　　佐々木倫子（ささき・みちこ）（担当 Q24, Q47）
所属　　桜美林大学名誉教授、M.A. in Linguistics
専門分野　日本語教育学、バイリンガルろう教育、言語教育評価

氏名　　　杉野俊子（すぎの・としこ）（担当 はじめに, Q6、Q8 ～ 10, Q29, Q31, Q38 ～ 41）
後掲の「監修者・編著者紹介を参照」

氏名　　　田中富士美（たなか・ふじみ）（担当 Q3 ～ 4, Q30, おわりに）
後掲の「監修者・編著者紹介を参照」

氏名　　　中川洋子（なかがわ・ようこ）（担当 Q21 ～ 22, Q48）
所属　　　駿河台大学准教授、博士（言語学）
専門分野　言語政策、英語教育、英文学

氏名　　　野沢恵美子（のざわ・えみこ）（担当 Q27, Q37, Q46）
後掲の「監修者・編著者紹介を参照」

氏名　　　長谷川瑞穂（はせがわ・みずほ）（担当 Q7, Q11, Q45）
所属　　　元東洋学園大学教授、博士（学術）
専門分野　社会言語学、英語教育学、言語政策

氏名　　　波多野一真（はたの・かずま）（担当 Q18, Q35, Q50）
所属　　　創価大学経営学部准教授、博士（外国語・第二言語習得）
専門分野　言語政策、英語教育学、外国語・第二言語教育

氏名　　　原　隆幸（はら・たかゆき）（担当 Q1 ～ 2, Q12）
所属　　　鹿児島大学総合教育機構共通教育センター准教授、博士（応用言語学）
専門分野　応用言語学、言語政策、英語教育学

氏名　　　三村千恵子（みむら・ちえこ）（担当 Q17）
所属　　　宇都宮大学基盤教育センター教授、博士（言語教育学）
専門分野　言語教育学、言語とアイデンティティ、批判的ペダゴジー

氏名　　　森谷祥子（もりや・しょうこ）（担当 Q33）
所属　　　東京大学大学院博士後期課程、修士（第二言語教育）・修士（学術）
専門分野　応用言語学、英語教育、言語イデオロギー論

氏名　　　山川智子（やまかわ・ともこ）（担当 Q42）
所属　　　文教大学准教授、修士（文学）、修士（学術）
専門分野　言語社会学、外国語教育、ドイツ・ヨーロッパ研究

氏名　　　山本忠行（やまもと・ただゆき）（担当 Q36）
所属　　　創価大学教授、修士（文学）
専門分野　日本語教育、言語政策、日本語教員養成

監修者・編著者紹介

【監修者】

氏名　　　杉野俊子（すぎの・としこ）
所属　　　元防衛大学校教授、前工学院大学教授、浜松学院大学他兼任講師、博士（教育学）
専門分野　英語教育学、社会言語学（日系移民、継承・少数言語）

【編著者】

氏名　　　田中富士美（たなか・ふじみ）
所属　　　金沢星稜大学人文学部教授、M.A. in TESOL
専門分野　英語教育学、国際英語論、言語政策

氏名　　　野沢恵美子（のざわ・えみこ）
所属　　　中央大学法学部准教授、Ph.D. in Education
専門分野　比較教育学、社会言語学、ジェンダー論

英語とつきあうための 50 の問い
―― 英語を学ぶ・教える前に知っておきたいこと

2020 年 3 月 31 日　初版第 1 刷発行

監修者	杉　野　俊　子
編著者	田　中　富　士　美
	野　沢　恵　美　子
発行者	大　江　道　雅
発行所	株式会社 明石書店

〒 101-0021 東京都千代田区外神田 6-9-5
電話　03（5818）1171
電話　03（5818）1174
振替 00100-7-24505
http://www.akashi.co.jp

装　丁	明石書店デザイン室
印刷／製本	日経印刷株式会社

（定価はカバーに表示してあります）　　　ISBN978-4-7503-4969-5